KB268294

홀로 무릎 꿇어야 하는
회개의 여정

박사랑 지음

—

2025년 7월 12일 ~ 10월 19일 : **100일** 작정 기도 기간

7월 12일 ~ 11월 6일 : 묵상 글쓰기 완료

홀로 무릎 꿇어야 하는 회개의 여정

1판 1쇄 발행 2026년 2월 25일

저자 박사랑

교정 황윤   **편집** 유주은

펴낸곳 (주)하움출판사   **펴낸이** 문현광

이메일 haum1000@naver.com   **홈페이지** haum.kr
블로그 blog.naver.com/haum1000   **인스타그램** @haum1007

ISBN 979-11-7374-324-5(03230)

좋은 책을 만들겠습니다.
하움출판사는 독자 여러분의 의견에 항상 귀 기울이고 있습니다.
파본은 구입처에서 교환해 드립니다.

이 책은 저작권법에 따라 보호받는 저작물이므로 무단전재와 무단복제를 금지하며,
이 책 내용의 전부 또는 일부를 이용하려면 반드시 저작권자의 서면동의를 받아야 합니다.

홀로 무릎 꿇어야 하는 회개의 여정
(100일 작정 기도의 응답)

✝

하나님 여호와께서 이 사십 년 동안에 네게 광야 길을 걷게 하신 것을 기억하라 이는 너를 낮추시며 너를 시험하사 네 마음이 어떠한지 그 명령을 지키는지 지키지 않는지 알려 하심이라(신 8:2)

애굽에서 종살이하던 이스라엘 백성의 부르짖음을 들으시고, 하나님께서는 그들을 구원하셨습니다. 그러나 이스라엘 백성은 애굽에서 형성된 사고방식과 마음, 그리고 눈에 보이는 것들, 곧 우상에서 쉽게 벗어나지 못하였습니다. 살아 계신 하나님의 기적과 구원을 직접 경험하고도, 불신앙과 불순종, 원망과 불평으로 하나님을 향해 소리치며 환경을 두려워하였습니다. 그럼에도 하나님께서는 그들을 외면하지 않으셨고, 훈련하시기 위하여 선택하신 장소가 바로 광야였습니다.

믿음과 순종이 없이는 약속의 땅 가나안에 들어갈 수 없습니다. 그래서 하나님께서는 이스라엘 백성을 40년 동안 광야로 인도하시며, 끊임없는 교육과 연단의 시간을 허락하셨습니다. 이는 머리로만 아는 신앙이 아니라, 하나님의 살아 계심과 인도하심, 역사하심을 삶의 자리에서 직접 경험하게 하시기 위함이었습니다. 하나님께서 택하신 백성, 약속의 땅에 들어갈 수 있는 백성으로 세우시기 위한 시간이 바로 광야였습니다.

그들은 더 이상 애굽의 종살이하던 노예가 아니라, 하나님께서 친히 구원하시고 인도하신 하나님의 백성임을 깨닫기까지, 하나님께서 끝까지 참고 기다리시며 보호하시고 사랑하셨습니다. 하나님께만 무릎 꿇는 삶으로 나아가도록 외면하지 않으셨고, 인내로 동행하셨습니다.

이 말씀은 성경 속 이스라엘 백성만의 이야기가 아닙니다. 저 또한 그들과 다르지 않은 사람이었습니다. 예수 그리스도의 십자가 보혈로 구원받고 성령을 선물로 받았음에도, 여전히 죄의 종처럼 살아가며 불순종과 원망, 불평을 반복하였습니다. 하나님이라면 나의 모든 감정과 불만을 당연히 받아주실 것이라는 착각 속에 머물러 있었습니다. 그러나 그것은 하나님을 경외하지 않는, 어리석고 미련하고 교만한 태도였습니다.

하나님을 경외하는 것이 지혜입니다. 그 지혜가 부족했던 저는, 제 잘못과 실수 앞에서도 하나님을 향해 원망의 소리를 높였습니다. 출애굽한 이스라엘 백성이 앞에는 바다가 있고 뒤에는 애굽 군대가 추격해 오자, "왜 우리를 애굽에서 이끌어 내었느냐(출 14:11-12)."며 부르짖었던 것처럼, 저 역시 감정에 사로잡혀 하나님 앞에서 울부짖던 사람이었습니다.

작은 일화가 있습니다. 어느 날, 저의 부주의로 인해 오랜 시간 동안 촬영해 온 사진들이 한순간에 삭제되는 일이 있었습니다. 지금 돌아보면 작은 사건이었지만, 당시에는 감당하기 어려운 상실처럼 느껴졌습니다. 그 슬픔과 분노 속에서 저는 제 책임을 돌아보기보다 하나님을 원망하며 눈물로 호소하였습니다. 그러나 그 시간이 지나고 나서야, 제 태도가 하나님 앞에서 얼마나 잘못되었는지를 깨닫게 되었습니다.

그때 저는 하나님의 엄중한 책망 앞에 서게 되었습니다. 그것은 저를 무너뜨리기 위한 말씀이 아니라, 어린아이 같은 신앙에 머물러 있던 저를 깨우시는 하나님의 훈련이었습니다. 그 순간 저는 회개와 결단의 자리로 부르심을 받았고, 깊은 고민 끝에 짧은 감정적 회개가 아닌, 삶의 방향을 바꾸는 회개의 시간을 선택하게 되었습니다.

그래서 저는 새벽마다 하나님 앞에 나아가, 100일 동안 회개의 마음으로 기도하기로 결단하였습니다. 단기간의 다짐으로는 제 안에 깊이 뿌리내린 교만과 불순종이 다루어지지 않을 것임을 알았기 때문입니다. 광야에서 이스라엘 백성이 훈련받았던 것처럼, 저에게도 하나님 앞에서 홀로 서는 광야의 시간이 필요하다고 믿었습니다. 온전히 하나님만을 바라보며, 그분의 인도하심을 경험하는 홀로서기의 시간이 필요한 순간이 바로 지금이라고 믿었습니다.

아무도 찾지 않는 새벽, 아무것도 의지하지 않고 오직 하나님만을 바라보는 시간이 시작되었습니다. 그 시간은 외로움의 시간이 아니라, 하나님께서 여전히 나를 사랑하시고 포기하지 않으신다는 사실을 배우는 시간이었습니다. 광야에서도 불기둥과 구름 기둥으로, 만나와 메추라기로 이스라엘 백성을 먹이셨던 하나님께서는, 말씀과 기도를 통해 저를 다시 세워 가셨습니다.

성경을 묵상하며 깨달은 것은 분명했습니다. 하나님은 선택하신 백성을 결코 포기하지 않으신다는 사실입니다. 사명을 감당하기 전, 약속의 땅에 들어가기 전에는 반드시 광야의 시간이 필요하며, 그 연단의 시간을 허락하심 자체가 하나님의 은혜라는 사실입니다. 그리고 그 시간을 감사할 수 있는 신앙의 성숙함이 필요합니다. 그리고 그것을 잊지 않기 위하여, 책으로 기록하게 되었습니다.

이 책은 바로 그 광야의 시간, 회개의 여정을 함께 걷기 위한 묵상집입니다. 이 묵상을 통해 독자 여러분이 사람과 환경을 의지하기보다, 오직 여호와 하나님만을 바라보며 믿음이 성숙해지는 은혜를 경험하기를 소망합니다.

우리의 신앙 여정에는, 누구도 대신 꿇어줄 수 없고, 누구도 대신해 줄 수 없는, '홀로 하나님 앞에 서는 시간'이 필요합니다. 아무도 없는 홀로 서는 외로움을 두려워하지 않고, 주님 앞에 무릎 꿇는 그 시간 속에서 하나님의 음성에 귀 기울이기를 바랍니다. 이 100일의 여정을 통해, 이전의 나와는 분명히 다른 자리로 부르시는 하나님의 손길을 경험하게 될 것입니다.

이제 이 책을 통해, 제가 광야에서 받았던 하나님의 훈련과 말씀을 함께 나누고자 합니다. 하나님의 감동으로 기록된 성경 말씀을 중심으로, 매일 말씀 앞에 서는 회개의 여정이 되기를 바랍니다. 성경을 펼쳐 직접 읽으며 묵상하기를 권하며, 이 모든 여정의 영광을 성부 성자 성령 삼위일체 하나님께 올려드립니다.

광야로 부르신 시간

◇◇◇

이 묵상집을 펼친 당신에게
주 예수 그리스도의 은혜와 평강과 긍휼이 충만하기를 간구합니다.

그리고 묻고 싶습니다.
지금, 하나님 앞에 홀로 무릎 꿇는 시간을 허락받았습니까?
아무도 대신 서 줄 수 없는 자리에서,
혼자 서게 하신 시간이 주어졌습니까?

광야는 버려진 장소가 아닙니다.
광야는 하나님께서 선택하시고 부르신 자리이며,
반드시 지나가게 하신 시간입니다.

이 책은 바로 그 시간을 기록한 말씀 묵상집입니다.
누구도 대신 꿇어 줄 수 없는 회개의 시간,
누구도 대신해 줄 수 없는 하나님 앞의 시간을
기꺼이 지나가기를 바랍니다.

아무것에도 기대지 않고,
어느 것에도 방해받지 않은 채,
오직 하나님 앞에 서는 회개의 여정이 되기를 소망합니다.

하루하루 말씀 앞에 서서
조용히 무릎 꿇는 회개의 시간 가운데
삶이 회복되는 하나님의 역사가 반드시 일어날 것을 믿습니다.

환경이 아니라 말씀 앞에서
다시 서게 되는 이 여정의 끝에서,
당신은 이전과 같은 사람이 아닐 것입니다.

천천히, 그러나 멈추지 말고
인내하며 함께 말씀의 길을 걸어가 봅시다.

하나님 앞에
홀로 무릎 꿇어, 무릎으로 다시 살아나는
은혜 충만한 회개 그리고 회복의 여정으로
당신을 초대합니다.

◆ 차 례 ◆

1. 경건의 무릎:
소란함을 멈추고 지혜를 구하는 여정 (1 - 10일 차)

6. 신뢰의 무릎:
흔들리는 마음을 말씀에 묶는 여정 (51 - 60일 차)

1. 경건의 무릎:
소란함을 멈추고 지혜를 구하는 여정

(1 – 10일 차)

세상을 향해 달려가던 발걸음을 멈추고,

거룩한 침묵 가운데서 하나님 앞에 나를 세우고,

하나님께만 시선을 고정하며,

구원의 은혜를 회복하다.

"경거망동하지 마라"

사전적 의미

[경거망동] 경솔하여 생각 없이 망령되게 행동함.

성경 말씀 묵상

성경은 단어를 직접 말하지 않았지만, **잠언 19:2, 전도서 5:2** 말씀을 통해 교훈하며 강조하였다.

하나님 앞에서 경거망동하지 마십시오. 말의 무게와 책임감을 신중하게 생각하며 행동합시다.

우리는 예수 그리스도를 영접한 하나님의 자녀들입니다. 성전 안에서만 하나님의 자녀인 것이 아니라, 주님이 함께하시는 그 어느 곳에서든 우리는 하나님의 자녀입니다. 그렇기 때문에 우리의 일상생활 가운데서 마주하게 되는 사람들과의 대화, 함께 일하게 되는 모든 상황 속에서 하나님의 자녀로서 말과 행동 모두에 신중해야 할 것입니다. 예를 들어 대표 기도나 찬양 인도, 설교를 전할 때에도 준비 없이 무작정 멋지고 화려함으로 포장된 말을 쏟아내서는 안 됩니다. 함부로 말해서는 안 됩니다. 예배의 자리는 말과 행동 하나하나가 하나님께 대한 경외심 가운데 드려져야 하며, 말보다 마음으로, 믿음으로 선포해야 하는 자리입니다.

이처럼 우리는 일상생활 가운데서도 하나님께서 늘 우리와 함께하시고 우리 앞에 계심을 깨닫는다면, 함부로 입을 열거나 급한 마음으로 말을 내뱉지 않게 될 것입니다. 행동이 빠른 것이 지혜가 아닙니다. 성급하게 움직이는 것은 미련한 자의 모습입니다. 생각 없이 성급하게 움직이고, 분별하기도 전에 발걸음을 내디딘다면 잘못된 길로 가고 있으면서도 그것을 깨닫지 못한 채 계속 나아가게 될 것입니다. 왜냐하면 우리는 자신의 선택이 옳지 않았다는 사실을 스스로 인정하고 싶어 하지 않기 때문입니다. 그러나 나의 말과 행동에 대한 책임은 반드시 나에게로 돌아옵니다.

그렇기에 우리는 말과 행동을 하기 전에 먼저 깨어 있어야 합니다. 우리는 언제나 어디서나 하나님의 자녀이며, 하나님께서는 모든 순간에 우리와 함께하신다는 사실을 믿어 의심치 않기를 바랍니다. 사람들과 대화하기 전, 혹은 기도하기 전 등 입술을 열어 말을 하기 전에 하나님께서 우리 앞에 계심을 기억하며 신중하게 말하기를 바랍니다. 하나님의 자녀로서 말의 무게와 책임감을 느끼기를 바랍니다. 이미 말의 무게와 책임감을 느끼게 되었다면, 우리의 행동 또한 성급함이 아니라 성령의 감동하심 가운데 준비되며, 주어진 환경을 분별하며 걸어가게 될 것입니다.

오늘 하루를, 경거망동하지 않도록! 예수 그리스도의 이름으로 하나님의 자녀 된 우리가 늘 하나님과 동행하는 삶을 살아가고 있음을 날마다 깨닫기를 바랍니다. 지혜롭게 선포하고 행동하는 사람이 되어, 하나님의 이름이 더욱 영광스럽게 빛나도록 사용되는 도구가 되기를 바랍니다.

여정을 향한 권면적 선포(결단)

하나님의 이름을 욕되게 하지 않도록 경거망동하지 마십시오!

"탓하지 말고 의연해져라"

사전적 의미

[탓하다] 핑계나 구실로 삼아 나무라거나 원망하는 것.

[의연하다] 의지가 굳세어서 끄떡없다.

성경 말씀 묵상

성경에 직접적인 명령이나 구절이 명확하게 기록되어 있지는 않지만, 그렇게 살아갈 수 있도록 말씀으로 가르치며 권면한다. **야고보서 1:13-14**

시험을 받을 때 하나님 탓하지 말고 의연함으로 시험에서 이겨내서 죄를 짓지 맙시다.

우리가 가는 길은 좁고 길이 협착하여 찾는 이가 적습니다. 걷기만 해도 힘든 길을 가고 있는데, 엎친 데 덮친 격으로 시험과 유혹이 닥친다면 과연 끝까지 걸어갈 수 있을까요? 시험과 유혹은 왜 찾아오는 것일까요? 우리가 어려움을 겪게 되면 하나님께 이렇게 기도한 적이 한 번쯤은 있었을 것입니다. "왜 나만 이렇게 고난을 주시나요?", "하나님은 왜 도와주지 않으세요?", "하나님 때문에 이 길을 걸었는데 왜 이렇게 힘든 것인가요?" 우리는 끊임없이 묻고, 자책하며, 원망하게 됩니다. 본능적으로 남을 탓하고 환경을 탓하며, 심지어 하나님을 탓하는 지경까지 이르게 됩니다. 왜냐하면, 나는 잘못이 없다고 생각하기 때문입니다. 나는 주님이 원하시는 길로 가고 있으므로 아무 문제가 없다고 여길 것입니다. 그러나 이러한 생각이 오히려 시험을 불러오고, 그 시험을 이겨내지 못한 채 주저앉게 만드는 것입니다.

그러나 야고보서의 말씀을 묵상할 때, 우리는 잠시 생각을 멈추고 마음을 돌이키게 됩니다. 우리가 받는 시험의 원인은 하나님도, 환경도, 사람도 아닌 '욕심'이라고 말씀합니다. 하나님은 시험을 받지도 않으시고, 아무도 시험하지도 않으십니다. 좁고 길이 협착한 길을 걸어가는 우리의 마음을 흔들고 발걸음을 멈추게 하며 뒤를 돌아보게 만드는 것은, 바로 내 안에서 끊어내지 못한 욕심이 불러일으킨 시험입니다. 발걸음은 좁은 길을 향하고 있지만, 여전히 두 마음을 품고 살아갈 때 그 갈등이 시험으로 다가오게 되는 것입니다. 예를 들면, 크고 넓은 길을 걸으며 편하게 살고 싶은 욕심, 좁은 길을 걷고 있다는 자기 의를 드러내며 인정받고 싶은 욕심, 남들보다 더 뛰어나야 한다는 경쟁의 욕심 등이 그러합니다. 이러한 욕심이 죄를 낳고, 죄가 장성한즉 사망을 낳게 되는 것입니다. 그렇다면 이러한 욕심이 불러일으킨 시험을 이겨내기 위해 우리는 '예수 그리스도 안에서 의연하게' 나아가야 합니다.

예수님께서는 십자가의 고난 앞에서 도망하지 않으셨고, 원망이나 불평도 하지 않으셨습니다. 죄 없으신 분이 죄 있는 우리를 위하여 간구하셨습니다. "이에 예수께서 이르시되 아버지 저들을 사하여 주옵소서 자기들이 하는 것을 알지 못함이니이다 하시더라(눅 23:34)."

우리를 죄에서 구원하시기 위해 기꺼이 모진 고난과 수모를 당하시고, 우리를 탓하지 않으시며 아버지의 뜻에 순종하여 피를 흘리셨습니다. 예수 그리스도로 말미암아 우리는 하나님과 화평을 이루었고, 예수 그리스도를 믿고 영접하는 자에게는 하나님의 자녀가 되는 권세가 주어졌습니다. 우리는 이 복음을 믿는 성도입니다. 성도는 시험으로 흔들릴 수는 있으나, 결코 예수님을 믿는 믿음을 놓지 않습니다. 넘어질지라도 다시 십자가를 붙들고 일어납니다. 왜냐하면 우리를 위해 피 흘리신 예수님의 십자가를 믿기 때문입니다. 시험에 대한 두려움보다 우리를 위해 십자가에 달리신 예수 그리스도를 먼저 바라본다면, 어떤 시험이 찾아와도 넘어졌다가 다시 일어나 의연한 믿음으로 그 길을 걸어갈 수 있을 것입니다.

__오늘 하루__, 내 안의 욕심으로 인해 시험을 받게 되거나 나를 어지럽히고 방해하는 유혹을 마주하게 되더라도 남을 탓하고, 환경을 탓하고, 하나님을 탓하는 죄를 범하지 맙시다. 시험 앞에서 탓할 대상을 찾기보다 먼저 예수 그리스도를 찾으십시오. 그리고 말씀 앞에 서서 나 자신을 돌아보십시오. 내 안에 어떤 욕심이 여전히 나를 붙잡고 있는지를 살펴보십시오. 우리가 가는 이 길은 생명으로 인도하는 그 문을 열고 들어선 길이 분명합니다.

여정을 향한 권면적 선포(결단) ______________________________

우리가 걸어가고 있는 이 길이 힘들고 지쳐도 의심하지 말고, 도착하는 그날까지 예수 그리스도 안에서 의연하게 믿음으로 나아갑시다!

"영원토록 주님만 찬양하라"

사전적 의미

[영원토록] 변함이 없거나 끝없이 지속되는.

성경 말씀 묵상

하나님을 찬양하라는 성경 말씀은 여러 구절이 있습니다. 그중에서, 전달하고자 했던 메시지는 이와 같습니다. **시편 146:2**

변함없이 한계를 두지 않고 지속적으로 영원하신 주님만을 찬양합시다.

찬양이 무엇입니까? 하나님의 이름을 높이는 것입니다. 하나님의 이름을 높이는 데에는 특별한 시간이나 장소, 형식이 제한되어 있지 않습니다. 우리는 언제 어디서나 한계를 두지 않고 하나님의 이름을 높이며 찬양할 수 있습니다. 하나님이 우리를 통해 행하시는 일과 하나님이 어떤 분이신지를 우리의 입술로 노래할 수 있고, 우리의 삶으로도 나타낼 수 있습니다. 다시 말하면 찬양은 온전히 하나님께만 시선을 두고, 그분께 집중하는 것입니다.

앞서 말한 것처럼 찬양은 제한되어서는 안 됩니다. 특정한 시간을 정해 놓고 행하는 것은 찬양이라기보다 노래에 그칠 수 있습니다. 우리는 살아 숨 쉬는 모든 순간마다 지속적으로 주님만을 찬양해야 합니다. 왜일까요? 살아계신 하나님께서 우리를 영원히 다스리시고 통치하시기 때문입니다 (시 146:10). 하나님께서 시간과 장소, 혹은 특별한 상황에서만 우리를 보호하시고 일을 행하시며 사랑하십니까? 아닙니다. 우리 주 하나님은 영원토록 어제나 오늘이나 변함없이 동일하시며, 지금도 살아 역사하고 계십니다. 모든 순간마다 주님의 숨결이 우리 삶 곳곳에 불어오고 있습니다. 그러므로 우리 또한 우리의 숨이 닿는 모든 곳에서 주님만을 찬양해야 합니다.

주님만을 찬양하는 것은 쉬울 수도 있고 어려울 수도 있습니다. 그러나 영원토록 주님만을 찬양하는 것은 결코 쉬운 일이 아닙니다. 영원토록 찬양한다는 것은 모든 순간마다 하나님의 살아 계심을 믿으며 온전히 주님께 집중한다는 뜻이기 때문입니다. 그럼에도 불구하고, 어려울지라도 영원토록 주님만을 찬양합시다. 내 모든 문제와 죽음을 넘어 영원히 찬양할 수 있는 능력과 새 힘이 우리에게 있는 줄 믿습니다. 부활이요 생명이신 예수 그리스도로 말미암아(요 11:25), 우리는 영원토록 아바 아버지를 찬양할 수 있습니다.

오늘 하루 죽음의 문턱에 서 있는 것처럼 느껴질지라도, 영원히 죽을 수밖에 없었던 죄의 종이 된 우리를 구원해 주신 그분의 사랑과 그분이 행하신 일을 기억합시다. 지금도 살아 역사하시며 우리의 모든 삶을 통치하시고 다스리시는 만왕의 왕, 예수님만을 찬양합시다.

여정을 향한 권면적 선포(결단)

지금, 이 순간만이 아닌, 영원토록 내 삶의 한계를 넘어서 변함없이 끝까지 주님만을 찬양합시다.

"하나님만 신경 쓰라"

사전적 의미

[신경 쓰다] 마음이나 주의를 기울이다, 사소한 데까지 세심하게 살피다.

성경 말씀 묵상

사람보다 하나님께 집중하고 세상의 염려가 아니라 오직 하나님만 바라보라는 성경 말씀은 많지만, 그중에서, 전달하고자 했던 메시지는 이와 같습니다.

신명기 6:5

다른 것에 주의를 두지 말고 온 마음과 뜻을 다하고 힘을 다하여 하나님께만 주의를 집중합시다.

사람과 사람이 서로 마음이 합하여 처음 연인 사이가 되었을 때, 우리는 내 연인이 된 사람에게 더 잘 보이고 싶어 합니다. 그 사람이 무슨 생각을 하는지, 무엇을 좋아하는지, 무엇을 싫어하는지, 지금 무엇을 하고 있는지 등 그 모든 것을 마음에 새기며 조심하고, 오직 그 사람에게만 집중하며 귀를 기울입니다. 왜일까요? 연인과 더 친해지고 싶고, 더 가까워지고 싶기 때문입니다. 그리고 그 연인 역시 나에게 같은 마음, 아니 그보다 더 깊은 사랑으로 응답하지 않겠습니까? 그렇기에 우리는 사랑하는 연인에게만 내 시간과 물질, 그리고 나의 에너지를 기꺼이 쏟아부을 수 있는 것입니다. 또한 연인이 있다면 모든 사람에게 연인처럼 잘할 필요는 없습니다. 모든 사람을 연인처럼 대하는 것은 결코 옳은 행동이 아님을 우리는 잘 알고 있습니다.

이처럼 우리의 모든 시간과 물질, 그리고 모든 에너지는 온전히 "네 하나님 여호와를 사랑하라(신 6:5)."라는 말씀처럼 하나님께만 향해야 합니다. 하나님과 같은 자리에 다른 것들을 두고 사랑하며 신경 쓰는 것은, 연인을 두고 다른 사람과 바람을 피우는 것과 다르지 않습니다. 두 마음을 품지도 말고, 그것을 행동으로 옮기지도 않기를 바랍니다. 내 모든 것을 다해 하나님을 사랑하십시오. 내가 하나님을 이토록 사랑하고 있음을 삶으로 보여 드리기를 바랍니다.

사랑하면 세세한 모든 것에 집중하게 됩니다. 하나님을 사랑한다면 우리는 그분의 모든 것에 귀를 기울이게 될 것입니다. 하나님께서 하시는 모든 말씀에 집중하고, 그 말씀을 지키고자 온 마음과 뜻을 다해 노력하며 행동하게 될 것입니다. 또한 하나님께서 무엇을 기뻐하시는지, 무엇을 책망하시는지, 지금 나에게 어떤 말씀을 하시는지, 그리고 지금 우리를 통해 어떤 일을 행하시려 하는지를 깨닫는 역사가 일어날 것입니다. 이는 온전히 하나님께만 주의를 집중하고, 하나님만을 바라볼 때 가능합니다. 우리가 하나님 외에 다른 세상의 어떤 대상에 집중한다면, 하나님의 온전하고 선하시며 섬세하고도 미묘한, 세미한 음성을 결코 들을 수 없게 될 것입니다.

오늘 하루, 우리의 주의를 집중해야 할 대상이 무엇인지 깨닫기를 바랍니다. 한 율법사가 어느 계명이 가장 크냐고 물었을 때, 예수님께서는 직접 신명기의 말씀을 인용하여 이렇게 말씀하셨습니다. "네 하나님을 사랑하라(마 22:37)." 하나님만을 사랑할 수 있도록 간구하시기를 바랍니다.

여정을 향한 권면적 선포(결단)

우리의 힘으로는 완전하게 하나님을 사랑할 수 없으므로, 우리 안에 함께 하시는 성령의 충만함으로 세상의 모든 신경을 거두고, 하나님을 사랑하는, 하나님께만 집중합시다!

"하나님께 감사하라"

사전적 의미

[감사하다] 어떤 일이나 혜택, 도움받은 것에 고마움을 느끼고 표현하는 것.

성경 말씀 묵상

모든 일에 감사하라는 성경 말씀은, **데살로니가전서 5:18**

하나님께 원망과 불평이 아니라 모든 것에 감사합시다!

우리의 인생에는 감사할 존재가 한 사람쯤은 있을 것입니다. 나에게 있어 감사한 존재는 두 분, 바로 부모님입니다. 내가 무엇을 하든지, 누구를 만나든지 가장 먼저 나를 걱정해 주시고 응원해 주시며, 늘 기도로 중보해 주시는 분들입니다. 내 인생에서 가장 큰 축복은 예수님을 만난 것이고, 그 다음은 부모님을 만난 것이라고 말할 수 있습니다. 부모님을 통해 예수님을 믿게 되었고, 지금까지 내가 예수님을 온전히 믿을 수 있었던 것도 부모님의 중보와 신앙의 모습 때문입니다. 그 모습을 보고 배우며 자라왔기에, 이렇게 주님의 음성을 들으며 말씀 묵상을 기록할 수 있게 된 줄 믿습니다.

그래서 나는 이 땅에서 사는 날 동안 늘 부모님께 감사할 것입니다. 그러나 때로는 부모님을 원망하고 불평한 적도 있었습니다. 매 순간 감사하지 못했던 것입니다. 감사함을 잃어버릴 때마다 부모님 곁을 떠나고 싶어 했습니다. 함께 있는 시간이 오히려 걱정과 근심으로 다가왔기 때문입니다.

부모님의 사랑을 받으며 살아왔던 시간들을 잠시 잊어버렸던 것입니다. 만일 그 시간들을 잊지 않고 계속 마음에 품고 살아간다면, 부모님을 원망하고 불평하는 일은 단 한 번도 없을 것입니다.

감사란 생각날 때, 지금 내게 허락된 은혜만을 떠올리며 끝내는 것이 아닙니다. 어떤 특정한 일 때문에 감사하는 것이 아니라, 모든 일 가운데서 감사해야 합니다. 감사할 때가 따로 있는 것이 아닙니다. 모든 때가 감사의 때입니다. 왜일까요? 영원한 형벌 가운데 죽을 수밖에 없었던 우리에게 하나님께서 사랑으로, 예수 그리스도를 믿는 모든 자에게 죄에서의 구원을 허락하셨기 때문입니다(행 2:38-40). 값없이 받은 구원의 은혜에 대한 우리의 응답이 바로 감사입니다. 우리는 행위로 구원받은 것이 아닙니다. 아무리 선한 일을 많이 한다 해도 그것으로는 결코 하나님과 화목할 수 없습니다. 우리는 죄인이기 때문입니다. 죄 없으신 예수님만이 이루실 수 있는 것이 복음입니다. 그러므로 우리가 받은 은혜를 표현할 수 있는 길은, 새 생명을 허락하시고 하나님의 자녀로 살아가게 하신 창조주 하나님께 감사하는 것입니다(요 1:12).

오늘 하루, 세상의 눈으로 바라보면 감사할 것이 하나도 없게 느껴질 수 있습니다. 그러나 우리는 더 이상 죄 아래 있는 자들이 아니라 은혜 아래 있는 자들입니다. 이제는 세상의 눈이 아니라, 새 생명을 받아 거듭난 사람의 마음으로 믿음의 눈으로 바라봅시다. 우리에게 베푸신 은혜를 잊지 맙시다. 하나님 곁에서 멀어지려 하지 않기를 바랍니다.

여정을 향한 권면적 선포(결단)

생명을 주신 하나님께 범사에 감사합시다! 감사는 하나님이 원하시는 것, 하나님의 뜻이기 때문입니다.

"경건하라"

사전적 의미
[경건하다] 공경하며 삼가고 엄숙하다.

성경 말씀 묵상
경건의 삶이란 무엇인가? **신명기 10:12-13**

하나님을 경외하고 사랑하는 마음과 진실한 마음으로 하나님의 말씀을 지키는 경건의 삶을 살아갑시다!

때로는 화려한 삶을 소망할 때가 있습니다. 보이는 것과 인정받는 것을 행복이라 여기기도 합니다. 그러나 하나님께서 우리에게 허락하신 행복은 우리의 생각과는 전혀 다릅니다. 우리가 진정으로 행복한 삶을 살기 원한다면, 하나님께서 요구하시는 경건의 삶을 살아가기를 바랍니다.

사람과 사람 사이의 관계가 단절되었다가 다시 회복되었을 때, 가장 조심해야 하고 중요한 것은 상대방을 향한 진심 어린 존중의 마음입니다. 회복된 관계가 다시 깨지지 않기 위해서는 이전보다 더 신중하게 행동하며, 상대방을 더 이해하려는 태도로 나아가야 할 것입니다.

마찬가지입니다. 우리의 불순종의 죄로 인해 하나님과 멀어지고 단절되었던 관계가 언약의 말씀으로 다시 회복되었을 때, 우리는 이전과는 다른 모습으로 살아가야 합니다. 어떤 모습을 보여드려야 하는지까지도 하나님께서는 말씀을 통해 친히 알려 주셨습니다.

"… 경외하여 그의 모든 도를 행하고 그를 사랑하며 마음을 다하고 뜻을 다하여 네 하나님 여호와를 섬기고…(신 10:12)."

하나님을 경외하십시오. 경외하는 삶은 나의 모든 영역에서 행동으로 나타나야 합니다. 다시 회복된 관계가 멀어지지 않도록 안일한 마음으로 머무는 것이 아니라, 더 조심하고 더 존중하며 행동해야 하듯이, 우리 또한 하나님과 회복된 관계 안에서 이전과 같은 불순종의 죄를 다시 짓지 않도록 마음과 행동을 절제하며 깨어 있어야 합니다. 경외하는 마음만으로는 충분하지 않습니다. 마음과 행동이 일치할 때, 그것이 진실로 하나님을 경외하는 삶입니다.

하나님께서 우리에게 원하시는 것은 화려한 언변이나 뛰어난 능력, 외적인 아름다움이 아닙니다. 이 모든 것은 하나님께서 주신 도구일 뿐입니다. 하나님께서 진정으로 원하시는 것은 하나님을 경외하고 사랑하며 순종하는 것, 곧 진실한 마음으로 섬기는 것입니다. 이것은 명령입니다. 그러나 이 명령을 지키기 위해 우리는 포기하고 절제해야 할 것이 많습니다. 유혹이 가득한 세상 가운데 살아가는 우리에게 결코 쉬운 길은 아닙니다. 그렇기에 말씀이 육신이 되어 이 땅에 오신 예수님께서, 우리가 할 수 없었던 말씀의 삶을 이루시고 사랑과 참된 순종의 본을 보여 주셨습니다. 그러므로 우리는 예수 그리스도를 힘입어 살아갈 수 있습니다. 예수 그리스도 안에서, 성령의 도우심으로 하나님을 경외하며 그의 모든 말씀을 지키고 행하며 사랑하고 순종하는 삶을 살아갈 수 있습니다.

오늘 하루부터, 시작해 봅시다. 나와 하나님과의 관계를 멀어지게 하려는 모든 것들과 싸워 이깁시다. 그리고 나의 욕심을 자극하고 죄로 이끄는 화려하고 눈에 보이는 것들을 삼가며 살아갑시다.

여정을 향한 권면적 선포(결단)

하나님을 향한 경외, 사랑, 순종하는 경건의 삶을 살아가는 그 누구도 빼앗을 수 없는 영원한 행복을 경험하는 그리스도인 됩시다!

"구원의 은혜를 만끽하라"

사전적 의미
[만끽하다] 충분히 만족할 만큼 마음껏 느끼고 즐기다.

성경 말씀 묵상
구원의 은혜는, 하나님의 선물임을 묵상하며 기뻐하기를 소망합니다.
에베소서 2:8

구원받은 성도 여러분, 하나님께 받은 선물을 마음껏 기뻐합시다!

1년 중 가장 손꼽아 기다리며 기대하는 하루가 있다면, 나는 내가 태어난 날을 축하받는 생일이라고 말할 수 있습니다. 그날만큼은 주인공이 된 것 같고, 많은 축하를 받으며 '나'라는 존재를 인정받고, 선물을 받으며 마음껏 기뻐할 수 있기 때문입니다. 그렇다면 그리스도인에게 있어 생일은 언제일까요?

"허물로 죽은 우리를 그리스도와 함께 살리셨고… (엡 2:5)."

허물과 죄로 죽어 하나님 앞에 나아갈 수 없었던 우리를 살리신 예수 그리스도를 믿고 구원받은 그날, 곧 그리스도 안에서 새로운 피조물(고후 5:17)이 된 그날이 우리의 생일입니다. 그러나 한 번 구원받았다고 해서 모든 것이 끝나는 것일까요? 예수님을 믿는 일은 하루의 사건으로 끝나는 것일까요? 아닙니다. 구원의 은혜는 끝이 아니라 진짜 시작입니다. 그것은 매일 경험하고 누려야 할 선물입니다. 과거의 한 사건으로 머무는 것이 아니라, 오늘도 지금 이 순간에도 계속해서 허락하시는 하나님의 주권적인 은혜입니다.

우리는 그 구원의 은혜로 말미암아 일상 가운데서 매일 하나님의 살아 계심을 경험하며, 아바 아버지라 부를 수 있는 자녀 된 권세를 받은 자들입니다. 이는 우리의 인간적인 선한 노력으로는 결코 얻을 수 없는 것이며, 우리가 무엇을 한다고 해도 하나님 보시기에 만족에 이를 수 없습니다. 우리의 노력으로는 절대적으로 할 수 없는 것이 바로 구원입니다.

그러나 하나님께서는 이 구원을 우리에게 선물로 주셨습니다. 무엇을 바라시고 주신 선물이 아니라, 아무 조건 없이 하나님의 주권적인 은혜로 허락하신 선물입니다. 그 누구도 줄 수 없는 선물을 모든 이에게 허락하셨습니다(막 16:15-16). 그러므로 우리는 우리의 선한 행위나 신앙적인 우월함을 자랑해서는 안 됩니다. 하나님께 은혜받은 이후의 삶의 모습 자체에 만족하고 기뻐하는 것은 초점이 빗나간 것입니다. 우리가 기뻐하고 만족하며 즐거워해야 할 것은, 구원을 선물로 주신 하나님의 은혜 그 자체입니다. 그 은혜로 말미암아 우리는 하나님의 자녀로 살아갈 수 있고, 예수 그리스도의 이름으로 선포하고 기도할 수 있으며, 구약 시대처럼 제사장만이 아니라 모든 사람이 하나님의 이름을 높일 수 있게 되었습니다. 우리는 이 하나님의 사랑의 은혜를 자랑하며 기뻐해야 합니다.

오늘 하루 우리가 맞닥뜨리는 죄와 시험, 여러 어려움 속에서도 하나님께서는 예수 그리스도의 보혈로, 성령의 인도하심으로 은혜를 날마다 우리에게 풍성히 부어 주십니다. 그러므로 우리는 매일매일 우리를 죄와 시험과 어려움 가운데서 건져 주시는 구원의 은혜를 감사함으로, 믿음으로 받아 누리며 기뻐합시다.

여정을 향한 권면적 선포(결단) ________________________________

우리는 매일 선물을 받고 있습니다. 그것도 아무 조건 없는 선물입니다. 선물을 받았으면 마음껏 믿음 안에서 기뻐합시다! 즐거워합시다! 선물을 주신 하나님께서 한탄하고 근심하지 않으시도록!

"지혜롭게 처신하라"

사전적 의미

[지혜롭다] 사물의 이치나 상황을 제대로 깨닫고 그것에 현명하게 대처할 방도를 생각해내는 정신적 능력이다.

[처신한다] 세상을 살아가는 데 가져야 할 몸가짐이나 행동을 취하다.

성경 말씀 묵상

지혜로운 처신이란? **잠언 14:16**

신중하게 행동하여 악을 피하는 지혜로운 사람이 됩시다!

나 자신의 문제점과 단점을 안다면 고치기 쉬울까요? 아닙니다. 내가 내 문제를 안다고 해서 그것이 쉽게 고쳐지지는 않습니다. 나의 장단점을 말하자면, 장점은 열정이 많고 성실하다는 것입니다. 맡겨진 일은 밤을 새워서라도 마무리하고, 시간 약속을 매우 중요하게 여겨 약속 시간보다 먼저 도착해 있는 편입니다. 반대로 단점 역시 열정입니다. 다시 말해, 생각보다 행동이 앞서는 사람이라는 것입니다. 어떤 일을 결정할 때는 신중하게 여러 상황을 고려하며 선택하고 행동해야 합니다. 그러나 살아온 시간을 되돌아보면, 저는 늘 생각보다 행동이 앞섰던 사람입니다. 좋게 말하면 추진력이 있는 사람이라고 할 수 있겠지만, 그것은 어린아이와 같은 모습에 머무를 뿐 지혜로운 사람의 모습은 아닙니다. 자신이 내린 결정과 행동에는 언제나 책임이 따릅니다. 그러므로 시간이 흐를수록 우리는 무언가를 결정하는 데 있어 더욱 신중하게 행동해야 할 것입니다.

잠언은 이렇게 말씀합니다. "지혜로운 자는 두려워하여 악을 떠나거니와
(잠 14:16)." 다시 말해, 지혜로운 사람은 신중하게 처신함으로써 악을 피할
수 있습니다. 그러나 어리석은 자는 방자하여 스스로를 믿는 태도를 보입
니다. 어리석은 사람은 자기 뜻대로 결정하고, 자신의 선택이 전적으로 옳
다고 확신하며, 자신을 제대로 파악하지 못한 채 행동합니다. 신중하지 못
한 성급한 행동은 결국 교만으로 이어지고, 그 교만은 악과 죄에 가까워지
게 만듭니다.

지혜로운 사람과 어리석은 사람의 차이가 무엇인지 아십니까? 일을 결정
하는 주권이 하나님께 있느냐, 나에게 있느냐의 차이입니다. 신중하게 처
신할 수 있는 지혜의 근본은 여호와 하나님을 경외하는 데 있습니다. 모든
일에 있어 신중함과 결정하기까지의 인내는 하나님을 경외하며, 하나님을
중심으로 생각할 때 나오는 지혜입니다. 반대로 어리석음은 내 뜻과 내 생
각대로 행하면서도 자신의 잘못된 판단을 인식하지도, 인정하지도 못하는
교만과 자만에서 비롯됩니다.

오늘 하루를 시작으로 지혜롭게 처신하는 사람으로 살아가기를 바랍니
다. 어떠한 선택 앞에 서 있다면,

여정을 향한 권면적 선포(결단) ____

결정하기 전에 먼저 예수 그리스도의 이름으로 기도하십시오. 나의 어리석은
생각을 내려놓고 하나님의 뜻을 간구합시다!

"집중하라"

사전적 의미

[집중한다] 한 가지 일에 모든 힘을 쏟아붓다.

성경 말씀 묵상

하늘에서나 땅에서나 우리가 믿어야 하는 유일한 분은, **시편 73:25-28**

세상에 마음 빼앗기지 않고 시선을 하나님께 집중합시다!

영원한 생명의 근원은 예수님이십니다. 이는 변하지 않는 진리입니다. 십자가와 부활을 통해 모든 사망의 권세에서 승리하시고, 우리를 영원한 생명으로 인도하시는 분은 오직 예수님 한 분뿐입니다(요 14:6). 우리는 예수님을 힘입어 살며 기동하며 존재하는 자들입니다(행 17:28). 예수님을 떠난다는 것은 곧 영원한 생명을 포기하는 것입니다. 그러므로 우리가 이 세상에서 숨 쉬며 살아가기 위해 집중해야 할 분은 오직 한 분뿐입니다.

하늘에서나 땅에서나 모든 만물 가운데서 우리가 믿고 의지하며 신뢰할 분은 창조주 하나님 한 분뿐입니다. 우리의 몸과 마음이 쇠약해질수록, 시험과 연단이 계속되어 더 이상 힘을 낼 수 없다고 느껴질 때, 자신의 연약함과 보잘것없음을 깨닫고 자책하며 생명을 포기하려는 생각이 들 수 있습니다. 그러나 그럴 때일수록 생명의 근원이신 하나님께 더욱 집중하시기를 바랍니다. 세상의 어떤 환경이나 사람에게도 마음을 빼앗기지 말고, 나 자신에게조차 마음을 빼앗기지 말며, 나의 마음과 생각과 시선을 하나님께 고정하십시오. 시선이 흔들리지 않도록 오직 하나님께만 고정합시다. 우리를 지치고 힘들게 하는 모든 상황에서 벗어납시다. 그리고 벗어났을 때 갈 곳이 없다고 방황하지 마십시오. 마음의 반석이시며 영원한 분깃이 되시는 창조주 하나님께서 우리 곁에 계십니다(시 73:26).

원수의 공격과 죽음으로부터 피할 수 있는 참된 피난처는 반석이신 하나님이십니다. 주님은 우리를 도우시며, 오직 주님만이 우리에게 마음의 평화와 위로, 그리고 소망을 경험하게 하십니다. 갈 곳 없고 가난하여 떠돌 수밖에 없는 삶을 피하게 하는 참된 삶의 터전은 영원한 분깃 되시는 하나님이십니다. 주님은 우리의 몸과 마음을 영원토록 풍성하게 살도록 허락하시는 분이십니다.

오늘 하루의 우선순위를 나 자신도, 물질도, 명예도, 지식도, 가족과 이웃도, 맡겨진 일도 아닌, 생명의 근원 되시는 예수님께 두고 시간을 보내는 것은 어떨까요? 예수님을 먼저 바라보고, 예수님께 시선을 고정할 때 우리가 어떤 일을 경험하게 될지, 그리고 그동안 경험하지 못했던 깊은 마음의 평강으로 채워지는 은혜를 누리기를 바랍니다.

여정을 향한 권면적 선포(결단)

우리의 시선이 다시는 방황하지 않고 예수님께만 모든 힘을 쏟아서 집중하는, 성숙한 믿음으로 살아갑시다!

"온전하라 잠잠하라"

사전적 의미

[온전하다] 변화되지 않고 본바탕대로 고스란하다.

[잠잠하다] 요란하거나 시끄럽지 않고 아무 소리도 없이 조용하다.

성경 말씀 묵상

온전함과 잠잠을 함께 전할 수 있는, **야고보서 1:2-8**

하나님 앞에서 잠잠히 기다리는 인내 속에서 온전한 믿음으로 성장합시다!

우리는 시험에 들지 않도록 늘 깨어 기도해야 합니다. 우리에게 주어지는 시험은 사람마다 다르지만, 한 가지 공통점이 있습니다. 시험을 이겨낼 때 우리는 자신의 연약함을 깨닫는 동시에 예수 그리스도의 능력을 경험하게 되고, 그분을 더욱 굳건히 믿는 믿음으로 성장하게 된다는 것입니다(벧전 1:7). 성경은 시련이 곧 믿음의 연단임을 말씀합니다(약 1:3). 그렇다면 나에게 있어 시험은 무엇입니까? 이렇게 질문해 볼 수 있겠습니다. 지금 내게 근심을 주는 외부로부터의 시련은 무엇입니까? 여러 가지 시험이 찾아와도 우리는 기뻐할 수 있을까요? 시험이 닥쳤을 때 마음이 타들어 가고 우울해지는 것은 너무나 자연스러운 반응입니다. 그런데도 성경은 기쁘게 여기라고 말씀합니다(약 1:2, 벧전 1:6). 왜일까요? 시험 가운데서도 기뻐할 수 있다는 것은 변하지 않는 온전한 믿음이 내 안에 있음을 증명하는 것이기 때문입니다.

믿음의 시련은 인내를 만들어 냅니다(약 1:3). 시련이 찾아왔을 때 이를 내 힘으로 해결하려 한다면, 그것은 기쁨이 아니라 하나님을 향한 원망과 불평으로 이어지게 됩니다. 그리고 그 원망과 불평은 결국 하나님에 대한 불신과 불순종으로 나아가게 될 것입니다. 성경은 죄가 장성하면 사망을 낳는다고 말씀합니다(약 1:15). 이것이 우리를 시험에 들게 합니다. 그러나 반대로, 나에게 닥치는 모든 시련이 하나님의 주권 아래 있음을 깨닫게 된다면 우리는 서둘러 행동하기보다 주님 앞에서 잠잠히 기다리며 무릎 꿇고 인내하게 될 것입니다. 그 열매가 바로 온전한 믿음이며, 그것이 지혜입니다. 하나님이 어떤 분이신지, 이 시험을 통해 무엇을 이루시려는지, 나에게 무엇을 말씀하시려는지를 깨닫는 지혜를 하나님께서 허락하십니다. 이러한 지혜는 하나님 앞에서 잠잠히 인내하며 간구할 때, 성령을 통해 우리에게 가르쳐 주십니다(고전 2:10-11). 그리고 바로 그 지점에서 우리는 시련 가운데서도 기뻐할 수 있는, 변하지 않는 성숙한 믿음의 사람으로 자라가게 됩니다.

오늘 하루, 바람에 밀려 요동하는 바다 물결처럼 우리를 흔들며 근심을 주고 하나님을 향한 불신과 의심을 일으키는 환경과 시련이 찾아온다면, 이 말씀을 기억하기를 바랍니다. 시험에 들지 말고, 하나님의 주권과 그분의 일하심을 깨닫는 하루가 되기를 소망합니다.

여정을 향한 권면적 선포(결단)

하나님 앞에서 잠잠히 인내합시다. 중간에 포기하지 않고 끝까지 참고 견뎌내서 온전한 믿음을 이루어 기뻐합시다!

2. 비움의 무릎:
마음의 소음을 기도로 덜어내는 여정

(11 – 20일 차)

염려와 분노 그리고 오래 쌓인 감정들을 주께 내려놓고,

주님이 주시는 평안 속에서,

고요함을 느끼며 관계를 회복하다.

"사랑한다"

사전적 의미

[사랑하다] 존재를 몹시 아끼고 귀중히 여기다.

성경 말씀 묵상

우리를 향한 하나님 사랑의 확증은 예수 그리스도, **로마서 5:6-11**

하나님은 우리를 어제나 오늘이나 동일하게 사랑하십니다!

우리는 사랑을 어떻게 배웁니까? 오늘날 우리는 다양한 미디어 매체와 서적을 통해 사랑을 간접적으로 느끼고 경험할 수 있습니다. 그러나 사랑은 실제로 경험하지 않고서는 그것이 무엇인지 안다고 자신 있게 말할 수 없습니다. 이처럼 사랑은 받아본 사람이 사랑을 줄 수도 있고, 사랑한다고 말할 수 있는 것입니다. 사랑에는 큰 용기가 필요하기 때문입니다. 우리가 흔히 알고 있는 사랑은 주고받는 사랑입니다. 서로 사랑할 때 비로소 그 관계가 인정됩니다. 나만 사랑하는 것은 짝사랑입니다. 홀로 시작하여 홀로 끝나거나, 상대방이 마음을 열 때까지 끝없는 기다림으로 남게 됩니다. 그래서 서로 사랑한다는 것은 결코 쉬운 일이 아닙니다. 그렇다면 지금 나는 어떤 사랑을 하고 있습니까?

세상을 향해 끝없는 짝사랑을 하고 계신 분이 있습니다. 바로 이 모든 만물을 창조하신 하나님이십니다. 세상은 하나님을 알지 못해도, 하나님은 여전히 사랑하시며 기다리고 계십니다. 세상이 하나님을 사랑하게 될 때까지 말입니다. 그래서 하나님께서는 세상을 향한 사랑을 분명하게 보여 주시기로 하셨습니다. 하나님의 사랑이 가장 구체적으로 드러난 사건, 바로 그리스도의 십자가입니다. 죄 없으신 그리스도께서 죄인 된 우리를 위하여 죽으셨습니다. 아담과 하와로 말미암아 하나님의 형상대로 지음받은 인간이 전적으로 타락하고 부패하였지만, 세상의 모든 만민을 위하여 그리스도께서 죽으심으로 하나님께서는 우리를 향한 자기 사랑을 확증하셨습니다(롬 5:8). 그분이 보여 주신 사랑은 절대적이며 변하지 않는 영원한 진리입니다. 그러므로 그리스도인이 받은 사랑은 사람과 사람이 만나 나누는 사랑의 차원을 훨씬 뛰어넘는 사랑입니다. 사람의 사랑은 환경과 상황, 상대의 모습에 따라 변하고 식어질 수 있습니다. 그러나 하나님의 사랑은 처음부터 우리의 모습이나 행위로 인해 시작된 것이 아니었습니다. 우리가 아직 연약하고 부끄러운 모습일 때에도 하나님은 사랑을 멈추지 않으셨고, 오히려 그 사랑을 더욱 분명히 보여 주셨습니다.

이러한 사랑을 우리가 과연 누구에게서 받을 수 있겠습니까? 누가 이처럼 끝까지 우리를 사랑해 주겠습니까? 절대적이고 무조건적인 하나님의 주권적인 사랑과, 세상이 주는 사람을 통한 사랑을 비교하지 않기를 바랍니다. 우리는 하나님 앞에서 늘 부끄러운 존재입니다. 그러나 하나님의 사랑을 깨닫지 못한 채, 스스로의 수치심과 자괴감, 자책감 때문에 하나님 앞에 나아가지 못하는 것이 오히려 더 부끄러운 일입니다. 거룩하신 하나님 앞에 섰을 때 부끄러움을 느끼는 것은 어쩌면 당연한 일입니다. 우리의 선한 행위로는 결코 의롭다 함을 받을 수 없고, 하나님 앞에 설 수도 없습니다(롬 3:10, 23). 오직 예수 그리스도를 힘입어 부끄러운 우리가 하나님 앞에 설 수 있는 것입니다. 우리의 모든 죗값을 그리스도께서 십자가의 보혈로 다 치르셨고, 부활하셨습니다. 이제 우리는 예수 그리스도를 믿음으로 받아들이기만 하면 됩니다. 이것이 바로 값없이 주신 하나님의 은혜이며, 무조건적인 사랑입니다. 예수 그리스도의 공로로 우리는 하나님과 화목하게 되었고, 하나님의 자녀로 그분 앞에 설 수 있게 되었습니다. 이 모든 것을 우리의 힘이나 지식으로 깨닫게 되는 것일까요? 아닙니다. 우리와 함께하시는 성령님께서 복음을 깨닫게 하시고, 죄를 깨닫게 하십니다(요 14:26, 딤후 3:15-16). 이것 또한 "너희를 고아와 같이 버려두지 않겠다(요 14:18)." 하신 예수님의 사랑입니다.

오늘 하루, 하나님의 짝사랑 대상에 머무는 것이 아니라 하나님의 사랑을 받고 그 사랑에 기뻐하며 감사함으로 응답하는 시간을 보내기를 바랍니다. 입술로 하나님의 사랑을 고백하고, 삶으로 그 사랑을 드러내는 하루가 되기를 바랍니다. 그리스도인이 배워야 할 사랑은 세상이 말하는 사랑이 아닙니다. 사랑의 근원이 되시며, 유일한 참사랑을 보여 주신 하나님의 사랑입니다. 우리를 결코 버리지 않으시는 영원한 사랑, 약속하신 말씀을 반드시 이루시는 사랑을 받은 성도 여러분.

여정을 향한 권면적 선포(결단)

어제나 오늘이나 동일하게 사랑하시는 하나님께 입술로 삶으로 고백합시다. "성부 성자 성령 삼위일체 하나님 나도 사랑합니다!"

"염려하지 말라 너는 혼자가 아니다"

사전적 의미

[염려] 앞일에 대하여 여러 가지로 마음을 써서 걱정함.

[혼자] 다른 사람과 어울리거나 함께 있지 아니하고 동떨어져서, 그 사람 한 명만 있는 상태.

성경 말씀 묵상

하나님의 일을 감당하기 위해서는, 염려가 아니라 역사하시는 하나님을 믿고 나아가는 것입니다. **여호수아 1:1-9**

염려 대신 함께하시고 역사하시는 하나님을 믿읍시다!

공동체를 이끄는 리더는 외로운 자리입니다. 잘하든 못하든 모든 책임은 리더에게 주어집니다. 한 공동체를 이끄는 리더는 세대가 바뀌면 또 다른 새로운 리더를 세우게 됩니다. 그리고 사람들은 비교하고 판단합니다. 이전보다 잘하는지, 못하는지에 대해 세대가 바뀌어도 눈에 보이기 때문에 무성한 말소리가 들려옵니다. 그렇기에 리더는 옆에 함께 의논하며 동역할 사람들이 있다 하더라도, 결국 모든 책임은 리더가 감당해야 합니다. 그것이 리더로서 책임감이며 사명감입니다. 또한 리더가 환경에 휩쓸려 흔들리며 제 역할을 하지 못한다면, 공동체는 방향성을 잃고 방황하다가 흩어지게 될 것입니다. 성경 말씀을 보면, 정말 리더의 자리에 서기 쉽지 않았을 것 같은 인물이 등장합니다. 바로 여호수아입니다. 여호와의 종 모세가 죽은 후, 여호와께서 말씀하십니다.

"내 종 모세가 죽었으니 이제 너는 이 모든 백성과 더불어 일어나 요단을 건너 내가…. 주는 그 땅으로 가라(수 1:2)."

여호와의 종이었던 모세는 이스라엘 백성에게 어떤 지도자였습니까? 그는 하나님께 직접 부르심을 받아 430년의 종살이 가운데 있던 이스라엘 백성을 인도해 냈고, 홍해를 가르시는 하나님의 역사에 쓰임 받은 지도자였습니다. 종살이의 쓴 뿌리가 남아 있던 이스라엘 백성과 함께 광야에서 40년의 삶을 이끌었던 지도자였습니다. 또한 모세의 무덤을 아무도 알지 못하게 하실 정도로, 그가 숭배의 대상이 되는 것을 하나님께서 막으실 만큼 영향력 있던 지도자였습니다. 그런 지도자 다음으로 부르심을 받은 사람이 바로 여호수아였습니다. 여호수아의 마음에 두려움과 놀라움, 기대감과 불안감이 얼마나 함께 공존했을지 짐작이 되십니까? 그는 모세가 지도자였을 때, 이스라엘 백성이 어떻게 행동하는지를 가까이에서 모두 지켜보았습니다. 모세를 향한 원망과 불평, 하나님을 향한 원망과 불평, 그리고 반복되는 불순종의 모습까지 말입니다. 그렇기에 여호수아가 느꼈을 여러 감정은 어찌 보면 너무도 당연한 것이었습니다.

그러나 하나님께서 부르시고 하나님께서 세우셨다면, 앞일에 대해 여러 마음으로 염려하지 않기를 바랍니다. 하나님의 일은 내가 혼자 하는 것이 아닙니다. 나와 함께하시는 하나님께서 나를 통해 역사하시는 것입니다. 여호수아의 마음을 아셨던 하나님께서는 이렇게 말씀하십니다.

'내가 모세와 함께 있었던 것 같이 너와 함께 있을 것임이니라 내가 너를

떠나지 아니하며 버리지 아니하리니(수 1:5).'

하나님은 모세 때만 역사하신 분이 아니라, 여전히 지금도 함께하시며 일하시고 성취하시는 분이십니다. 여호수아는 이스라엘 백성을 이끌고 하나님께서 명령하신 새로운 땅으로 들어가 정복해야 하는 앞날을 두고 있었습니다. 사람의 눈으로 보면 미래를 알 수 없는 모험이었지만, 하나님이 함께하신다면 이미 승리가 보장된 축복의 여정이었습니다.

하나님이 함께하심을 믿는 것에만 그쳐서는 안 됩니다. 앞으로 마주하게 될 여정 속에서 더 이상 염려로 시간을 보내는 것이 아니라, 강하고 담대해야 합니다. 하나님의 말씀이 중심이 되어 좌로나, 우로나 치우치지 말고 순종해야 합니다. 하나님의 말씀을 쉬지 말고 계속 묵상하며 지키고 행해야 합니다. 하나님께서 함께하신다고 약속하셨습니다. 그리고 그분이 명령하신 일을 정복하기 위해서는, 말씀에 대한 순종이 필요합니다. 혼자의 힘으로, 혼자 생각하고 결정하는 지도자가 아니라, 나를 가르치시고 인도하시는 하나님께 끝까지 순종하는 여호수아와 같은 지도자가 되기를 바랍니다. 그렇게 된다면 더 이상 염려할 이유조차 없어질 것입니다. 홍해를 건너는 데서 끝나는 것이 아니라, 요단강을 건너 약속의 땅을 정복하고 전쟁에서 승리하는 자리까지 이르게 될 것입니다.

오늘 하루, 새로운 여정을 앞두고 있습니까? 아니면 공동체를 이끄는 지도자의 자리에 서 있습니까? 혼자라고 생각하지 않기를 바랍니다. 혼자라고 여긴다는 것은, 하나님이 함께하심을 믿지 못한다는 고백과도 같습니다. 하나님이 계시지 않는다면 모든 일은 두려울 수밖에 없습니다. 그러나 하나님은 결코 우리를 버리지 않으시며, 우리를 돕는 일에 실패하지 않으시고, 반드시 당신의 일을 성취하시는 분이십니다.

이에 대한 확실한 증거가 바로 예수 그리스도입니다. 우리와 영원히 함께하신다는 그 증거가 예수 그리스도이십니다. 모세와 여호수아의 시대만이 아니라, 지금도 여전히 우리와 함께하신다는 증거가 예수 그리스도입니다(고후 1:20, 사 7:14, 마 28:20, 요 14:16).

여정을 향한 권면적 선포(결단)

예수 그리스도를 믿고 구원받은 성도 여러분, 우리 안에 늘 함께하시는 성령님의 인도하심에 순종하며 염려치 말고 강하고 담대하게 나아갑시다!

"잡념을 없애라 기도로"

사전적 의미

[잡념] 여러 가지 잡스러운 생각, 수행을 방해하는 여러 가지 옳지 못한 생각.
[없애다] 어떤 일이나 현상, 증상 따위를 사라지게 하다, 사람이나 사물 또는 어떤 사실이나 현상 따위가 어떤 곳에 자리나 공간을 차지하거나 존재하지 못하게 하다.

성경 말씀 묵상

마음을 지키는 기도, **빌립보서 4:6-7**

잡념과 염려를 기도로 바꿉시다!

현재 나에게 가장 많은 염려를 안겨 주며, 잡념으로 인해 제대로 일에 집중하지 못하게 만드는 장소나 공동체는 어디입니까? 누구든지 교회에서, 직장에서, 가정에서, 혹은 그 외의 모임에서 웃을 일이 많겠지만, 동시에 많은 생각에 잠기게 되는 순간도 있을 것입니다. 이는 지극히 자연스러운 일입니다. 우리는 하나님의 형상대로 지음받은 존재이지만, 각기 다른 환경에서 성장해 왔기에 모두가 동일한 마음을 가질 수는 없습니다. 물론 예외도 있겠지만, 보편적으로 볼 때 사람과의 관계 속에서 오는 스트레스가 가장 큽니다. 사람과의 갈등을 한 번도 겪어보지 않은 사람은 거의 없을 것입니다. 바로 그때가 생각이 가장 많아지는 순간입니다. 관계라는 것이 그렇습니다. 가까워질 때가 있는가 하면, 어느 순간 멀어지기도 하고, 멀어졌던 관계가 아무 일 없었다는 듯 다시 가까워지기도 합니다. 이뿐만 아니라,

우리 각자에게는 저마다 스트레스를 주는 다양한 일들이 존재합니다. 그렇다면 그럴 때, 여러분은 부정적이고 흥분된 마음을 무엇으로 돌리십니까?

지금은 아니지만, 이전에는 음식을 먹는 것으로 애써 마음을 진정시키려 했던 적이 많았습니다. 그 결과는 대부분 폭식으로 이어졌습니다. 참 신기하게도 먹고 있는 순간만큼은 여러 생각이 잠시 사라졌지만, 식사가 끝나면 다시 복잡한 생각들과 함께 폭식으로 감정을 풀었던 자신에 대한 혐오감이 찾아오곤 했습니다. 그것은 마음의 평안과는 더욱 멀어지는 선택이었습니다. 결국 그로 인해 얻게 된 결과는, 주체할 수 없는 체중 증가였습니다. 다시 질문해 보겠습니다. 여러 생각으로 인해 일에 집중하지 못하고 잠들지 못하는 순간, 여러분은 어떤 행동을 하십니까? 그리고 그 행동의 결과는 어떠했습니까? 마음의 평안이 찾아왔습니까? 아니면 다시 원점으로 돌아갔습니까? 혹은 더 좋지 않은 결과로 이어졌습니까?

세상이 알려주지 못하는 방법을 하나 나누고자 합니다. 잡념과 염려가 시작될 때, 잠시 하던 행동을 멈추고 곧바로 기도하십시오. 입술을 열어 "주여!" 하고 주님을 찾으십시오. 염려와 잡념이 기도로 바뀌는 순간, 하나님의 평강이 우리의 마음과 생각을 지켜 주십니다. 우리가 마음을 지킬 수 있는 가장 확실한 방법은, 모든 지각에 뛰어나신 하나님께 기도하며 간구하는 것입니다.

우리 앞에 놓인 문제로 인해 마음이 초조해지면 실수가 잦아지고, 예민해지며 분노가 쉽게 올라옵니다. 이는 결국 나 자신을 갉아먹는 행동입니다. 남들은 이해하지 못하고 알아차리지도 못하는 사이, 나 스스로가 서서히 무너져 가는 것입니다. 내가 처한 상황과 그 속에서 오가는 긍정적인 생각과 부정적인 생각, 모든 마음을 온전히 아시는 분은 이 세상에 단 한 분뿐입니다. 가족도 아니고, 친구도 아닙니다. 우리의 모든 한계를 초월하시는 하나님 한 분뿐입니다. 불안정한 상태에서 세상의 다른 어떤 것으로 마음을 달래려 하지 말고, 악을 선으로 바꾸시며 날마다 죄에서 승리하게 하신 예수 그리스도의 이름을 믿고 확신하며 감사함으로 하나님께 기도하십시오.

오늘 하루, 불안과 두려움이 밀려와 여러 생각에 사로잡혀 내가 해야 할 일을 제대로 감당하지 못하고 있습니까? 인간관계의 갈등으로 인해 마음이 요동치고, 심장이 내려앉는 듯한 불안한 상황 속에 놓여 있습니까? 세상이 주는 즐거움은 그 순간만 잠시 잊게 해 줄 뿐, 오래 지속되지 않습니다. 그러나 우리의 생각을 뛰어넘으시는 무한하신 하나님께서 허락하시는 평강은 영원하며 완전합니다. 인간이 만들어 낼 수도 없고, 물질이나 명예로도 결코 누릴 수 없는 하나님의 평강을 경험해 보고 싶지 않으십니까? 모든 두려움과 불안과 잡념 가운데서 우리를 지켜 보호하시는 은혜의 평강을 경험할 수 있습니다. 이것이 바로 우리에게 허락된 기도의 열매입니다.

여정을 향한 권면적 선포(결단)

염려와 여러 생각이 내 삶을 차지하거나 원래부터 존재하지 않았던 것과 같은 하나님의 평강을 경험합시다! 그러므로 모든 지각에 뛰어난 하나님께 감사함으로 기도합시다!

"소외시키지 말라 나는 질서의 하나님이니"

사전적 의미

[소외] 어떤 무리에서 기피하여 따돌리거나 멀리함.

[질서] 혼란 없이 순조롭게 이루어지게 하는 순서나 차례.

성경 말씀 묵상

외적인 것에 대한 교회 안에서의 차별 관련하여, **야고보서 2:1-13**

혼란을 일으키는 주범(원인)이 되지 않도록, 교만하지 맙시다!

사회는 눈에 보이는 것과 결과에 따라 대우가 달라지고, 받는 돈과 명예 또한 천차만별입니다. 그래서 사람들은 자연스럽게 자기와 비슷한 위치에 있는 이들끼리 모여 만남을 이루고 교제를 나눕니다. 만일 그 자리에 자격이 없다고 여겨지는 사람이 참석하게 되면, 말로 표현하지 않더라도 사람들의 시선과 행동을 통해 그 사람을 향한 의아함과 이질감이 드러나게 됩니다. 결국 그 사람은 다시는 그 자리에 나가지 않게 될 것입니다. 그렇다면 교회는 이와 다를까요? 교회는 달라야 하지 않을까요? 사회와 교회가 같다면 과연 교회라고 부를 수 있을까요? 그렇다면 그 교회의 주인은 누구입니까?

교회의 주인은 예수 그리스도이십니다. 교회는 사람이 세운 것이 아니라,

예수님께서 세우신 공동체입니다(마 16:18). 교회의 주인은 직분자들이 아니라, 그 직분을 허락하신 하나님이십니다. 우리는 그리스도의 몸 된 교회를 이루는 지체들입니다(고전 12:27). 그러므로 교회 공동체는 누구도 소외될 수 없는 구조이며, 차별이 있어서는 안 되는 서로에게 꼭 필요한 존재들입니다. 모든 지체가 함께할 때, 비로소 몸은 건강해집니다. 그런데 교회 안에서조차 사회와 같이 신분과 물질, 외적인 조건을 기준으로 특별히 대우하거나, 어떤 사람은 원래 그래도 되는 것처럼 차별한다면 그것은 교회의 질서를 무너뜨리는 행동입니다. 아무리 사회적으로 영향력 있고 특별해 보이는 사람이라 할지라도, 교회에서는 늘 소외당하던 사람과도 함께 어울려야 합니다. 교회 안에서는 특별히 대우하지도 말고, 특별한 대우를 받기를 원하지도 맙시다.

왜 교회 안에는 차별이 없어야 할까요? 우리는 그리스도 예수 안에서 살아가는 그리스도인이기 때문입니다. 우리가 소유한 물질과 지식, 명예, 외적인 모습까지도 모두 나의 노력만으로 이루어진 것이라고 생각하십니까? 나의 유익을 더 얻기 위해 외적인 것에 집착하다가, 영광의 주 예수 그리스도를 믿는 믿음을 저버리지 않기를 바랍니다. 우리는 모두 하나님의 형상대로 지음받은, 같은 사람입니다. 욕심으로 가득 찬 인간적인 시선으로 다른 이를 바라보지 마십시오. 그것은 교만입니다. 차별은 악한 생각으로 판단하는 것이며(약 2:4), 사람을 차별하여 대하는 것은 곧 죄를 짓는 행위입니다(약 2:9). 더 나아가, 예배를 받으시는 하나님은 화평의 하나님이시기에 혼란과 소외가 아닌, 질서와 화평 가운데 드려지는 예배를 기뻐하십니다(고전 14:33).

오늘 하루, 차별하지도 말고 차별받지도 않기를 바랍니다. 사회는 쉽게 변하지 않지만, 교회는 변할 수 있습니다. 아니, 반드시 변해야 합니다. 교회 안에서의 소외와 차별은 결국 혼란을 낳고, 시험에 들게 하며, 분열이라는 죄로 이어지게 됩니다. 믿음 없는 행동으로 교회를 어지럽히는 사람이 되지 않기를 바랍니다.

여정을 향한 권면적 선포(결단)

하나님은 무질서의 하나님이 아니시오 오직 화평의 하나님이십니다(고전 14:33). 그분의 위엄을 모른 채 행동하는 원인자가 되지 않도록, 그 누구도 소외시키지 마세요. 하나님을 무서워합시다!

"평가하지 말아라"

사전적 의미

[평가하다] 사물의 가치나 수준 따위를 평하다, 일정한 기준으로 따져서 그 가치나 수준을 판단한다.

성경 말씀 묵상

판단하는 권리는 사람에게 있는 것이 아니요. 우리의 주인 되시는 주께만 있음을, **로마서 14:1-12**

우리의 주인은 오직 하나님이시며 판단할 권리 또한 오직 하나님께만 있으니, 서로를 평가하지 맙시다!

'나의 하나님, 너의 하나님'이 아니라 우리 주 하나님을 믿습니다. 나라마다, 지역마다, 문화와 생활 습관이 다릅니다. 그렇기에 하나님께 예배드리는 모습 또한 각자가 살아온 환경에 따라 서로 다르게 나타날 수 있습니다. 같은 한민족이라 할지라도, 같은 교회에 다니는 성도라 할지라도 누군가는 큰 목소리로 찬양하고, 누군가는 아무 소리 내지 않고 찬양할 수도 있습니다. 어떤 이는 춤을 추며 찬양하고, 또 어떤 이는 눈을 감고 찬양하기도 합니다. 소리 없이 기도하는 사람도 있고, '주여'를 부르짖으며 기도하는 사람도 있습니다. 목회자 또한 마찬가지입니다. 열 명의 목회자에게 '천지 창조'를 주제로 창세기의 설교 본문을 주고 말씀을 선포하라고 한다면, 열 명이 모두 똑같은 설교를 할까요? 아닙니다. 각자의 삶 속에서 경험한 하나님의 살아계심이 다를 것이고, 하나님을 향해 쌓아온 시간 또한 다를 것이며, 살아온 문화와 생활 습관, 가치관이 다르기 때문에 설교를 전하는 방식도, 준비 과정도, 참고하는 자료도 서로 다를 것입니다. 그러나 다르다고 해서 본질이 변하는 것은 아닙니다.

"태초에 하나님이 천지를 창조하시니라(창 1:1)." 이 말씀은 절대 변하지 않는 진리입니다. 하나님께서 모든 만물을 창조하셨다는 사실은 변하지 않는 말씀의 본질입니다. 이 본질이 변하지 않는 이상, 전하는 방식이 다르다는 이유로 서로를 평가하고 판단할 수는 없습니다. 다른 사람을 평가할 권리는 우리에게 있지 않습니다. 우리를 그 자리에 세우신, 모든 만물의 주인이신 하나님께만 있습니다.

우리는 보이는 것과 들리는 것을 기준 삼아 평가하지만, 하나님께서는 중심을 보십니다(삼상 16:7). 하나님께서 이미 예배를 받으셨다면, 우리는 더 이상 왈가왈부할 필요가 없습니다. 예배의 모습이 서로 다르다고 해서 정죄하거나 멸시하지 말고, 일정한 기준을 세워 수준을 논하며 평가하고 가치를 매기는 세속적이고 어리석은 자가 되지 않기를 바랍니다. 우리의 예배의 대상은 누구입니까? 우리를 위해 십자가에서 죽으시고, 사흘 만에 부활하셔서 새 생명을 주신 만왕의 왕 예수 그리스도이십니다. 대속의 은혜를 베푸신 예수님을 향해 믿음으로 찬양하며 영광 돌리는 각자의 마음이 중요합니다. 찬양의 형식이 중요한 것이 아니라, 우리를 구원하신 예수님을 믿는 그 마음이 중요하며, 찬양의 중심이 예수님께 있다는 것이 중요하고, 우리가 찬양하기 위해 모인 이유가 우리 주 예수 그리스도라는 사실이 중요합니다. 이것을 깨닫는다면 서로를 평가하기보다 오히려 기뻐하게 될 것입니다. 이것이 함께 찬양하며 예배하는 공동체 안에서 드러나야 할 기쁨입니다. 예수님을 찬양하기 위해 모인 우리는 모두 하나님의 자녀요,

하나님의 백성입니다.

오늘 하루, 서로 다른 신앙의 모습과 표현의 차이를 인정할 수 있기를 바랍니다. 새벽예배를 드리지 않았다고, 공예배에 참석하지 않았다고 정죄할 필요는 없습니다. 그것은 우리가 판단할 일이 아니라 하나님께서 판단하실 일입니다. 서로를 판단하느라 하나님께 예배드리는 마음의 중심이 무너지지 않기를 바랍니다. 우리의 모든 행위의 중심은 사람에게 보이기 위함이 아니라, 사나 죽으나 주를 위함입니다. (롬 14:8) 오히려 이 세상에서 우리를 구원하신 예수님을 믿고, 예수님의 이름을 찬양하며 주님을 위해 열심을 다하고 있는 서로의 모습을 통해 위로와 소망과 힘을 얻기를 바랍니다. 서로를 평가하는 대신 하나님께 예배하는 일에 더욱 집중한다면, 함께 모여 드리는 예배는 결코 어렵지 않을 것입니다.

여정을 향한 권면적 선포(결단)

우리를 구원하신 예수님을 믿는 믿음으로 예배하며 말씀을 선포하는 본질이 변하지 않는 것에서, 서로 다른 모습의 차이를 인정하며 평가하지 않는 마음의 중심을 지킵시다!

"마음에 안정을 찾아라
주 안에서 고요하라"

사전적 의미

[안정] 육체적 정신적으로 편안하고 고요함, 바뀌어 달라지지 아니하고 일정한 상태를 유지함.

[고요하다] 조용하고 잠잠하다, 움직임이나 흔들림 없이 잔잔하다, 모습이나 마음 따위가 조용하고 평화롭다.

성경 말씀 묵상

폭풍 속의 고요함, **마가복음 4:35-41**

죽음을 앞에 두고도 무서워하지 않을 수 있는 것은, 예수님께서 그 죽음을 꾸짖으시기 때문입니다. 주 안에서 고요합시다!

죽음을 앞둔 상황에 부닥쳐 있다면, 그 순간에도 예수님을 찾을 수 있을까요? 예수님의 이름을 먼저 부를 수 있을까요? 주님의 말씀이 생각날까요? 육체적으로나, 정신적으로 평안을 잃지 않을 수 있을까요? 나는 그럴 수 있다고 자신 있게 말하지는 못하겠습니다. 그러나 예수님은 말씀하십니다.

"예수께서 깨어 바람을 꾸짖으시며 바다 더러 이르시되 잠잠하라 고요하라 하시니 바람이 그치고 아주 잔잔하여지더라(막 4:39)."

죽음의 극한 상황 앞에서는 우리의 믿음조차 흔들릴 수 있습니다. '무서움'이라는 감정은 우리의 생각과 마음을 완전히 삼켜버립니다. 그렇기에 두려움을 뛰어넘는, 흔들리지 않는 믿음을 허락해 달라고 간구해야 합니다. 말씀으로 바람과 바다를 지으신 예수님께서 함께 계셨음에도 불구하고, 제자들은 죽게 될 것 같은 상황이 두려워 예수님을 깨웠습니다. 그러나 예수님께서 그 상황을 알아차리지 못하신 것이 아닙니다. 예수님이 함께하신다면, 우리의 몸이 바다에 빠질지라도 반드시 구원하실 분이십니다. 결코 우리를 죽도록 내버려두지 않으시는 분임을 믿어 의심하지 않기를 바랍니다.

폭풍 같은 상황 속에서도 마음의 평안과 고요함을 누릴 수 있는 이유는, 주님께서 나를 결코 죽게 내버려두지 않으시고 구원해 주실 분이라는 믿음에서 시작됩니다. 고요함이란 인간적인 감정을 억누르거나 회피하는 것이 아닙니다. 예수님께서 바람과 바다를 꾸짖으셨을 때 바람이 그치고 바다가 아주 잔잔해진 것처럼, 육체적·정신적인 두려움이 사라지고 흔들리던 몸과 마음이 평안해지는 것입니다. 바람과 바다가 예수님의 말씀에 순종했던 것처럼, 예수님께서 우리의 죽음 앞에 말씀하실 때 그 말씀에 순종하게 되며 고요함이 임할 것입니다. 세상의 어떤 방법으로도 줄 수 없는 몸과 마음의 참된 평안을 주시는 예수 그리스도의 말씀과 그분의 영혼을 향한 사랑을 믿어 의심하지 않기를 바랍니다.

오늘 하루, 마음의 안정을 찾기를 바랍니다. 주 안에서 고요해지기를 바랍니다. 주 안에서 고요함을 유지하는 방법은 모든 순간마다 나 자신을 하나님께 내어 드리는 것입니다. 설령 큰 광풍을 만나 바람과 바다의 두려움을 온전히 느끼며 죽음에 이르는 순간이 찾아온다고 할지라도, 끝까지 하나님을 믿을 수 있기를 바랍니다. 그것이 하나님께 나를 온전히 맡기고 신뢰하는 믿음입니다. 이러한 믿음은 우리의 연약함에서 자연스럽게 나오는 것이 아닙니다. 성령의 충만함을 구하며, 믿음의 은사를 간구해야 합니다.

여정을 향한 권면적 선포(결단)

죽음 앞에서의 고요함은, 하나님을 전적으로 믿고 신뢰할 때 시작되는 주 예수 그리스도의 긍휼과 은혜와 평강입니다. 우리를 위해 죽기까지 순종하신 예수 그리스도를 의심하지 않고 믿읍시다!

"사소한 것에 화내지 말라"

사전적 의미

[사소하다] 보잘것없이 작거나 적다.
[화내다] 못마땅하거나 언짢아서 노엽고 답답한 감정을 드러내다.

성경 말씀 묵상

분노는 천천히, **전도서 7:9**

작은 일에 쉽게 분노하는 것은 어리석은 행동이므로, 분노는 천천히 인내와 절제합시다!

불을 지피면 활활 타오르듯, 어떤 상황에 불씨를 던지면 그 불길이 삽시간에 확산되어 퍼져 나갑니다. 우리가 느끼는 감정 또한 빠르게 퍼져 나갈 수 있습니다. 그래서 불을 지피는 시작조차 하지 말아야 합니다. 부정적인 감정을 표출하는 것도 마찬가지입니다. 작은 일에 쉽게 분노하고 성급히 화를 내는 것은 불을 지피는 것과 같은 행동이며, 그 결과는 수습하기 어려운 상황으로 이어질 수 있습니다. 그렇기에 우리는 사소한 일에 화를 내고, 성급하게 분노하며 스스로를 통제하지 못할 때 결국 죄로 이어질 수 있음을 기억해야 합니다. 최초의 살인을 저질렀던 가인의 시작 또한 "몹시 분하여 안색이 변하니(창 4:5)"라는 분노에서 비롯되었습니다.

현대 사회에서는 일을 지혜롭게 처리하는 것뿐만 아니라, 빠른 시간 안에 해내는 것이 중요하게 여겨집니다. 배달도 빠르게, 택배도 빠르게. '빠름'은 곧 능력이며, 일 잘함의 기준으로까지 평가받습니다. 이러한 '빠름'은 일에만 국한되지 않고 우리의 생활 습관 전반에 스며들어, 감정마저도 조급하고 즉각적으로 반응하게 만듭니다. 예를 들어 교통이 지연되거나 작은 지체에도 우리는 쉽게 예민해지고 답답함을 드러냅니다. 그러나 우리는 깨달아야 합니다. 아주 작고 사소한 일에서부터 부정적인 감정에 지배당하는 것은 결코 지혜로운 태도가 아닙니다. 결국 작은 일에서 시작된 분노는 모든 사사로운 일에까지 스며들게 됩니다. 이는 곧 나의 여유롭지 못하고 불안정한 상태를 다른 이들에게 여과 없이 드러내는 것과 같습니다. 일종의 자기소개인 셈입니다. "나는 어리석고 분별력이 없는 사람입니다." 반면 지혜로운 자는 사소한 일에서부터 자신의 감정을 절제하고 인내하며 마음을 다스리는 사람입니다.

우리는 스스로 분노를 온전히 다스릴 수 없는 연약한 존재입니다. 그렇기에 성령님께 간구해야 합니다. 그리스도를 구주로 영접하여 우리 안에 내주하시는 성령님의 인도하심에 따라 순종하며 살아갈 때, 하나님께서는 우리의 인격과 영적 성품을 다스리시고 풍성한 열매를 맺게 하십니다(갈 5:22-23).

오늘 하루 '빠름'을 추구하는 현대 사회 속에서 살아가지만, 아주 작은 일에도 나의 감정을 쉽게 드러내지 않는 훈련을 시작할 수 있기를 바랍니다.

여정을 향한 권면적 선포(결단) ________________________________

인내와 절제를 통하여, 노를 다스리는 지혜로운 자가 되기를 바랍니다. 그것이 일상생활 가운데서 그리스도인임을 나타내는 증거가 되므로, 조급한 마음으로 먼저 화를 내지 맙시다!

"무엇이든 간에 화내지 말아라 스스로를 깎아 먹는 행동이다"

사전적 의미

[깎아 먹다] 원래 있던 모양을 스스로 깎아내서 작아지게 만든다.

성경 말씀 묵상

분을 내는 자와 노하기를 더디 하는 자, **잠언 15:18**

분을 쉽게 내어, 스스로를 깎아 먹는 자기 파괴적인 행동을 하지 맙시다!

분노는 결국 자신을 해치고 관계를 무너뜨리는 것이며, 부정적인 감정은 결국 나 자신을 깎아 먹는 행동입니다. 분을 품고 그것을 표현하는 것이 습관이 되어 버린 사람들의 일상에는 다툼이 끊이지 않으며, 디 니이기 범죄로까지 이어지기도 합니다. 결국 분노란 자신의 에너지를 소모하게 하고, 스스로를 고립시키며, 모든 인간관계를 무너뜨리는 힘을 지니고 있습니다. 그리스도인의 분노는 인간관계뿐만 아니라 하나님과의 관계까지도 멀어지게 만듭니다.

그리스도인의 삶에서는 하나님이 드러나야 합니다. 하나님께서 원하시는 바른 뜻과 정의, 그리고 거룩하신 예수님의 성품이 나타날 때 하나님의 이름이 높임을 받게 됩니다. 우리의 삶을 통해 하나님을 증거하며, 삶 자체로 예배하는 증언자가 되는 것입니다. 그러나 거룩한 분노가 아닌 인간적이고 이기적인 욕심에서 비롯된 분노는 예수 그리스도의 이름을 선포할 수 없을 뿐 아니라, 오히려 주 예수 그리스도의 영광을 가리는 행동이 됩니다 (약 1:20). 예수님을 믿는 성도의 삶에는 책임이 따릅니다. 우리의 욕심과 분노가 드러나는 삶이 아니라, 하나님의 사랑과 성품이 드러나는 삶이어야 합니다. 만일 나의 분노가 습관이 되어 싸움을 일으키는 원인이 된다면, 우리가 어떻게 복음을 전할 수 있겠습니까? 교회 안에서 하나 됨을 이룰 수 있겠습니까? 예수님의 이름으로 기도할 수 있겠습니까? 예수님의 이름을 전하는 데에 부끄럽지 않겠습니까?

살아가다 보면 분명히 화가 날 만한 일들이 너무나 많습니다. 배신과 거짓과 음모가 가득한 세상 속에서 우리가 살아가고 있음을 날마다 깨닫게 됩니다. 그러나 그 세상에 맞서는 방법이 분노가 되지 않기를 바랍니다. 화를 내는 순간은 통쾌하고 마치 내가 이긴 것처럼 느껴질 수 있지만, 실상은 그렇지 않습니다. 그것은 하나님의 형상대로 지음받은 나 자신을 깎아 먹고, 삶 속에서 맺어진 관계들을 무너뜨리는 일입니다.

오늘 하루, 어떤 상황에서도 분노로 반응하기보다 예수 그리스도의 이름을 먼저 기억하기를 바랍니다. 내가 선택하는 행동이 나 자신뿐 아니라 나를 구원하신 예수님의 이름을 깎아내리는 행동은 아닌지 곰곰이 돌아보며 반응하시기를 바랍니다. 노하기를 더디 하는 자는 다툼을 일으키지 않습니다. 분열의 원인이 되지 않는 하루가 되기를 바랍니다.

여정을 향한 권면적 선포(결단)

예수님을 믿는 성도 여러분, 어떤 상황에서도 분을 내지 않을 방법은, 우리를 구원하신 예수 그리스도의 이름을 기억합시다!

"혼자만 알지 말라 함께 하는 자가 되어라"

사전적 의미

[혼자] 다른 사람과 어울리거나 함께 있지 아니하고 동떨어져서.

[함께] 한데 섞여 어우러져, 여럿이 하네 어울려(=같이), 떼 놓거나 빼지 않고.

성경 말씀 묵상

세상을 살아가는 지혜: 공동체의 힘, **전도서 4:9-12**

혼자만 알고 행하는 것이 아니라, 함께 믿고 행하는 공동체적인 신앙생활을 합시다!

인생을 살아가다 보면 허무한 순간들을 자주 마주하게 됩니다. 그중에서도 사람과의 관계 안에서 상처를 받고, 외면당하고, 배신을 경험할 때는 이루 말할 수 없는 허무함과 삶의 무가치함, 그리고 인간에 대한 깊은 불신을 느끼게 됩니다. 요즘 사회에서는 흔히 이렇게 말합니다. "사람이 제일 무섭다." 그렇습니다. 우리는 사람이 가장 무서운 사회 속에서 살아가고 있습니다. 서로 속고 속이며 경쟁하는 사회 속에서, 사람에 대한 정이 남아 있는지조차 분별하지 못한 채 살아갑니다. 그러다 보니 함께하는 것보다 혼자가 더 안전하다고 느끼게 되고, 같이 책임지기보다는 각자 맡은 일만 하고 끝내는 방식을 선호하게 됩니다. 더 나아가 사람과의 관계에서 상처받지 않기 위해 먼저 자기방어를 하며, 관계에 선을 긋게 됩니다. 그러나 삶을 살아가다 보면, 정말 혼자 있는 것이 옳은 선택일까요? 혼자 행하는 것이 과연 지혜로운 일일까요? 현실적으로 말하면, 우리는 혼자서 살아갈 수 없습니다. 배신과 상처와 악으로 가득 찬 이 세상 속에서 지혜롭게 살아갈 수 있는 실제적인 방법은 함께할 수 있는 공동체를 가지는 것입니다. 사람을 통해 상처만 받는 것이 아니라, 넘어질 때 붙들어 일으켜 주는 힘도 사람을 통해 얻게 됩니다. 곁에 함께 있기만 해도 온기가 전해져 마음이 따뜻해집니다. 혼자라면 맞서 싸우지 못할 일도, 함께라면 맞서 싸워 이길 수 있습니다. 오히려 삶이 힘들수록 함께하는 공동체의 진가는 더욱 분명하게 드러납니다. 함께했을 때의 힘을 경험하지 못했기 때문에 우리는 혼자가 되려 하는지도 모릅니다.

함께 울고 웃으며 삶을 나눌 수 있는 사람들을 만나게 되기를 바랍니다. 그리스도인이라면 더욱 모이기를 폐하지 말고(히 10:25), 서로를 돌아보며(빌 2:4), 고통과 기쁨을 함께 느끼는(고전 12:26) 공동체 안에 속한 사람이 되기를 바랍니다. 예수 그리스도를 믿는 사람의 삶은 자기만 챙기고, 말씀과 은혜를 혼자 깨닫는 데서 끝나는 것이 아니라 나누는 삶입니다. 혼자만의 신앙생활에서 벗어나기를 바랍니다. 개인의 신앙에 머무르지 말고, 함께 모이는 가운데 성숙한 그리스도인으로 자라가야 합니다. 물론 우리는 연약하기에 관계가 쉽게 흔들리고, 때로는 서로를 떠나기도 합니다. 그러나 부부 관계든, 친구 관계든, 사역의 동역자 관계든, 교회 공동체이든 예수님이 중심이 된다면 쉽게 끊어지지 않고 오히려 더 단단해집니다. 공동체의 완성은 서로의 배려와 양보 같은 선한 행위에 있지 않습니다. 세상 끝날까지 우리와 함께하시겠다고 약속하시고 그 약속을 이루신 예수님이 중심이 될 때, 공동체는 완성됩니다. 그것이 공동체가 흩어지지 않고 끝까지 이어질 수 있는 지혜요, 능력입니다.

<u>**오늘 하루**</u>, 혼자서만 하던 습관을 바꿔보는 것은 어떨까요? 조급함을 내려놓고 각자의 속도를 존중하며, 다른 이들과 함께하는 연습을 작은 것부터 시작해 봅시다. 서로의 속마음이 약점이 되는 관계가 아니라, 위로와 힘, 그리고 따뜻한 온기로 서로를 품어 주는 공동체 안에 속한 하루가 되기를 바라며.

여정을 향한 권면적 선포(결단)

함께 했을 때의 즐거움과 사랑 그리고 믿음의 성장이 나타났을 때, 모든 사람이 예수님을 알게 될 것입니다. 예수님이 증거되는 공동체가 됩시다!

"기뻐하라 나의 영혼아"

사전적 의미

[기쁨] 어떤 만족감에 의해 느끼는 즐겁고 흥겨운 감정, 또는 그러한 일.

성경 말씀 묵상

항상 기뻐하라, **데살로니가전서 5:16**

하나님을 향한 기쁨을 회복합시다!

사람마다 흔히 타고난 성향이 있다고 말합니다. 예를 들면, MBTI를 통해 상대방이 어떤 성향을 지녔는지 파악하기도 합니다. MBTI에 관심이 많은 사람은 누군가를 처음 만날 때 먼저 이렇게 묻기도 할 것입니다. "MBTI가 무엇인가요?" 굳이 말하지 않아도, 나를 잘 아는 사람이라면 내가 어떤 성향을 지녔는지 정확히 알아맞힐 수도 있습니다. 이처럼 잘 웃고 잘 우는 것 또한 사람마다 타고난 성향이며, 성장해 온 환경에 따라 작은 일에도 쉽게 기뻐할 수 있는 어린아이 같은 마음을 지닌 사람도 있습니다. 그러나 화목하게 하신 예수 그리스도를 믿고 죄에서 구원받아 하나님과 화평을 누리는 성도들(롬 5:1, 11)은, 자신의 본래 성향에 머무르는 사람이 아니라 은혜 안에서 누리는 기쁨과 즐거움이 영혼 깊은 곳에서 하나님을 향해 항상 찬양으로 흘러나와야 합니다. 이것이 우리를 향한 하나님의 뜻이며 명령입니다. 순종하기를 바랍니다.

우리는 상황과 환경에 따라 쉽게 흔들리며 감정이 바뀌는 존재가 되어서는 안 됩니다. 참으로 쉽지 않은 말입니다. 그러나 성경이 말하는 기쁨은 단순한 감정의 상태가 아닙니다. 그것은 인간의 감정을 넘어서는 하나님을 향한 절대적인 믿음의 표현이며, 나를 구원하신 하나님을 향한 깊은 감사와 찬양의 모습입니다. 우리의 기쁨은 처해 있는 상황이나 손에 쥔 부와 명예 때문이 아니라, 오직 하나님 때문에 기뻐하는 것임을 깨닫기를 바랍니다. 중보자 되시는 예수 그리스도로 말미암아 하나님과의 관계가 회복된 존재 자체의 기쁨을 누리며, 내 모든 것을 다해 전인격적으로 기뻐하기를 바랍니다.

오늘 하루, 예수님께 값없이 받은 구원의 은혜를 기억할 때 내 본래의 성향을 내려놓고 항상 기뻐할 수 있는 믿음의 모습이 충만하게 나타날 줄 믿습니다. 나 스스로 선포해 보십시오. "나의 영혼아, 하나님 안에서 기뻐하라." 선포하는 대로, 항상 기뻐하는 하루가 되기를 바랍니다.

여정을 향한 권면적 선포(결단)

살아감의 동기와 목적을 되찾고 성령의 충만함으로 모든 상황을 초월하는 희락의 은사(갈 5:22)가 충만하여 내 영혼이 회복됩시다!

3. 순종의 무릎:
주님의 속도에 발을 맞추는 여정

(21 - 30일 차)

복잡한 계산을 내려놓고,

말씀에 순종함과 인내로 깨어진 마음을 치유 받으며

주의 약속 안에서 기쁨을 회복하다.

"기뻐하라 항상 기뻐하라
주 안에서 기뻐하라"

사전적 의미

[항상] 언제나 변함없이.

성경 말씀 묵상

세상이 아닌 주 안에서의 기쁨은, **시편 16:11**

하나님과 함께 할 때의 충만한 기쁨을 경험합시다!

우리 삶의 주인은 누구입니까? 온 만물을 창조하신 하나님이십니다. 그렇다면 우리를 다스리고 통치하시는 분은 누구이십니까? 바로 창조주 하나님이십니다. 그러므로 하나님은 나의 주님이시며, 나는 하나님의 종입니다. 결코 종은 주인을 배신할 수 없습니다. 배신은 곧 멸망이요 죽음입니다. 그러나 주인을 떠나지 않고 오직 한 분만을 섬기며, 주께서 말씀하신 명령을 지키고 순종하여 주인이 가시는 길을 따라간다면 그것은 기쁨이요 축복이며 생명을 얻는 길입니다. 그러므로 종에게 있어 참된 복은 참된 주인을 만나는 것이며, 장소와 시간을 떠나 어디에서든 주인과 함께하는 모든 순간이 삶의 터전이자 기쁨이며 축복이 됩니다. 이처럼 온 땅의 주인이신 창조주 하나님을 나의 주님이라 고백하는 모든 하나님의 백성은, 오직 하나님 한 분만을 섬기기 위하여 시험과 여러 가지 유혹을 이겨내야 합니다. 하나님만이 우리의 모든 것, 전부가 되셔야 합니다.

우리 주 하나님은 늘 우리를 옳고 바른 길로 인도하십니다. 가장 선하고 좋은 것으로 베푸시며, 영원한 생명의 길로 인도하시는 유일한 분이십니다. 우리는 이러한 영적인 지혜를 깨달아야 합니다. 성령께서는 하나님의 뜻과 계획을 모두 아시기에 우리로 하여금 깨닫게 하시고, 끝까지 생명의 길로 인도하십니다(요 16:13). 그러므로 지금 우리가 겪고 있거나 앞으로 겪게 될 모든 시험과 유혹의 순간에도, 주님을 향한 변치 않는 믿음을 지키며 깨어 있기를 바랍니다. 이러한 깨달음이 있을 때 우리는 비로소 주 안에서 항상 기뻐할 수 있는 참된 기쁨을 경험하게 됩니다. 충만한 기쁨과 즐거움은 세상이 주는 잠시 스쳐 가는 쾌락이 아니라, 영원한 것입니다.

예수 그리스도의 십자가와 부활을 믿고 영원한 생명이 있음을 믿는 성도들은, 불안정한 이 세상 가운데서도 환경을 초월한 충만한 기쁨과 즐거움을 누릴 수 있습니다. 믿어 의심하지 않기를 바랍니다. 우리는 멸망하지 않고 영생을 얻게 하시려는 하나님의 뜻 가운데(요 3:16), 길이요 진리요 생명이 되시는 예수님을 믿기에 삶의 모든 순간이 주 안에 있으며, 주 안에서 기뻐할 수 있습니다.

오늘 하루, 주 안에서 기뻐하는 참된 기쁨과 즐거움의 의미를 깊이 깨닫기를 소망합니다. 우리가 기뻐할 수 있는 이유는 현재 상황만을 바라보는 것이 아니라, 미래의 소망, 곧 하늘의 소망을 품고 살아가기 때문입니다.

여정을 향한 권면적 선포(결단) _______________________________

세상의 욕심은 사라지고 오직 주 하나님만을 섬기며 그분의 보호하심과 인도하심에 따라 달려 나갔을 때, 변치 않는 영원한 기쁨을 지금 이 순간에도 충만하게 누려 봅시다!

"즉각 순종하라 하나님의 사람은 하나님의 말씀에 순종한다"

사전적 의미

[즉각] 당장에 곧.

[순종] 순순히 따름.

성경 말씀 묵상

순종과 관련된 대표적인 말씀은, **사무엘상 15:22**

형식적인 순종이 아닌, 즉각적인 순종의 사람이 됩시다!

대화의 기술 중 가장 으뜸은 듣는 것입니다. 말하는 데에도 많은 에너지가 소모되지만, 그 말을 받아들이는 데에는 더 많은 체력과 감정이 필요합니다. 그래서 그리스도인으로서, 예수님의 이름을 선포하는 일 외에는 듣는 사람이 되기를 바랍니다. 세상이 외치는 소리를 듣고, 상처받고 고통당하며 주님을 만나야 하는 자들의 소리를 들을 수 있는 귀가 열리기를 바랍니다. 우리의 입술을 여는 것은 예수님의 이름이면 충분합니다. 더 나아가 사람의 소리뿐만 아니라 하나님의 말씀을 듣는 자들이 되기를 바랍니다.

우리가 하나님께 예배를 드리는 이유는 무엇입니까? 무엇인가를 받기 위함이 아니라, 창조주이시며 우리의 생명과 구원이 되시고 오직 예배를 받으실 분은 유일하신 하나님 한 분이시기 때문입니다. 또한 예배 가운데 우리는 하나님과의 충만한 교제와 그분의 운행하심을 경험합니다. 그러므로 예배를 드리는 이유를 분명히 깨닫고, 예배를 드리는 외적인 행위에만 집중하지 않기를 바랍니다. 잘 차려진 화려한 장소와 뛰어난 기술보다 더 중요한 것은 예배자의 순종하는 자세입니다. 예배 시간에 몸은 찬양하고 있으나, 생각은 걱정과 근심, 세상의 쾌락에 사로잡혀 있다면 그것은 두 마음을 품은 채 공허한 시간을 보내는 것입니다. 하나님께서 원하시는 것은 전인격적인 마음의 예배입니다(요 4:24). 자신을 온전히 내어 드리는 순종의 자세입니다.

하나님께서 나에게 하신 말씀과 명령을 지켜 행하지 않으면서 어찌 예배를 드리겠다고 자리에 앉아 있을 수 있겠습니까? 예배의 자리에 나와 앉아 있는 것 자체가 중요한 것이 아닙니다. 그 예배의 자리에 나오기까지의 시간 속에서, 하나님의 말씀 앞에 머뭇거리지 않고 즉시 순종하는 삶을 살아야 합니다. 그 순종의 시간이 곧 예배를 준비하는 과정에 포함되는 것입니다. 화려한 장소와 뛰어난 기술을 준비하는 것만이 예배를 준비하는 것이 아닙니다. 하나님의 말씀을 온전히 듣고 순종하는 것이 가장 먼저 준비되어야 할 예배자의 자세입니다.

예배를 드리는 행위 자체가 중요한 것이 아니라, 순종하는 예배를 드리는 것이 핵심입니다. 다시 말해 순종하는 삶이 곧 예배의 삶입니다. 하나님께 순종하는 것이 바로 예배를 올려 드리는 것입니다. 그러므로 참된 예배자의 삶을 살기 위해 다른 어떤 기술이 필요한 것은 아닙니다. 무엇인가를 더 배우기보다 먼저 해야 할 것은, 내 머리로 이해되지 않더라도 하나님께서 말씀하시면, 하나님께서 명령하시면 듣고 즉시 순종하여 일어나는 것입니다. 즉각적으로 행동하는 것입니다. 하나님은 즉시 순종하는 자의 예배를 기뻐하시며, 더 나아가 순종하는 자를 사용하십니다. 순종은 하나님을 향한 절대적인 믿음의 증거입니다.

오늘 하루, 미루지 말고 즉시 순종하기를 소망합니다. 우리는 본래 순종할 수 없는 연약한 자들입니다. 한 사람의 불순종으로 말미암아 죄가 세상에 들어왔기 때문입니다(롬 5:19). 그러나 말씀이 육신이 되어 오신 예수 그리스도의 순종으로 말미암아, 우리 또한 예수 그리스도의 이름 안에서 순종할 수 있는 능력이 있는 줄 믿습니다.

여정을 향한 권면적 선포(결단)

즉각적으로 순종할 힘과 듣는 지혜를 주시는 성령님의 역사하심을 사모하며, 참된 예배자의 삶을 살아갑시다!

"미워하지 말아라.
다 같은 하나님의 자녀라"

사전적 의미

[밉다] 모양, 생김새, 행동거지 따위가 마음에 들지 않거나 눈에 거슬리는 느낌·성질이 있다.

성경 말씀 묵상

하나님을 사랑하는 자는, **요한일서 4:7-21**

하나님을 안다고 말하기 전에, 형제를 미워하지 않고 사랑하십시오!

예수 그리스도는 태초에 하나님과 함께 계셨으며, 태초에 천지를 창조하실 때도 함께 계셨고, 만물을 지으신 하나님이시며 육신이 되어 우리 가운데 거하셨습니다. 세상을 지으셨지만, 세상은 예수님을 알지 못하였고, 그분을 믿지 않았습니다(요 1:1-14). 하나님께서 자기의 독생자를 세상에 보내신 것은, 예수님으로 말미암아 우리를 살리시려는 뜻을 이루기 위함입니다(요일 4:9). 이는 우리를 향한 하나님의 사랑을 먼저 나타내신 것입니다. 우리가 하나님을 사랑한 것이 아니라, 하나님께서 먼저 사랑을 보여 주셨고, 그 사랑으로 우리의 죄를 대속하시기 위하여 성자 하나님을 화목 제물로 이 땅에 보내셨음을 믿어 의심치 않기를 바랍니다. 이 세상을 향한 사랑으로 구주 예수님을 보내신 것을 믿는 자들에게는 분명한 모습이 나타납니다. 하나님께 사랑을 받았기에, 우리 또한 사랑할 수 있습니다. 그 사랑의 대상은 하나님의 형상대로 지음받은 내 곁의 형제입니다(요일 4:7-21).

우리 곁에는 예수님을 믿지 않는 자들도 있고, 예수님을 믿는 성도들도 있을 것입니다. 하나님의 사랑은 제한적이지도, 선택적이지도 않습니다. 하나님은 세상을 사랑하십니다. 다시 말해, 예수님을 믿지 않는 내 형제들 또한 사랑해야 합니다. 하나님께 사랑을 받았다고 해서 교회에 다니며 예수를 구주로 영접한 사람들만 사랑하는 것은, 하나님의 사랑의 본질을 온전히 깨닫지 못한 모습입니다. 나는 예수님을 믿는 사람이라는 이유로 특별함이나 우월함에 빠지지 않기를 바랍니다. 예수님을 믿는 모든 이가 선택받은 백성이며, 복음은 만민을 위한 것입니다(막 16:15). 우리가 태어날 때부터 하나님의 사랑을 경험했고, 처음부터 입술로 예수를 구주로 고백했습니까? 우리의 사랑의 모습을 통해 내 곁의 형제가 이렇게 말할 수 있어야 합니다.

"너는 참 사랑이 많은 사람 같아. 나를 사랑해 줘서 고마워."

내 형제와 이웃이 나의 사랑을 느낄 때, 비로소 우리는 하나님의 사랑을 그들에게 전할 수 있으며, 그것이 확실한 복음의 증거가 됩니다. 하나님을 잘 안다고 하며 기독교 교리와 말씀을 주장하고 전하기 전에, 먼저 형제를 미워하지 말고 사랑하기를 바랍니다. 형제의 생김새나 행동에 따른 조건적인 사랑이 아니라, 조건 없이 존재 자체를 사랑하기를 바랍니다. 그것이 우리가 하나님께 값없이 받은 조건 없는 사랑입니다. 우리가 연약할 때, 죄인 되었을 때도 우리를 향한 사랑을 멈추지 않으신 하나님을 믿으시기를 바랍니다. 내 형제를 사랑하지 못하는 사람이 어찌 하나님을 온전히 사랑할 수 있겠습니까? 예수님께서 말씀하셨습니다. 하나님 사랑과 이웃 사랑은 반드시 순종해야 할 계명입니다(막 12:28-34).

그러므로 내 곁에 있는 형제와 이웃을 미워하기보다, 나와 같이 하나님의 형상대로 지음받은 피조물로 존중하며 먼저 사랑할 수 있기를 바랍니다. 직접적으로 "사랑합니다."라고 고백하는 것도 좋지만, 사랑을 행동으로 드러내기를 바랍니다. 하나님께서 우리에 대한 사랑의 확증으로 독생자 예수를 주신 것처럼(요 3:16), 그 사랑을 믿는 우리가 먼저 형제와 이웃을 향한 사랑을 보여 주기를 바랍니다. 세상 모든 사람을 사랑하라는 말이 아닙니다. 세상을 사랑하시는 분은 하나님이십니다. 우리는 다만, 내 곁에 허락된 만남 가운데서 미워하지 않고 진정으로 사랑하기를 바랍니다.

오늘 하루, 바로 내 곁에 있는 사람들이 누구인지 돌아보기를 바랍니다. 그들이 바로 내가 사랑해야 할 사람들입니다. 물잔에 물이 가득 차 흘러넘치면, 책상이 흥건해지고 그 모습을 보는 사람들은 흘러넘쳤음을 알 수밖에 없습니다. 이처럼 하나님의 사랑으로 충만해져, 내 곁에 있는 사람들에게 사랑이 흘러넘치게 하여, 그 광경을 보는 이들이 "저 사랑의 힘은 어디서 나왔을까?" 하고 궁금해하게 만드는 하나님의 자녀가 되기를 소망합니다.

여정을 향한 권면적 선포(결단)

우리에게 주신 성령으로 말미암아 하나님의 사랑이 우리 마음에 부어졌습니다(롬 5:5, 요일 4:13). 사랑할 능력을 주셨음을 믿고 확신하며 성령을 의지하여, 내 곁에 있는 형제를 사랑합시다!

"인내하라"

사전적 의미

[인내] 괴로움이나 어려움을 참고 견딤.

성경 말씀 묵상

믿음의 경주는 인내함으로, **히브리서 12:1-3**

십자가를 참으신 예수 그리스도를 바라보면서 믿음의 경주 가운데의 고난을 인내하며 달려갑시다!

죄를 없게 하시려고 자기를 단번에 제물로 드린 예수 그리스도로 말미암아(히 9:26), 죄로 인해 죽을 수밖에 없었던 우리를 해방해 주셨습니다(롬 8:1-2). 예수님이 십자가에 지신 고난의 과정을 성경 말씀을 통해 묵상하며 바라봅니다. 십자가를 지신 사실만이 우리를 향한 사랑의 증거로 끝나서는 안 됩니다. 십자가를 지시는 과정 가운데 채찍질과 조롱과 모욕과 수치와 핍박을 받으시는 상황 속에서도 예수님은 끝까지 참으셨습니다. 죄 없으신 예수님께서 고난을 받으실 때, 손가락질하는 백성들을 향해 책망하지 않으시고 묵묵히 참으셨습니다. 이는 십자가에서 죽으시고 부활하셔서 우리를 구원하실 하나님의 계획을 이루시기 위함이었습니다. 이것이 바로 예수님의 사랑입니다. 예수님은 완전한 사랑의 본을 보여 주셨습니다. 감정을 억누르는 것이 아니라, 세상을 향한 구원의 뜻을 이루기 위해 아버지의 뜻에 모든 것을 맡기시고 육체의 괴로움과 아픔을 끝까지 감당하셨습니다. 그러나 예수님의 사랑은 여기서 끝나지 않았습니다. 십자가에 못 박히시고 죄인들과 함께 서 있는 수치의 자리에서도, 조롱하는 백성들을 향해 이렇게 말씀하셨습니다.

"이에 예수께서 이르시되 아버지 저들을 사하여 주옵소서 자기들이 하는 것을 알지 못함이니이다 하시더라…(눅 23:34)."

십자가에서조차 그 누구에게도 아픔을 전가하지 않으시고, 모든 고통을 홀로 감당하시며 참고 용서하셨습니다. 하나님과 동등 됨을 내려놓으시고 자기를 비워 종의 형체를 가지사 사람의 모양으로 나타나 자기를 낮추시고 죽기까지 복종하신 후(빌 2:6-8), 말씀대로 부활하셨던 순종과 인내의 결과로 우리가 죄에서 구원함을 얻게 된 줄 믿습니다. 생명의 길이 열렸고, 믿음의 경주를 달려 나갈 수 있는 자격이 우리에게 주어졌습니다. 예수님은 완전한 사랑으로 죄를 완전히 이기셨습니다. 그러므로 우리 또한 믿음의 경주 가운데서 승리할 수 있습니다. 우리가 승리하기 위해서는 예수님께서 보여 주신 것처럼 인내해야 합니다.

우리가 달려가는 이 길은 이미 수많은 믿음의 선진들이 달려가 완주한 길입니다. 그들 또한 완주에 이르기까지, 최종 목표에 도달할 때까지 수없는 고난을 감당하며 참고 달려 나갔습니다. 이미 많은 사람이 달려간 길만큼 안전한 길이 또 어디 있겠습니까? 또한 성경 말씀을 통해 어떻게 달려가야 하는지를 가르쳐 주시며, 우리에게 위로와 격려와 소망을 주셨습니다. 우리는 이미 특별한 은혜를 입고 경주를 시작한 선수와 같습니다. 다만, 우리의 노력이 더해질 때 우리 또한 다음 세대를 격려할 수 있는 완주자가 될 수 있습니다. 경주하는 과정 가운데 무거운 것과 얽매이기 쉬운 죄가 되는 모든 것을 벗어 버리고, 믿음의 주요 또 온전하게 하시는 분이시며 십자가를 참으시고 부끄러움을 개의치 않으셨던 예수님만을 바라보며 인내로 끝까지 달려가기를 소망합니다.

　　오늘 하루, 예수님의 고난을 깊이 묵상해 봅시다. 그 고난을 생각할 때, 내가 겪는 고난의 크기가 결코 비교할 수 없음을 깨닫게 될 것입니다. 그리고 그 깨달음을 통해 인내할 수 있는 힘이 우리에게 주어집니다. 결국 인내는 우리의 힘으로 되는 것이 아니라, 예수 그리스도의 완전한 사랑과 승리로 말미암아 주어지는 것입니다. 그러므로 우리는 그리스도의 영, 곧 성령 안에서 고난을 견딜 수 있습니다. 우리의 괴로움과 어려움을 참고 견디며 끝까지 달려가 완주하는 그 순간을 기다리며 맞이하시는 하나님을 신뢰하며 살아가기를 바랍니다.

여정을 향한 권면적 선포(결단)

　　나는 하나님의 자녀이며, 하나님은 나의 아버지이십니다. 우리가 받는 고난은, 경주 가운데서 포기하지 않고 다른 곳에 눈 돌리지 않고 끝까지 달려 나갈 수 있도록 훈련하고자 하는 아버지의 마음을 깨달읍시다. 그리고 그 훈련이 헛되지 않도록, 인내하고 또 인내하고 끝까지 인내합시다!

"복잡하게 생각지 말라
단순하게 생각하라"

사전적 의미

[복잡하다] 일이나 감정 따위가 갈피를 잡기 어려울 만큼 여러 가지가 얽혀 있고 혼란스럽다.

[단순하다] 복잡하지 않고 간단하다.

성경 말씀 묵상

주님만을 바라보는 단순함, **누가복음 10:38-42**

복잡한 생각은 분주한 마음으로 염려와 자기 연민에 빠지므로, 단순히 생각하여 중요한 한 가지만 집중하는 지혜를 통하여 빼앗기지 않을 영원한 말씀을 선택합시다.

예수님을 섬기고 사랑한다면, 모든 일의 우선순위는 예수님이 되어야 합니다. 예수님을 위하여 열심히 준비하고 일하면서도 정작 예수님과 함께하는 시간을 갖지 못한 채 바쁘게 움직이기만 한다면, 과연 그것이 진정 주님을 위한 일이라고 말할 수 있을지 스스로 돌아보아야 합니다. 우리가 드리는 모든 열심의 중심에는 예수님이 계셔야 하며, 예수님이 드러나기 위한 열심 가득한 삶이어야 합니다. 그러나 예수님을 위하여 열심히 일하는 '나'를 드러내고자 할 때, 중심이 되는 마음의 본질을 잃어버리게 되고 생각은 복잡해지며 염려와 근심이 따라오게 됩니다. 내 입장과 내 시선, 내 뜻에 맞추어 일하는 것을 주님을 위함이라고 포장하지 않기를 바랍니다. 분주하고 복잡해진 마음으로 혼자 일하고 있음에 속상해하기보다, 주님이 앞에 계셨음에도 주님께 집중하지 못했던 시간을 돌아보며 다시 돌이켜 생각하기를 바랍니다. 그리고 마리아처럼 주님의 발치에 앉아 있기를 소망합니다.

마리아는 자기 집에 오신 예수님의 발치에 앉아 그분의 말씀을 듣는 것을 선택하였습니다. 남들이 보기에는 일을 하지 않고 편한 길을 택한 것처럼 보일 수 있지만, 단순함이란 중요한 한 가지에 마음을 두는 지혜입니다. 다시 말해, 지금 무엇이 가장 중요한지를 분명히 알았던 것입니다. 마리아는 여러 가지 일을 하는 것보다 한 가지에 집중하는 선택을 하였습니다. 이것은 결코 무책임한 행동이 아니라, 하나님을 향한 단순한 믿음이었습니다. 주님을 바라보는 삶 가운데 불필요한 것들을 내려놓고, 주님과 교제하며 말씀을 듣는 것을 택한 것입니다. 이 단순한 선택을 한 마리아는 염려와 근심이 아닌, 주님과의 친밀함을 통해 오는 평안을 누렸습니다. 주님께서 주시는 참된 평안은 영원하며, 세상이 빼앗아 갈 수 없는 것입니다. 이 평안은 상황이나 환경의 조건에서 오는 것이 아니라, 오직 예수님으로부터 오는 것입니다(요 14:27).

오늘 하루, 단순하게 가장 중요한 한 가지에 집중할 수 있기를 바랍니다. 그리고 그 한 가지가 주님과의 교제이며, 주님의 말씀을 듣고 묵상하는 시간이 되기를 소망합니다. 세상이 보기에 미래를 준비하지 않는 어리석은 사람처럼 보일지라도, 사람들의 시선을 내려놓고 영원한 말씀에 집중하는 평안이 우리 가운데 있기를 바랍니다. 그리스도인에게 있어 미래를 준비하는 가장 우선적인 방법은 의외로 단순합니다. 주님께만 집중하며 주님만을 신뢰하는 것입니다. 말씀이 중심이 된 삶 가운데서는 반드시 삶의 지혜와 분별력이 충만해지기 때문입니다.

여정을 향한 권면적 선포(결단) ______________________________

주님만을 바라보며 믿고 말씀을 듣는 단순함의 신앙을 회복하여 참된 평안이 무엇인지를 경험합시다!

"모든 순간에
귀 기울여 들어라"

사전적 의미

[귀 기울이다] 주의를 집중하여 성심껏 잘 듣다.

[듣는다] 다른 사람의 말이나 소리에 스스로 귀 기울이다.

성경 말씀 묵상

귀를 기울여라, **잠언 4:20**

우리의 마음을 지키기 위해서는 모든 순간에 하나님의 말씀만을 귀 기울여 들읍시다!

우리가 살아가고 있는 이 세상에는 보이는 것과 들리는 미디어 문화가 크게 발달해 있습니다. 우리의 마음과 생각을 지배하고 현혹시키는 요소들은 일상 속에서 너무도 쉽게 마주하게 됩니다. 특히 분열과 악이 가득한 현실 사회 속에서는 수많은 소리들이 끊임없이 들려옵니다. 그것이 진실인지 거짓인지조차 분별하지 못한 채 우리는 듣고 있습니다. 우리의 마음을 혼란스럽게 하고 공동체를 분열시키는 죄악된 소리는, 듣고 싶지 않아도 피하기 어렵습니다. 그 소리로 인해 집중력은 흐트러지고, 삶의 방향을 잃은 것 같은 좌절감과 허무함이 밀려옵니다. 이럴 때일수록 우리는 하나님의 말씀에 귀를 기울이기 위해 더욱 의식적으로 주의를 집중해야 합니다. 세상의 소리보다 하나님의 음성이 더 분명하고 크게 들리도록, 스스로 하나님께만 열려 있는 귀가 되어야 합니다. 더 나아가 단순히 듣는 데서 그치지 않고, 마음을 활짝 열어 주님의 말씀이라면 무엇이든 받아들이는 믿음이 필요합니다. 오직 참되신 말씀으로 우리의 길을 평탄하게 하시고 죄를 피하며 하나님의 뜻대로 살아가도록 인도하심을 받기 위해서는(잠 4:26-27), 모든 순간 하나님의 말씀을 듣고 순종하는 지혜가 필요합니다. 그 지혜를 사모하시기를 바랍니다.

우리를 사랑으로 이끌어 선한 길로 인도하시기 위해 소리 내어 말씀하시는 분은 오직 예수 그리스도 한 분뿐입니다. 주님께서 선포하신 모든 말씀은 인생을 살아가는 정보와 지식을 넘어서는 생명의 말씀입니다. 예수님께 집중하며 그분을 믿는 자는 영원히 살게 될 것입니다(요 5:24). 우리가 가는 길이 평탄하고 든든할 수밖에 없는 이유가 바로 여기에 있습니다. 그러므로 지금 우리가 집중하고 의지하며 살아가야 할 소리는, 거짓이 없으신 참된 예수님의 말씀입니다. 세상은 예수님의 음성을 듣지 못합니다. 목자이신 예수님의 음성을 들을 수 있는 존재는 오직 양뿐입니다. 양은 목자의 음성을 알아듣고 그를 따라갑니다(요 10:27). 그 음성만이 길이요 진리요 생명이기 때문입니다(요 14:6).

오늘 하루도 혼란하고 분산된 사회 공동체 속에서 우리의 마음을 지키기 위해서는, 세상의 소리에 귀를 두는 것을 내려놓고 오직 예수님의 음성에 집중하는 귀가 되어야 합니다. 들려오는 세상의 소리를 들리지 않는다고 말할 수는 없습니다. 그러나 우리의 마음이 어디에 집중할지는 선택할 수 있습니다. 그 선택은 성령님의 도우심 안에서 가능하며, 우리는 그 도움을 의지해 끊임없이 노력할 수 있습니다.

여정을 향한 권면적 선포(결단)

틈(엡 4:27)을 보이지 않도록, 모든 순간에 주 예수님께만 집중하여 듣고 순종하여 끝까지 마음을 지켜봅시다!

"깨진 것을 붙여라
찢어진 것을 꿰매라"

사전적 의미

[깨지다] (그릇이나 물건) 타격을 받아 여러 조각이 나다. (신체) 얻어맞거나 부딪혀 상처가 나다.

[붙다] 맞닿아 떨어지지 아니하다.

[찢다] 물체를 잡아 당기어 가르다./(비유적으로) 날카로운 소리가 귀를 심하게 자극하다.

[꿰다] 옷 따위의 해지거나 뚫어진 데를 바늘로 깁거나 얽어매다./어지럽게 벌어진 일을 매만져 탈이 없게 하다.

성경 말씀 묵상

주님만을 바라보는 단순함, **시편 147:3**

깨진 것을 붙이고 상처를 꿰매시는 하나님의 은혜 가운데 회복합시다!

하나님의 품에 있던 자들이 하나님을 떠나 방황하게 되는 순간이 있습니다. 그러나 결국 그 방황의 끝은 다시 하나님의 품으로 돌아오는 것입니다. 자의적인 선택처럼 보일 수 있으나, 그분의 품으로 돌아오게 하시는 하나님의 절대적인 주권 아래에 있기에 다시 돌아가게 되는 은혜로운 인도하심인 줄 믿습니다. 그렇게 하나님을 떠나 방황하던 자들은 깨어지고 찢어진 가슴을 부여잡은 채, 상한 모습으로 돌아옵니다. 우리의 연약한 마음을 산산이 부서뜨리는 요소들은 세상에 너무도 많습니다. 집 없이 떠도는 인생은 보호해 줄 방패 하나 없이 모든 공격에 그대로 노출되어, 부딪히고 상처 입을 수밖에 없습니다. 또한 우리의 몸과 마음을 날카롭게 자극하여 온전한 정신으로 살지 못하게 하며 가슴을 찢어 놓습니다. 이러한 상처는 눈에 보이지 않는 마음 깊은 곳에 박혀 있습니다. 그래서 우리 눈에는 보이지 않고 쉽게 알아차릴 수도 없지만, 별들의 개수를 세시고(시 147:4) 사람의 머리털까지도 다 세시는 하나님께서는 우리의 깊은 상처를 이미 다 알고 계십니다. 그리고 상처 입은 영혼이 다시 돌아올 때, 회복의 역사가 시작됩니다.

하나님은 단지 위로와 소망만을 주시는 분이 아니라, 실제로 우리의 모든 것을 회복하시고 치유하시며 마음을 온전케 하시는 분이십니다. 산산조각 나 본래의 형태를 잃어버린 것을 다시 흩어지지 않도록 붙이시고, 찢겨 더는 사용할 수 없을 것 같은 것들을 꿰매어 싸매십니다. 상처 난 곳에 새살이 돋아나도록 고쳐 주시며 치료자가 되어 주시는 분은 오직 한 분뿐입니다. 온 만물을 창조하신 하나님의 전지전능하심과 절대적인 주권으로 말미암아, 하나님의 형상을 회복하게 하시고 하나님의 자녀로서, 백성으로서 우리를 다시 인도하시고 세우십니다. 이는 한정적이거나 시대적인 은혜가 아니라, 무한하고 영원토록 변함없는 하나님의 은혜이며, 그 은혜를 부어 주시기 위해 예수님을 이 땅에 보내셨습니다.

죄로 인해 깨지고 찢긴 가장 큰 상처는, 하나님의 형상대로 지음받은 인간이 하나님과의 관계가 단절되었다는 사실입니다. 그러나 그리스도로 말미암아 하나님과 화목하게 되었고, 단절되었던 관계는 회복되었습니다. 이러한 회복을 허락하신 하나님의 절대적인 주권과 은혜에 감사하며 찬양하고, 더 이상 상처를 붙잡고 만지지 않기를 바랍니다. 깨진 것을 붙이시고 찢어진 것을 꿰매 주신 하나님 앞에서, 다시는 죄 가운데서 깨지고 찢기지 않도록 오직 하나님의 품 안에 거하는 삶을 살아가기를 바랍니다.

<u>**오늘 하루**</u>, 나의 영원하고 유일한 치료자 되시는 예수님만을 찬양하며, 무너지고 마음이 상했던 지난 시절을 되돌아보지 않고 새살이 돋아나는 회복의 은혜를 기뻐하며 힘찬 하루하루를 살아가기를 바랍니다.

여정을 향한 권면적 선포(결단)

마음의 깊은 상처는 주님만이 아십니다. 세상과 사람에게 찾아가서 고침 받고자 하는 방황은 그만 멈추고, 하나님의 절대 주권 아래에 순종하여 내 모든 것을 회복합시다!

"내가 너와
늘 함께함이라"

사전적 의미

[늘] 계속하여 언제나, 어떤 경우든 한결같이/특정한 시간이 한정되지 않고 어느 때든/때를 가리지 않을 만큼 매우 자주.

성경 말씀 묵상

주님과 함께하는 능력, **빌립보서 4:12-13**

모든 것을 할 수 있다는 것은 인간적인 자기 자랑이 아닌, 하나님이 나와 함께하심의 능력을 믿는 확신입니다!

어떤 경우든 한결같은 미음으로 끝까지 함께해 줄 수 있는 사람은 없습니다. 365일, 분초마다 함께 있어 주는 부모도 가족도 친구도 이웃도 없습니다. 신생아일 때에는 부모가 밤낮으로 지켜보며 양육하지만, 스스로 살아갈 수 있을 만큼 성장하면 몸과 마음 모두에서 독립하게 됩니다. 이 세상 그 누구도 특정한 시간에 국한되지 않고, 언제나 어떤 경우든 때와 장소를 가리지 않고 분초마다 함께해 줄 수 있는 분은 오직 살아 계신 하나님뿐입니다. 하나님이 늘 나와 함께하신다는 사실을 믿는 자들은, 그 믿음이 책임감 있는 성숙한 삶으로 이어져야 합니다. 다시 말해, 내 삶의 말과 행동 하나하나가 하나님과 동행하는 삶임을 깨달아야 합니다. 이는 나 혼자만의 결정이 아니라, 내 안에 늘 함께하시는 성령 하나님의 중보와 인도하심 가운데 이루어지고 있음을 깨닫는 것입니다(롬 8:26-27). 이러한 깨달음의 열매로 "내게 능력 주시는 자 안에서 내가 모든 것을 할 수 있느니라(빌 4:13)." 라는 믿음의 고백이 선포됩니다.

미래가 보이지 않는 막막하고 답답한 상황, 낯선 환경 속에 있을지라도 모든 것을 할 수 있다는 믿음은, 어떤 순간에도 나와 함께하시는 하나님을 향한 신뢰에서 나오는 삶의 고백입니다. 상황과 어려움 앞에서 좌절하기보다 하나님이 나와 함께하심에 집중할 때, 내가 무엇을 해야 하는지를 분별할 수 있는 자신감과 담대함이 생깁니다. 나의 연약함과 필요, 그리고 부족함을 채워 주시는 분이 하나님이심을 알기에, 지금 내가 해야 할 일은 주님을 신뢰하며 주어진 상황 속에서 만족하며 나아가는 것입니다. 우리의 상상을 뛰어넘어 일하시는 하나님께서는, 처한 상황을 이겨낼 힘을 더해 주시어 풍부하든 궁핍하든 상관없이 만족하며 승리할 수 있는 능력을 부어 주십니다. 그 능력으로 승리의 기쁨을 누리시기를 바랍니다.

오늘 하루뿐만 아니라 매 순간 승리할 수 있는 능력이 우리에게 있습니다. 바로 예수 그리스도입니다. 십자가의 죽음과 부활로 완전한 승리를 이루셨기에, 우리 또한 예수 그리스도를 힘입어 그분의 권세와 능력으로 모든 것에 승리할 수 있습니다. 영원히 우리와 함께하시겠다고 약속하셨고, 그 약속을 이루신 하나님 안에서, 늘 함께하시는 성령 하나님과 동행하는 우리는 모든 것을 할 수 있습니다.

여정을 향한 권면적 선포(결단)

나와 늘 함께하시는 성령 안에서 살아가는 것은, 세상의 환경과 조건을 뛰어넘는 용기와 담대함이 나타나며 말과 행동에 늘 책임감을 느끼고 신중하게 선택하시기를 바랍니다. 내게 능력 주시는 자 안에서 벗어나지 않도록 내 육체적인 욕심을 이겨냅시다!

"내가 너와
늘 동행하리라"

사전적 의미

[동행하다] 같이 길을 가다.

성경 말씀 묵상

끝까지 함께하리라, **마태복음 28:20**

모든 순간에 늘 곁에서 함께 하시는 예수님이 있으므로, 좁은 길을 끝까지 걸어갑시다!

생명으로 인도하는 문은 좁고 길이 협착하여 찾는 자가 적습니다(마 7:14). 영원한 생명이 있는 천국으로 가는 길은 세상의 편리함과 쾌락, 물질을 포기하고 자기를 부인하는 길입니다. 그리고 이 좁은 길은 곧 예수님께서 가신 그 길을 따라가는 것이기에, 어떤 고난이 와도 기꺼이 순종하며 예수님만을 믿고 나아가야 합니다. 연약한 우리가 이 좁은 길을 걸을 수 있는 이유는, 이미 예수님께서 그 길을 먼저 가셨기 때문입니다. 더 나아가 지금도 그 길을 걷고 있는 우리와 여전히 함께하시기 때문입니다.

마태복음의 시작인 1장과 마지막인 28장은 하나님께서 우리와 함께 계심을 분명히 말씀합니다. "임마누엘." 곧 '하나님이 우리와 함께 계시다'는 이름으로, 하나님께서는 인류의 한 사람으로 이 땅에 오셨습니다(마 1:23). 한 사람으로 오셔서 구원의 사역을 이루시고, 아버지께로 가시기 전 우리에게 이렇게 약속하셨습니다. "볼지어다 내가 세상 끝날까지 너희와 항상 함께 있으리라(마 28:20)." 십자가 이전처럼 육신의 몸으로 우리 곁에 계시는 것은 아니지만, 성령을 통하여 지금도 여전히 우리와 함께 계십니다(요 14:16). 예수님을 믿는 자들은 이 동행하심을 실제로 경험하게 됩니다. 마태복음이 처음과 끝에서 이 약속을 반복하는 이유는 무엇일까요? 우리가 믿는 하나님은 멀리 계신 분이 아닙니다. 늘 우리 곁에 가까이 계십니다. 좁은 길을 걷는 것은 혼자 걷는 길이 아니라, 주 하나님과 함께 걷는 길입니다. '함께하신다'라는 이 약속은 그리스도인들을 향한 변치 않는 약속이며, 하나님께서는 약속하신 것은 반드시 이루십니다. 우리를 구원하신 약속을 성취하신 것처럼, 우리와 늘 함께하시겠다는 약속 또한 반드시 이루셨고 지금도 이루고 계십니다.

"오직 성령이 너희에게 임하시면…(행 1:8)." 우리가 예수님을 전하고 그분의 말씀을 온 땅에 전하는 증인이 될 수 있는 이유는, 성령께서 함께하시기 때문입니다. 예수님께서는 우리를 위해 아버지께 보혜사를 구하셨고, 고아와 같이 버려두지 않고 우리에게로 오시겠다고 약속하셨습니다(요 14:16-18). 그 말씀대로 예수님을 믿는 자들에게 성령이 임하셨습니다. 성령께서는 모든 공간과 시간을 초월하여, 내가 있는 어느 곳에서든지 함께 계십니다. 모든 권세를 가지신 하나님께서 우리와 함께하십니다. 우리의 상상을 뛰어넘는 하나님께서는 단지 함께 계시는 데서 그치지 않으시고, 보혜사로서 위로하시며 상담하시고, 도우시고 대언하시며 가르치시고 인도하시며 우리를 변화시키십니다. 내 안에 거하시는 성령이 계시기에, 우리는 이 좁고도 좁은 생명의 길을 끝까지 걸어갈 수 있는 새 힘을 얻게 됩니다.

오늘 하루, 내가 혼자가 아님을 실제로 경험하는 시간이 되기를 바랍니다. 더 나아가 성령 안에 거하며, 내 안에 거하시는 성령 하나님의 살아 계신 역사하심을 깨닫기를 바랍니다. 그 깨달음을 통해 우리가 가는 이 길이 아무리 힘들어도 포기하지 않고, 끝까지 걸어갈 수 있기를 소망합니다.

여정을 향한 권면적 선포(결단)

지금도 여전히 나와 동행하십니다. 물 가운데로, 강을 건널 때에도, 불 가운데로 (사 43:2) 걸어갈 때도 함께하시는 하나님만을 믿고 자기를 부인하며 끝까지 걸어갑시다!

"변함없이
흔들리지 말고 기도하여라"

사전적 의미

[변함없다] 달라지지 않고 항상 같다.

[흔들리다] 상하나 좌우 또는 앞뒤로 자꾸 움직이다.

성경 말씀 묵상

부활 신앙으로 흔들리지 않는, **고린도전서 15:58**

부활 신앙을 가진 우리는 변함없고 흔들리지 않으며, 주의 일에 더욱 힘씁시다!

이전 날 밤, 꿈을 꾸었습니다. 두 가지 꿈을 꾸었는데 그중 한 가지의 꿈을 나누고자 합니다. 예수님을 믿지 않고, 예수님을 구주로 영접하지 않은 채 다른 우상을 섬기며 예수님을 부인하는 공동체(이단)를 믿고 따르는 젊은 세대가 점점 많아지는 꿈이었습니다. 그 젊은 세대는 청년들뿐만 아니라 청소년들까지 포함되어 있었고, 그곳에 매우 많이 모여 있었습니다. 그래서 그들을 빼내기 위해 그리스도인들이 연합하여 서로 암호를 주고받으며, 이단들과 쫓고 쫓기는 추격전이 벌어졌습니다. 또한 그리스도인들을 보호하기 위한 아지트가 있었고, 그 아지트를 들키지 않기 위해 표정을 숨긴 채 도망치는 장면도 있었습니다. 매우 생생한 꿈이었습니다.

꿈을 꾼 후 새벽에 일어나 기도하였고, 그때 하나님께서 주신 말씀이 오늘의 주제 말씀입니다. 앞으로 예수 그리스도를 부인하고 거짓된 것을 선포하며 따르는 사람들이 더욱 많이 드러날 것입니다. 그들과 더불어 살아가야 하는 사회 가운데서 속지 않기를 바랍니다(고전 15:33). 예수님의 십자가의 죽으심과 부활하심을 믿지 않고 이를 욕되게 하는 자들과 오랫동안 함께 살아가다 보면, 나도 모르게 그들의 영향을 받아 예수님을 믿는 믿음이 흔들리고 의심하게 될지도 모릅니다. 그리고 그들의 죄악 된 생각과 모습이 불편함이 아니라 일상으로 받아들여지는 순간이 올 수도 있습니다. 그러므로 부활 신앙으로 변함없이 흔들리지 않도록 늘 기도하며 깨어 있기를 바랍니다.

우리는 성경 말씀을 믿습니다. 다시 말하면, 성경대로 그리스도께서 우리 죄를 위하여 죽으시고 장사 지낸 바 되셨다가 성경대로 사흘 만에 다시 살아나셨음을 믿습니다(고전 15:3-4). 만일 성경이 거짓이라면 예수님의 죽음은 무의미한 것이고, 죄에서 구원받은 자는 아무도 없으며 우리는 오직 죽음만을 기다리는 죄 아래 살아가고 있을 것입니다. 그러나 천지는 변해도 하나님의 말씀은 영원하며 진리이고 진실입니다. 예수 그리스도의 십자가의 죽으심과 부활하심은 사도들을 통해 증거되었고, 성령을 통하여 지금도 우리 삶 가운데 계속 증거되며 나타나고 있습니다. 성경대로 다시 살아나셨기에 우리가 믿고 전파하는 모든 것이 헛되지 않습니다.

만일 예수님께서 부활하지 않으셨다면 우리는 현재를 자유롭게 즐기면 될 것입니다. 우리가 이 세상에서 잘 살기 위해 예수님을 믿는 것이 아닙니다. 만약 현재를 잘 살기 위해 예수님을 믿는 것이라면, 그 믿음으로 살아가는 우리의 삶이 너무도 불쌍하지 않겠습니까(고전 15:19)? 자기를 부인하고 자기 십자가를 지며 주님을 따르는데, 그 고난을 감당하며 좁은 길을 갈 이유가 무엇이겠습니까? 우리의 소망은 현재에 있지 않습니다. 우리의 소망은 삶을 얻고(고전 15:22) 그 삶이 영원히 이어지는 영생, 곧 하늘의 소망에 있습니다. 예수님의 부활을 믿는 자는 그리스도 안에 있는 영생을 믿는 자입니다(요 3:16). 그러므로 우리는 위험을 무릅쓰고서라도(고전 15:30) 세상과 싸우며 예수님을 믿는 믿음을 끝까지 지켜내야 합니다. 만일 다시 살아남이 없다면 어차피 한 번 사는 인생, 먹고 마시며(고전 15:32) 흥청망청 살아가는 것이 오히려 더 큰 축복일 것입니다. 그러나 성경은 분명히 기록되어 말씀합니다.

"우리가 흙에 속한 자의 형상을 입은 것 같이 또한 하늘에 속한 이의 형상을 입으리라(고전 15:49)."

하나님께서는 영생뿐만 아니라 새 몸을 약속하셨습니다. 썩지 아니하고, 영광스럽고, 강하며, 신령하고, 하늘에 속한 몸으로 변화될 것을 약속하셨습니다. 그러므로 주님 다시 오시는 그날까지 예수님을 부인하고 예수님의 부활을 의심하는 자들의 거짓된 선포와 행동 앞에서 낙심하지도, 의심하지도, 절망하지도 않기를 바랍니다. 세상의 학식과 이단 사상에 흔들리지 않도록 예수 그리스도의 부활을 굳게 붙드시기를 바랍니다. 그 말씀이 우리를 견고하게 하여 흔들리지 않도록 붙잡아 줍니다. 그리고 그 믿음 안에서 기도하기를 힘쓰십시오. 하나님과 더욱 깊이 교제하기를 힘쓰시기 바랍니다.

기도는 대상 없는 외침이 아니며, 허공에 소리치는 것도 아닙니다. 지금도 살아 계셔서 역사하시는 하나님께 우리의 목소리를 올려 드리는 것입니다. 다시 말해, 기도는 곧 주의 일입니다. 기도는 내 문제를 해결하기 위한 간구에만 머무르지 않고, 하나님의 뜻을 구하며 그분의 선하신 계획을 듣고 분별하는 자리입니다. 이러한 기도가 주를 위해 감당하는 모든 사역의 기초가 됩니다. 그러므로 우리는 항상 기도하며 주의 일에 더욱 힘쓰기를 바랍니다.

오늘 하루, 내 믿음을 흔들리게 하는 환경과 사람들이 있습니까? 만일 그곳에서 벗어날 수 없다면 더욱 예수 그리스도를 굳게 붙드시기를 바랍니다. 그 상황에 젖어 들기 전에 항상 하나님께 기도함으로 그분의 뜻과 음성을 듣고, 분별하는 지혜와 흔들리지 않는 견고한 믿음의 은사가 충만해지기를 소망합니다. 이 모든 수고가 결코 헛되지 않음을 하나님께서 기억하시고 축복해 주심을 믿습니다.

여정을 향한 권면적 선포(결단)

예수 그리스도의 부활하심으로 하나님께서 하신 모든 말씀이 확증되었습니다. 그리고 우리는 그것을 증언하며 변함없이 흔들리지 않는 믿음으로 예수 그리스도의 이름을 끊임없이 선포하기를 바랍니다. 예수님을 부인하는 다음 세대가 오지 않도록, 날마다 죽는 마음으로 우리를 구원하신 예수 그리스도를 전하기 위해서 세상과 타협하지 않고 휩쓸리지 않도록 더욱 주의 일에 힘씁시다!

4. 간구의 무릎:
시선을 높여 하늘을 바라보는 여정

(31 – 40일 차)

나의 한계를 넘어 나를 온전히 아시고 붙드시는
주님의 이름을 높이 부르며,
성령의 충만함으로 입을 크게 열어
지경을 넓히는 담대한 믿음을 회복하다.

"나의 이름을 높여라"

사전적 의미

[이름] 어떤 사물이나 단체를 다른 것과 구별하여 부르는 일정한 칭호.

성경 말씀 묵상

예수 그리스도의 이름으로 높이는 것이 하나님께 영광, **빌립보서 2:9-11**

이미 영화롭고 존귀하시며 위대하신 하나님의 이름만을 높이며 찬양합시다!

예수님은 하나님으로서의 권세와 영광을 내려놓으시고 사람의 모양으로 나타나셔서, 자기를 낮추시며 죽기까지 복종하심으로 십자가를 지셨습니다(빌 2:6-8). 사람의 모양으로 오셨지만, 예수님은 참 하나님이십니다(요 10:30). 하나님이 하나님 되심을 제쳐두고 자기를 비우신 그리스도의 겸손과 섬김을 기억하며, 감사함으로 그분의 이름을 높이고 찬양하는 삶으로 나아가기를 소망합니다.

예수 그리스도의 이름은 하나님께서 친히 주신 이름입니다. 다시 말하면, 모든 이름 위에 뛰어난 이름을 주시고 그 이름 앞에 모든 무릎이 꿇게 하시며, 예수 그리스도를 주라고 시인하도록 허락하셨습니다(빌 2:9-11). 왜일까요? 예수 그리스도의 이름을 높이는 것은 곧 이미 영화롭고 존귀하시며 위대하신 하나님의 이름을 높이는 것이기 때문입니다. 예수 그리스도를 주로 입으로 시인하는 것은 하나님께서 계획하시고 이루신 구원을 믿고 따르는 고백이며, 그분의 행하심과 역사하심이 더욱 빛나고 존귀케 되는 길입니다. 예수님을 주로 시인해야 하는 이유는, 우리를 사랑하셔서 구원의 계획을 약속하시고 이루신 하나님 아버지께 영광을 돌리기 위함입니다. 예수님의 이름을 높이실 때, 하나님 아버지의 영광이 더욱 분명히 드러나게 됩니다. 그러므로 예수를 주로 시인하여 구원받는 성도들이 더욱 많아지기를 소망합니다. 다시 말해, 하나님께 영광 돌리는 믿음의 고백이 넘쳐나기를 바랍니다.

성부·성자·성령 하나님께서 받으시는 영광은 분리된 영광이 아닙니다. 삼위일체 하나님은 한 분이시며 하나이십니다(고전 12:4-6, 11). 성자 하나님의 이름을 높이는 것은 세상을 사랑하사 독생자를 주신 하나님 아버지를 높이는 것이며, 성령 하나님께서 그것을 깨닫게 하십니다. 스스로 계신 분이시며, 세상이 만들어 낸 영광이 아니라 다른 이에게 주지 않으시는 영광, 창조 세계를 덮는 영광, 이름 자체가 영광스러우시며 창세전부터 영원 전부터 영화로우신 하나님의 이름만을 높여야 함을 성령 하나님을 통해 깨닫기를 바랍니다(출 3:14, 시 8:1, 시 115:1, 사 42:8, 요 17:5). 이 진리를 깨닫는 모든 성도는 반드시 하나님께 영광 돌리는 삶으로 나아가게 될 것입니다.

오늘 하루, 모든 이름 위에 뛰어난 예수 그리스도의 이름을 높이며 그 이름 앞에 무릎 꿇는 겸손함으로 나아가기를 바랍니다. 하나님 되심을 내려놓고 사람의 모양으로 오신 예수님의 섬김에 감사하며, 그 이름을 높여 찬양하는 하루가 되기를 소망합니다.

여정을 향한 권면적 선포(결단)

성령 충만함으로, 예수님의 이름을 높이는 소리가 온 곳곳에 들리도록 삶으로 찬양하여, 하나님께 영광 돌립시다!

"내가 네 마음을 알아주리라"

사전적 의미

[알아주다] 남의 사정을 이해하다. 남의 장점을 인정하거나 좋게 평가하여 주다.

성경 말씀 묵상

나의 모든 것을 아시는 하나님. **시편 139:1-2**

숨기고 싶은 마음까지도 다 아시고 지친 마음을 위로해 주시는 분은 하나님밖에 없습니다!

하나님의 일을 하다 보면 여러 상황을 겪게 됩니다. 사역을 감당하고 싶지만, 환경과 상황이 열리지 않을 때가 있고, 반대로 환경과 상황은 열렸지만, 사역을 쉬고 싶을 때도 있습니다. 예를 들어 제 이야기를 짧게 나누고자 합니다. 제 뜻이 아니라 환경적인 요소의 반강요와 상황 때문에 마지못해 사역을 감당해야 했던 때가 있었습니다. 하지 않으면 여러 사람의 처지가 난처해질 것을 생각하니, 하지 않을 수 없었습니다. 그때 제 마음에는 답답함과 화가 올라왔습니다. 그러나 그 화를 표현하자니, 마치 하나님의 일 자체에 불평하는 것 같아 어떤 감정도 쉽게 드러낼 수 없었습니다. 평소보다 더 억눌리고 힘들었습니다. 그런 감정을 품은 채 주어진 사역을 감당하며 새벽기도를 드리던 중, 하나님께서 오늘의 주제와 같은 말씀으로 제게 다가오셨습니다.

하나님의 일 자체는 귀하지만, 그 일을 하게 되는 방식과 환경으로 인해 마음에 갈등이 생기는 일은 신앙생활 안에서, 교회 안에서도 흔히 일어납니다. 이러한 갈등을 겪고, 그로 인해 자책하며 힘들어하는 사람에게 교회는, 교역자는 어떤 말씀을 전해줄 수 있을까요? 대개 이렇게 말합니다. "하나님께 드리는 섬김은 억지로 하는 것이 아니라 자원하는 마음에서 흘러나와야 합니다. 하나님은 자발적인 섬김을 사랑하십니다(고후 9:7)."

그러나 새벽에 하나님께서 제게 주신 메시지는 책임을 무겁게 지우는 말씀이 아니라, 따뜻한 위로의 말씀이었습니다. 억지로 했던 섬김 속에서도 흘린 눈물과 속마음을 하나님께서는 다 알고 계셨습니다. 상한 갈대를 꺾지 아니하시고 꺼져가는 등불을 끄지 아니하시는 하나님께서(사 42:3), 연약한 제 모습 또한 붙드시고 위로해 주셨습니다. 억지로라도 맡겨진 일을 붙잡고 감당하려 했던 그 마음을 귀하게 바라봐 주셨습니다. 그리고 지친 마음을 위로하셔서, 그 위로가 자발적인 섬김으로 변화되게 하셨습니다. 시작은 환경과 누군가의 강요로 비롯되었지만, 나의 모든 것을 아시고 위로해 주시는 하나님으로 인해 자발적인 섬김과 섬김의 기쁨이 부어졌습니다. 이것이 참된 위로자 되시는 하나님의 은혜입니다.

때로는 하나님께조차 보여드리고 싶지 않은 나의 수치심과 감정, 복잡한 생각이 있을 것입니다. 가족과 이웃에게뿐만 아니라, 하나님께서도 나의 좋지 않은 모습을 보시고 실망하실까 두려워 숨고 싶을 때도 있습니다. 아담과 하와가 하나님의 낯을 피하여 동산 나무 사이에 숨었던 것처럼 말입니다(창 3:8). 그러나 하나님은 이미 우리의 생각과 마음, 삶의 구석구석까지 모두 아시는 분이십니다. 이 세상을 누가 창조하셨습니까? 나를 누가 창조하셨습니까? 우리가 연약하고 죄인이었을 때에도 하나님은 우리를 사랑하셔서 예수 그리스도를 십자가에 내어 주셨습니다. 우리를 살리시기 위해서입니다. 우리의 선한 마음이나 행위를 보시고 구원의 계획을 이루신 것이 아닙니다. 연약할 때도 우리를 사랑하셨던 하나님은, 지금도 여전히 연약하고 미성숙한 우리를 사랑하십니다. 하나님 앞에서는 그 누구도, 그 무엇도 숨길 수 없습니다. 나를 속속들이 아시는 분이 계신다는 사실이 얼마나 든든한 일인지 모릅니다. 만물을 창조하신 하나님께서 나에 대해 모든 것을 아신다는 것 자체가 큰 위로와 힘이 됩니다. 우리를 완전히 아시기에 위로하시고, 품어 주시며, 격려해 주십니다. 그리고 그분의 위로가 우리를 변화시키는 능력이 됩니다.

오늘 하루, 나의 속상하고 지친 마음, 억눌린 마음까지도 위로해 주실 분이 계십니다. 나를 창조하신 하나님께서 늘 곁에서 지켜보고 계십니다. 그러므로 마음을 숨기고 애써 외면하기보다, 이미 모든 것을 아시는 하나님 앞에 입술을 열어 무거운 짐을 솔직히 내려놓으시기를 바랍니다. 주님만이 다 아시고, 주님만이 다 이해하시며, 주님만이 참된 위로를 주십니다.

여정을 향한 권면적 선포(결단)

때로는 책망이 아니라 위로를 통해서 나를 새롭게 하시는 하나님의 크신 사랑의 은혜를 통하여 내가 변화됩시다!

"온전히 주만 바라보라"

사전적 의미

[바라보다] 어떤 대상을 바로 향하여 보다./어떤 현상이나 사태를 자신의 시각으로 관찰하다./실현 가능성이 있다고 생각한 일에 기대나 희망을 가지다.

성경 말씀 묵상

예수님만을 바라보는 기적, **마태복음 14:22-33**

믿음이 흔들린 것은 실패한 것이 아닙니다. 흔들렸을 때 예수님을 찾지 않는 것이 실패의 지름길입니다. 흔들릴 때 더욱 예수님만을 바라보고 부르짖읍시다!

이 땅에서 더 잘 살기 위해 예수님을 믿는 것이 아니라, 영원한 하늘나라의 소망을 바라보며 예수님을 믿는 것이 우리 신앙의 본질이며 핵심입니다. 현재의 부와 명예로운 환경이 우리 삶의 마침표라면, 예수님을 믿을 이유는 없습니다. 이 세상은 우리의 고향이 아닙니다. 우리는 그저 나그네로 이 땅을 살아갈 뿐이며, 본향은 하나님께서 예비하신 곳, 우리가 영원토록 거할 집입니다(히 11:13-16). 그러므로 나그네의 삶을 살아가는 우리는, 그 길을 먼저 가신 예수님만을 온전히 믿고 의지하며 바라보아야 합니다.

그러나 나그네의 삶은 결코 쉽지 않습니다. 우리의 여정 가운데 마음을 흔들고 시선을 빼앗는 것들이 너무도 많습니다. 시선을 빼앗길 때 겪게 되는 결과는 절망이며, 죽음의 늪에 가라앉는 것입니다. 반대로 우리의 시선을 오직 예수님께 고정할 때는, 폭풍 같은 환경이 몰려와도 여정을 끝까지 걸어갈 담대한 믿음과 하나님의 살아 계심을 매 순간 경험하게 됩니다. 그러므로 때때로 믿음이 흔들릴 때, 그것은 내가 무능해서가 아니라 주님만 바라보던 시선이 잠시 빼앗겼기 때문입니다. 주님이 멀리 계셔서가 아닙니다. 주님은 늘 우리와 함께하시며 우리 안에 거하십니다. 가까이 계심에도 불구하고, 주변 환경의 강한 바람과 거센 물결에 시선을 빼앗겼기 때문입니다. 예수님만을 바라보던 시선을 떼는 순간, 우리는 흔들리게 됩니다. 그 틈을 노리는 자들이 있음을 깨닫기를 바랍니다(엡 4:27).

기도는 습관이 되어야 합니다. 형식적인 기도를 강요하려는 것은 아니지만, 주님의 이름을 부르는 것이 어렵지 않아야 함을 말하고 싶습니다. 주님의 이름을 불러본 사람은 어떤 순간에도 즉시 "주여!"라고 부르짖을 수 있기 때문입니다. 예수님께서는 늘 홀로 기도하는 시간을 가지셨습니다(마 14:23). 그러므로 예수님을 믿는 우리 또한 홀로 기도하는 시간을 갖기를 바랍니다. 기도의 시간을 통해 바람과 거친 물결을 이겨낼 준비를 미리 하기를 바랍니다.

우리가 살아가는 이 사회는 어둡습니다. 가장 짙은 새벽처럼 어두운 시대를 살아가고 있습니다. 삶의 자리에서 바람이 거슬러 불고 거센 물결로 고난을 겪던 베드로와 제자들처럼, 우리 역시 갑작스러운 역류 같은 상황 속에서 생명의 위협을 느끼며 살아갑니다. 그런 상황에 놓이면 예수님을 주님으로 분별하지 못하고, 두려움과 공포 속에 몸과 마음이 지쳐 버리기 쉽습니다. 제자들이 예수님을 유령이라 여기며 무서워했던 것처럼 말입니다(마 14:24-26).

그럼에도 예수님께서는 먼저 다가오셔서 "안심하라, 두려워하지 말라."고 말씀하십니다. 생명의 위협 앞에서도 예수님임을 믿고, 그분만을 바라보며 그분의 음성에 집중할 때 놀라운 기적이 일어납니다. 베드로가 자신을 지켜 준다고 여겼던 배에서 내려 물 위를 걷게 된 것처럼 말입니다(마 14:28-29). 예수님만을 믿고 그분의 음성에 집중하여 담대한 믿음으로 나아갈 때, 우리는 나를 지켜 준다고 믿었던 눈에 보이는 물질을 내려놓게 됩니다. 그리고 그것을 내려놓는 순간, 인간의 이성과 상상을 뛰어넘는 초월적인 기적을 경험하게 됩니다.

그러나 우리는 연약하여 기적을 체험한 후에도, 풍랑을 느끼는 찰나의 순간에 다시 생명의 위협 앞에 놓이게 됩니다. 두려움은 우리의 믿음을 흔드는 가장 큰 원인입니다. 예수님께서 아닌 상황에 시선을 돌리는 순간, 우리는 곧 물속에 가라앉게 됩니다. 그러나 그것이 우리의 결말이 되어서는 안 됩니다. 가라앉는 순간, 다시 주님께 시선을 고정하면 됩니다. 온전히 주만 바라보던 그 믿음을 다시 회복하면 됩니다. "주여!"라고 부르짖으십시오(마 14:30). 우리가 살기 위해서, 본향에 이르기까지 필요한 것은 오직 주님만 바라보는 믿음입니다. 주님은 주님을 찾는 자를 결코 외면하지 않으십니다. 즉시 손을 내밀어 붙잡아 주시는 예수님을 믿고 만나시기를 바랍니다(마 14:31). 그리고 예수님과 온전히 함께할 때, 생명의 위협이 되었던 바람이 그치게 됨을 깨닫기를 바랍니다. 이것이 살아 계신 하나님의 아들의 권세이며 능력입니다(마 14:32-33).

오늘 하루, 화려함과 사람들의 인정을 받는 능력을 소원하기보다 주님을 온전히 바라보는 믿음을 소원하시기를 바랍니다. 우리의 여정에 필요한 것은 인간적인 기술이나 물질이 아닙니다. 배가 아닙니다. 주님과 함께하지 않는 배는 아무 의미가 없습니다. 배가 없어도, 예수님만을 믿고 그분의 음성에 집중할 때 우리는 살아갈 수 있습니다. 우리가 살아가는 이 세상에서 바람과 거센 물결은 멈추지 않을 것입니다. 오히려 더 거세질 수도 있습니다. 그럴 때 우리가 붙들어야 할 분, 모든 시선을 집중해야 할 분은 오직 예수님이십니다. 믿음이 흔들렸다고 자책하는 데 머물지 말고, "주여"라는 이름을 부르며 다시 기도하기를 바랍니다.

여정을 향한 권면적 선포(결단)

폭풍이 닥쳐오는 생명의 위협을 느끼는 순간에 나의 연약함과 흔들림에 집중하지 않고, 무섭고 두려운 그 감정 그대로 예수님을 찾고 부르짖으세요. 무섭고 두려워하는 우리를 향해서, 즉시 손을 내밀어 주시는 분은 예수님이 유일하시다는 희망을 잊지 맙시다!

"네 입을 크게 열라 지경을 넓혀 선포하라"

사전적 의미

[지경] 나라나 지역 따위의 구간을 가르는 경계/일정한 테두리 안의 땅.

[넓다] 면이나 바닥 따위의 면적이 크다.

[선포하다] 세상에 널리 알리다.

성경 말씀 묵상

간구하는 기도를 허락하심, **역대상 4:10**

하나님께서는 진심 어린 간절한 기도에 응답하십니다. 입술을 열어 선포하는 모든 말을 믿음으로 간구합시다!

하나님이 허락하신 기도는 무엇일까요? 하나님께서 간구하는 것을 허락하신 기도가 있었습니다(대상 4:10). 이러한 기도를 할 수 있기를 바랍니다. 살아가는 삶이 순탄하지 않고, 슬픔과 고통, 환난과 근심 속에서 터져 나오는 절박한 간구를 들어 주시는 하나님의 은혜를 체험하기를 바랍니다. 우리가 절박한 심정으로 간구해야 할 것은, 내 삶을 더 편안하고 떳떳하게 만들어 주는 물질이나 고귀한 신분, 명예가 아닙니다. 절망의 늪에 빠진 인생에서 가장 중요한 것은 눈에 보이는 물질이 아닙니다. 내 삶을 주관하시고 다스리시는 하나님의 일하심과 보호하심, 그리고 은혜입니다. 그것이 하나님께서 진심 어린 간절한 기도에 응답하신 이유인 줄 믿습니다. 세상의 다른 어떤 것이 아니라, "내 삶에 복을 주시려거든 나의 지경을 넓히시고 주의 손으로 도우시며 환난에서 벗어나 근심이 없게 하소서(삼상 4:10)."라고 고백하며, 인생의 주인이 되어 주시고 함께해 주실 것을 구하는 것이 믿음의 기도이며, 하나님께서 기뻐하시고 허락하신 기도입니다.

하나님의 형상대로 지음받고(창 1:26), 예수 그리스도를 영접한 하나님의 자녀인(요 1:12) 우리에게는 혀의 권세가 있습니다. 죽고 사는 것이 혀의 힘에 달려 있습니다(잠 18:21). 입술을 열어 하는 말은 곧 마음에 품은 생각에서 나옵니다. 그러므로 말에는 신중함과 책임감이 필요합니다. 함부로 내뱉은 말은 칼로 찌르는 것처럼 상처를 남기기도 하지만, 지혜로운 말은 상처를 치유하는 약이 될 수 있기 때문입니다. 그러므로 하나님께 입술을 열어 아뢰며 드리는 모든 기도가 믿음 안에서 소리 내어 드려지기를 바랍니다. 입을 닫고 아무 말도 하지 않는다면, 입술의 권세를 한 번도 사용하지 못한 채 살아가는 어리석은 자가 되지 않기를 바랍니다. 세상에 소리를 내는 것이 아니라, 하나님께 소리를 내는 지혜로운 혀를 가진 자가 됩시다. 더 나아가, 썩어 없어질 것을 구하는 기도가 아니라 보이지 않는 영원한 것을 간구하기를 바랍니다. 우리는 죄의 한계 안에 묶여 있던 자들이었으나, 예수님의 십자가와 부활로 말미암아 그 한계를 넘어서는 자유로움을 얻은 자들입니다. 그러므로 스스로 삶의 범위를 제한하지 말고, 믿음으로 입술을 크게 열어 간구하기를 바랍니다(마 28:19, 요 10:10).

오늘 하루, 보는 만큼(창 13:14-15), 밟는 만큼(신 11:24) 하나님 앞에 무릎 꿇고 엎드려 믿음으로 소리 내어 기도할 때, 응답받고 지경이 넓혀지는 삶의 변화가 나타나기를 바랍니다. 하나님의 자녀로서 허락하신 입술의 권세를 결코 가볍게 여기지 않기를 바랍니다.

여정을 향한 권면적 선포(결단)

입을 크게 열어서 응답해 주신 대로 지경이 넓혀지는 것이 몸소 느껴진다면, 삶이 풍성하고 손과 발길이 닿는 범위가 넓어지고 믿음의 그릇이 커지게 되는 기적이 일어났다면 거기서 안주하지 않고 목숨을 다해 복음을 선포합시다! 예수님의 이름을 선포할 수 있도록 내 삶의 주인이 되어 지경을 넓혀주셨음을 깨달읍시다!

"내가 너를 붙들리라"

사전적 의미

[붙들다] 놓치지 않게 꽉 쥐다.

성경 말씀 묵상

의인을 붙드시는, **시편 37편**

나를 놓치지 않고 꽉 쥐어 잡아 주시는 하나님만을 붙드세요! 그리고 그분의 손을 절대 놓지 맙시다!

우리의 기쁨이 하나님의 기쁨이 되는 것이 아니라, 하나님의 기쁨이 우리의 기쁨이 되어야 합니다. 인생의 주체는 내가 아니라 하나님이 주가 되어야 합니다. 하나님은 모든 것을 아시기 때문입니다. 하나님을 두려워하지 않는 자들은 인생의 주체가 자신이기에, 자신의 목적을 이루기 위해서라면 물불을 가리지 않고 선이든 악이든 상관하지 않으며 자기 자신을 위해 행동합니다. 그렇게 목적을 달성하면 그것이 영원히 지속될까요? 아니면, 악을 저질러서라도 목적을 이루려다 결국 달성하지 못하고 자기 올무에 걸려 넘어져 쓰러져 일어나지 못한다면, 그다음에는 어떻게 다시 걸어갈 수 있을까요? 하나님 없이는 그 누구도 다시 일어설 수 없습니다. 다시 일어날 힘을 주시는 분은 유일하신 하나님 한 분뿐입니다. 하나님께서 악인을 향해 가지시는 것은 비웃음뿐입니다(시 37:13). 세상이 자신의 것인 양 함부로 날뛰는 자는, 하나님 앞에 서게 되었을 때 멸망할 수밖에 없는 하찮고 하찮은 존재임을 뼈저리게 기억하며 잊지 않기를 바랍니다.

하나님이 인생의 주가 되어 주의 말씀에 순종하며, 그분을 두려워하고 그분이 가신 길을 따라 나그네와 같은 삶을 살아가는 이들은 다시 일어설 수 없을 정도로 완전히 넘어지는 일이 없을 것입니다. 왜냐하면 영원하시며 변치 않으신 여호와 하나님께서 직접 그의 손으로 붙들어 주시기 때문입니다. 우리의 여정이 평탄하지 않을 수 있습니다. 하나님을 알지 못하고 악을 꾀하며 행하는 자들로 인해 고통받게 될지도 모릅니다. 그러나 그 고통의 끝이 멸망이 아님을 의심하지 않기를 바랍니다. 사람의 눈으로 보았을 때는 "이제 끝났구나." 하고 느껴질 만큼, 죽어야 끝나는 여정처럼 보일 수 있습니다. 그러나 우리의 삶은 그렇게 마무리되지 않습니다. 모든 것을 아시는 하나님께서 가장 적절한 때에 가장 적절한 방법으로 악인을 처리하실 것입니다(시 37:7). 그러므로 우리는 묵묵히 잠잠히 참고 기다리며, 나를 붙들어 주시는 하나님만을 믿고 여정을 계속 걸어가야 합니다. 그것이 우리의 사명이며, 나를 끊임없이 붙들어 주시는 하나님의 기쁨이 되기 때문입니다.

여호와께서는 예수를 주로 믿는 자들을 반드시 일으켜 세우십니다. 특별한 사람만을 선택하여 붙드시는 것이 아니라, 믿는 모든 넘어지는 자들을 붙드시고 일으켜 세우십니다(시 145:14). 세상이 볼 때 우리가 믿고 따르는 지금의 삶이 완전히 실패한 인생처럼 보일지라도, 우리의 끝은 반드시 일어나 예수 그리스도의 이름으로 영원히 승리하게 될 것입니다(잠 24:16).

오늘 하루, 우리의 걸음을 정하시고 기뻐하시며 믿는 자가 끝까지 걸어갈 수 있도록 넘어지는 순간마다 붙들어 주시는 여호와 하나님께 인생을 맡기고 잠잠히 걸어가기를 바랍니다. 길을 걷다 넘어졌다고 해서 멈추거나 부끄러워하지 말고, 오히려 그 순간 손을 내밀어 절대로 놓지 않으시고 꽉 붙들어 주시는 하나님의 은혜를 경험하게 되었음을 자랑하며 증언하기를 바랍니다.

여정을 향한 권면적 선포(결단)

우리의 모든 걸음을 지키며 함께 하시는 하나님께서 손을 내밀어 직접 붙드시는 친밀한 위로 가운데서, 다시 일어나서 그 누구도 빼앗을 수 없고 흔들 수 없는 믿음으로 끝까지 하나님의 기쁨이 되기 위하여 걸어 나갑시다!

"마음 가는 대로 행하라"

사전적 의미

[마음 가다] (무엇에) 관심이나 생각이 쏠리다.

[행하다] 어떤 일을 실제로 해 나가다.

성경 말씀 묵상

우리 안에 행하시는 하나님의 마음, **빌립보서 2:13**

주님의 뜻 안에서 내 마음이 정하는 대로 순종하며 행하는 것이 우리에게 허락하신 선택입니다. 오직 성령 안에서 선택하여 행하십시오!

예수 그리스도를 믿음으로 죄에서 구원함을 받고 성령을 선물로 받아, 우리 안에 거하시는 성령님을 통하여 가르침을 받으며 예수님께서 말씀하신 모든 것을 생각나게 하십니다(요 14:26). 또한 죄에 대하여, 의에 대하여, 심판에 대하여 깨닫게 하심으로 예수님을 믿지 아니하는 자들이 죄인임을 알게 하시며, 예수님을 믿지 않고 회개하지 않는 자들은 심판을 받게 될 것임을 깨닫게 하십니다. 진리의 성령은 하나님의 뜻과 계획을 모두 아시며, 시간을 초월한 모든 일을 아셔 장래 일까지 알게 하시고(요 16:8-13) 가장 선하신 뜻으로 우리를 인도하십니다. 그러므로 그리스도인은 성령 안에 있을 때 무엇이 의롭고 선하며 하나님의 뜻인지를 깨달을 수 있는 하늘의 지혜가 허락된 줄 믿습니다. 그러나 성령을 통하여 깨닫게 된다고 하여도, 모든 순간을 성령을 따라 살아가지 못하는 것이 바로 연약한 우리임을 잊지 않기를 바랍니다. 그래서 사도 바울은 고백합니다. "오호라 나는 곤고한 사람이로다…(롬 7:24)." 하나님의 뜻이 무엇인지를 마음으로 알고 있어도, 죄의 쓴 뿌리가 방해하여 그 마음대로 행하지 못하고 마음이 원하지 않는 행동을 하게 되기도 합니다. 주님이 주신 마음과 악이 함께 있어 늘 모든 순간 싸움을 하게 됩니다. 이것은 사도 바울만의 고백이 아니라, 어그러지고 거스르는 세대 가운데 살아가는 우리 모두가 경험하는 내면의 싸움입니다. 그러므로 성령이 주신 마음대로 살아가는 것이 결코 쉬운 일이 아님을 기억하기를 바랍니다. 성령이 주신 마음을 따라 행할 수 있도록, 모든 순간 성령의 도우심과 인도하심을 적극적으로 간구하기를 바랍니다.

우리 안에서 행하시는 하나님과 함께할 때, 우리가 소원하는 마음과 그 마음대로 행하게 하시는 분은 내 뜻이 아니라 하나님의 기쁘신 뜻인 줄 믿습니다(빌 2:13). 더 나아가 성령이 주시는 소원을 따라 순종하고 행동하는 것은, 우리에게 허락하신 자유 의지의 선택입니다. 아브라함에게 고향과 친척과 아버지의 집을 떠나라는 하나님의 말씀에 믿음으로 순종하여 말씀을 따라 떠난 행동은, 아브라함의 선택이었습니다. 그 믿음의 선택으로 인해 그는 복의 근원이 되는 축복을 받고 이름이 창대하게 되는 믿음의 조상으로 불리게 되었습니다. 그러므로 성령이 주시는 마음을 깨닫는 것만큼이나, 믿음과 행함이 함께 나아가는 것이 중요합니다. 성령 안에서 성령을 거스르지 말고, 그 인도하심을 따라 살아가기를 바랍니다.

마음으로 계획할지라도 걸음을 인도하시는 분은 여호와 하나님이십니다(잠 16:9). 다시 말하면, 우리가 하나님의 인도하심을 받기 위해서는 하나님의 마음을 품고 하나님의 뜻 안에 거하는 자가 되어야 하며, 그분의 뜻과 내 뜻이 일치될 때가 하나님께서 일하시는 때인 줄 믿습니다. 때때로 하나님께서 일하시지 않는 것처럼 느껴져 원망이 생길 때가 있다면, 내가 지금 성령 안에서 살아가고 있는지를 돌아보며 회개의 은혜가 임하는 시간을 다시 가지기를 바랍니다. 하나님은 늘 우리의 걸음을 지키시고 인도하시기 위해 여전히 함께 계십니다. 다만, 내가 내 안에 거하시는 분의 마음으로 계획하고 행동하지 못하고, 믿음의 선택을 하지 않기에 아브라함과 같은 결단을 기다리고 계시는 것일 수 있습니다. 그러므로 낙심하지 말고, 이렇게 기도해 보기를 권면합니다.

"하나님의 기쁘신 뜻으로 내 마음을 바꾸어 주시옵소서."

오늘 하루 '마음 가는 대로 행하라'라는 말을 들었을 때, 멈칫하며 주저하지 않기를 바랍니다. 어떤 순간에도 성령이 주시는 마음을 따라 행할 수 있도록, 날마다 성령 안에서 내 죄의 쓴 뿌리와 싸워 승리하기를 바랍니다. 그리하여 내게 주신 마음의 소원이 하나님의 뜻임을 의심하지 않는 장성한 믿음에 이르기를 소망합니다.

여정을 향한 권면적 선포(결단)

하나님의 선하신 뜻 안에서 마음이 가는 대로 선택하고 행동하였을 때, 하나님을 거부하고 악과 타협해서 살아가는 세상 가운데서 흠 없는 자녀로 빛이 되어(빌 2:15) 예수 그리스도를 알고 믿고 바라보게 합시다!

"네 마음에 집중하라"

사전적 의미

[마음] 감정이나 생각, 기억 따위가 깃들이거나 생겨나는 곳/무엇을 하고자 하는 뜻.

성경 말씀 묵상

예수님이 주시는 평안, **요한복음 14:27**

예수님이 주시는 평안을 통하여 마음에 근심하지도 말고 두려워하지도 맙시다!

우리의 마음은 쉽게 흔들립니다. 흔들리고 싶지 않아도 흔들리게 됩니다. 세상의 임금인 사탄은 예수님을 이길 수 없음에도 불구하고 예수님을 시험하였습니다(마 4:1-11). 하물며 세상 가운데 살아가고 있는 우리에게, 세상의 임금인 사탄이 얼마나 끊임없이 시험하고 흔들며 죄에 빠지게 하려고 부단히 노력하겠습니까? 그는 공중의 권세를 잡고(엡 2:2) 사람들의 마음을 미혹하여 불순종하게 만들며, 하나님을 알지 못하게 하고 떠나게 하려 합니다. 또한 우는 사자와 같이 삼킬 자를 찾아 두루 다니고 있습니다(벧전 5:8). 세상에서 권세를 잡고 공격해 오는 사탄의 흔들림 가운데서 우리가 넘어지지 않기 위해서는 단 하나의 유일한 방법이 있음을 알아야 합니다. 바로 예수 그리스도입니다. 예수님의 십자가와 부활로 사탄은 이미 완전히 패배하였습니다. 십자가로 승리하셨습니다(골 2:15). 그러므로 그리스도 안에 있는 성도인 우리는 승리자의 자리에 설 수 있음을 깨닫기를 바랍니다.

사탄은 이미 패배한 존재임을 믿으시기를 바랍니다. 사탄은 여전히 세상 가운데서 우리를 시험하고 흔들기 위해 온갖 악한 환경과 악한 사람들을 통하여 생명의 위협을 가하며 하나님을 배신하도록 유혹합니다. 그러나 우리의 권세는 사탄 아래에 있는 것이 아니라, 그의 머리를 깨뜨리신 예수 그리스도의 권세(창 3:15) 안에 있으며, 그들 위를 밟을 수 있는 권세를 붙들고 있음을 믿으시기를 바랍니다. 그러므로 사탄의 흔들림 앞에서 근심하지도 말고 두려워하지도 마십시오. 예수 그리스도의 권세로 성령 안에 있는 우리에게 사탄은 전혀 힘을 쓰지 못하는 하찮은 존재입니다.

세상이 주는 평안은 보이는 물질이 채워지고 풍성할 때 찾아오는 일시적인 편안함입니다. 필요한 것이 충족될 때는 몸과 마음이 평안해 보이지만, 채워지지 않고 부족해지는 순간부터 마음은 흔들리고 요동치며 근심과 두려움이 찾아옵니다. 그러므로 환경과 상황의 변화에 따라 오는 세상의 평안은 결코 영원할 수 없습니다. 그러나 예수님께서 주시는 평안은 환경과 상황에 따라 변하는 평안이 아닙니다. 어떤 환경 가운데서도 변하지 않는 영원한 평안입니다. 이 평안은 오직 예수님으로부터 비롯되며, 예수님을 믿음으로 얻게 되는 평안입니다.

그래서 예수님이 주시는 평안은 무엇일까요? 그것은 거룩하신 하나님과 죄 있는 우리 사이의 관계가 회복됨으로 말미암아 오는 평안입니다. 하나님과 화평을 이루게 됨은(롬 5:1) 시대와 환경에 따라 기한이 정해진 것이 아닙니다. 죄 없으신 예수님의 십자가의 죽음은 단번에 드리신 희생 제사로, 더 이상 반복해서 드릴 필요가 없는 영원한 제사이기 때문입니다(히 10:12). 그러므로 하나님과의 화평 또한 영원한 것입니다. 영원하신 하나님과의 영원한 화평을 통해 오는 평안, 그리고 예수님께서 우리에게 주신 영원한 생명과 천국에 대한 약속을 통해(요 11:25-26) 누리게 되는 평안입니다. 그러므로 우리 안에 거하시는 성령의 일하심으로 예수님의 평안을 깨닫게 하시고, 내 안이 예수님의 평안으로 가득 채워지도록 간구하기를 바랍니다. 간구하는 자에게 허락하시는 이 평안을 날마다 사모하시기를 바랍니다. 예수님의 평안을 소유한 자는 마음에 근심도 없고 두려움도 없으며, 더 이상 세상에 마음을 두지 않게 됩니다. 다시 말하면, 세상을 두려워할 필요가 없어지고 두려움 자체가 사라지게 되는 것입니다. 두려움이 사라진 자는 세상이 주는 환난을 겪는다고 해도 흐트러지지 않고 흔들리지 않는 담대함으로 끝까지 승리하게 됩니다. 이것이 세상을 이기신 예수님께서 주신 평안입니다(요 16:33). 그리고 이 평안을 통하여 우리는 이전의 삶에서 벗어나 새로운 삶으로 나아가는 전환점을 맞이하게 됩니다.

오늘 하루, 성령의 도우심으로 세상이 주는 평안과 예수님께서 주시는 평안을 분별하며 깨닫기를 바랍니다. 더 나아가 사탄의 공격에 마음을 빼앗겨 하나님께 불순종하는 죄를 범하지 않도록, 내 안에 거하시는 성령님의 중보하심과 인도하심과 도우심에 깨어 집중하기를 바랍니다.

여정을 향한 권면적 선포(결단)

세상 가운데서 필요로 하는 물질과 환경의 변화를 간구하지 않고, 예수님의 평안을 얻기를 간구하여 영원하신 하나님과의 영원한 화평을 누립시다!

"성령 충만함으로 나아가라"

사전적 의미

[충만] 한껏 차서 가득함.

[나아가다] 지향하여 가다./앞으로 내딛다.

성경 말씀 묵상

성령 충만함의 삶, **에베소서 5:15-21**

성령 충만함으로, 때가 악한 가운데서 어리석은 자가 되지 말고 지혜 있는 자같이 하여 주의 뜻을 이해합시다!

현재 내 삶을 지배하는 외부적인 것이 있습니까? 그리고 그것에 취하지 않고 절제하는 능력이 있습니까? 절제하지 못하게 된다면, 외부적인 것이 나의 마음과 생각을 완전히 복종시키며 다스리려고 할 것입니다. 그러므로 지금 나에게 적극적으로 영향을 미치고 있는 것들로 인해 무분별하게 시간을 보내며, 악의 때가 묻어 지혜 없이 어리석게 살아가고 있다면 정신 차리십시오.! 성령 충만함으로 하나님의 자녀답게 살아가십시오(롬 8:14-16).

예수님을 믿는 자에게 약속하신 성령의 세례로 우리 안에 성령이 임하셨습니다. 그러나 우리 안에 하나님의 영이 거하신다는 사실에 만족하고 거기서 멈추는 것이 아닙니다. 우리의 삶 전체를 성령께서 온전히 인도하시도록, 성령의 일하심에 순종하며 그분의 뜻을 따라 살아가고, 생각과 행동이 성령에 의해 다스려지도록 간구하는 것이 바로 성령 충만함입니다. 성령을 소멸하지도 말고 거스르지도 마시기를 바랍니다. 그리스도인은 반드시 성령 충만함으로 나아가야 합니다. 그것만이 악한 세상 가운데서 하나님의 뜻대로 살아갈 수 있는 길이기 때문입니다. 더 나아가 세상의 지배를 받는 외부적인 요소들에 취하지 않고 절제하도록 도우시는 분도 성령님이십니다. 성령 충만함으로 나아가는 자가 곧 지혜 있는 자입니다. 삶을 살아가는 참된 지혜는 하나님을 경외하며 하나님의 다스림을 받는 데 있습니다.

세상의 다스림을 받는 자는 하나님이 만드신 창조 세계의 질서를 무너뜨리고, 무절제함으로 과도한 쾌락에 빠져 방탕하게 살아가며 삶의 방향을 잃게 됩니다. 육신을 따르는 자는 사망이요, 하나님과 원수가 되는 것입니다(롬 8:6-7). 그러나 예수님을 죽은 자 가운데서 살리신 이의 영으로 말미암아 우리가 살았고, 그분의 인도하심을 받는 자는 양자의 영을 받았기에 하나님을 '아빠 아버지'라 부를 수 있습니다. 성령께서 우리가 하나님의 자녀임을 증언해 주십니다(롬 8:11-16). 그리스도 예수 안에 있는 자에게는 결코 정죄함이 없는(롬 8:1) 구원의 은혜가 이미 이루어졌습니다. 그러므로 다시 세상의 다스림을 받는 자리로 돌아가지 않기를 바랍니다. 성령 충만함으로 하나님과의 화평을 누리며, 어떤 환경 가운데서도 하나님의 사랑과 은혜를 깨닫고 범사에 감사하기를 바랍니다. 또한 성령 충만한 자들끼리 서로 사랑하고 존중하며 살아가기를 바랍니다.

어둠이었던 이전의 삶을 그리워하지 마시기를 바랍니다. 이제는 주 안에서 빛의 자녀답게 살아가기를 바랍니다. 열매 없는 일들에 가치를 두지도 말고 참여하지도 말며, 부끄러운 일에 동참하지 않기를 바랍니다. 음행과 온갖 더러운 것과 탐욕, 그리고 우상 숭배하는 공동체와 함께하는 자가 되지 않기를 바랍니다. 성령 충만함으로 분별하여 어떻게 행동해야 할지를 깊이 생각하며 하나님의 자녀로서 살아가기를 바랍니다. 옛 본성을 좇는 죄 된 육체의 삶은 성령을 거스르는 삶입니다. 성령을 거스르는 삶의 결과는 분명합니다. 하나님의 나라를 유업으로 받지 못할 죄를 범하게 되고, 마음에 하나님 두기를 싫어하게 되며, 결국 죄가 삶을 지배하도록 내버려두게 됩니다. 그러나 성령으로 살고 성령으로 행하는 자는 반드시 풍성한 열매를 맺게 됩니다(롬 1:18-32, 갈 5:16-26, 엡 5:1-14).

오늘 하루 육신대로 살아가지 않고 성령 충만함으로 몸의 행실을 죽이며, 새 생명을 얻은 하나님의 자녀로 살아가기를 바랍니다(롬 8:13). 성령 충만함으로 나아가지 않는다면, 우리는 결코 육신을 지배하는 죄의 권세를 이길 수 없습니다. 우리가 할 수 있는 유일한 길은 예수 그리스도의 이름으로 매일매일 삶 가운데 성령 충만함을 간구하는 것입니다.

여정을 향한 권면적 선포(결단)

항상 성령 안에서 기도하고 깨어 간구하기를 힘쓰며, 주 안에서의 힘의 능력으로 강건하게 나를 지배하는 세상의 것들과 싸워 승리하며, 주의 뜻이 무엇인지를 깨닫도록 성령 충만함으로 나아갑시다!

"오락을 금하라"

사전적 의미

[오락] 쉬는 시간에 여러 가지 방법으로 기분을 즐겁게 하는 일./아주 즐거운 것.

[금하다] 어떤 일을 하지 못하게 말리다./감정 따위를 억누르거나 참다.

성경 말씀 묵상

세상의 벗은 곧 하나님과 원수 되는 것, **야고보서 4:1-4**

오락을 절제하지 못하고 빠지면 하나님께 집중하지 못하는 영적인 문제가 나타납니다. 그래서 오락을 금하십시오!

이 세상에는 우리를 즐겁게 하는 것들이 많이 있습니다. 한 가지가 아니라 여러 요소가 있으며, 우리는 이것을 쉽게 '오락'이라고 부를 수 있습니다. 때로는 오락을 즐길 수도 있습니다. 어떻게 365일 24시간을 매일 오락을 전혀 하지 않고 금욕적으로만 살아갈 수 있겠습니까? 또한 같은 오락을 통해 사람들과 유대 관계를 맺고 공동체가 형성되기도 합니다. 이처럼 오락은 세상을 살아가는 우리의 삶에서 완전히 단절된 채 지내기 어려운 부분이기도 합니다.

그러나 성도 여러분, 오락을 절제할 힘이 없다면 아예 금하시기를 바랍니다. 오락에 깊이 빠지게 되면 일상생활에 지장을 주는 것뿐만 아니라 하나님과의 관계도 틀어지게 됩니다. 다시 말하면, 하나님께 기도드리는 시간보다 오락하는 시간이 더 많아지게 될 것입니다. 더 나아가 예배드리는 시간에도 하나님께 온전히 나 자신을 드리지 못하고, 오락이 주는 쾌락과 즐거움에 마음이 사로잡혀 예배를 예배답게 드리지 못하게 될 것입니다. 그러나 오락을 금지하며 살아가는 것이 힘들게 느껴질지라도, 오락을 멀리할수록 하나님과의 관계가 더욱 가까워짐을 깨닫기를 바랍니다. 세상과 벗이 되고자 하는 자는 스스로 하나님과 원수 되는 행동임을 잊지 않기를 바랍니다(약 4:4).

어떤 것을 오락이라고 정의할 수 있을까요? 내 생각과 마음을 빼앗는 모든 것이 오락입니다. 나의 쾌락과 정욕, 곧 자기만족을 채우는 모든 것이 오락입니다. 세상이 주는 즐거움은 잠깐입니다. 그 끝에는 결국 허무함과 공허함이 남게 되고, 그것을 다시 채우기 위해 또 다른 오락을 찾게 됩니다. 이러한 반복이 일상이 되는 것이 바로 세상의 벗이 되고자 하는 스스로의 선택입니다. 그 선택에서 벗어나기를 바랍니다.

우리는 오락이 아니라, 영원히 목마르지 않은 생수를 주시는 예수님을 찾고 믿기를 바랍니다. 예수님이 주시는 물은 곧 성령입니다(요 7:37-39). 예수님을 믿는 자들 안에 거하시는 성령께서 충만히 흘러넘칠 때, 세상이 주는 만족과는 전혀 다른 영적인 만족의 기쁨과 즐거움을 경험하게 됩니다. 내 안에서 역사하시고 일하시며 인도하시는 새 힘을 주시기에, 삶이 변화되는 역사가 일어납니다. 이것보다 더 큰 즐거움이 어디 있겠습니까? 참된 즐거움을 찾고 싶다면, 세상의 오락이 아니라 예수 그리스도를 믿기를 바랍니다.

우리는 보고 듣고 경험하는 환경의 영향을 받습니다. 그러므로 환경을 경계해야 하며, 예수님을 믿는 믿음을 지키기 위해 스스로 신앙생활을 할 수 있는 환경을 만들어 가는 노력이 필요합니다. 세상은 하나님을 거부합니다. 우리가 살아가는 세상 자체가 하나님 중심이 아니라, 쾌락과 정욕을 위해 수단과 방법을 가리지 않습니다. 현재의 삶에만 몰두하게 하여 하늘 소망을 품지 못하도록, 사망의 길로 인도하는 죄의 그늘에서 벗어나지 못하게 합니다. 그런 세상 가운데서 우리는 여전히 연약한 육신 안에서 살아가고 있으며(마 26:41), 보고 듣고 경험하는 환경에 쉽게 흔들리는 존재임을 인정해야 합니다. 하나님의 자녀가 되었다고 해서 죄와의 싸움이 끝난 것이 아닙니다. 오히려 더욱 치열한 영적 전쟁 가운데 들어섰음을 깨닫기를 바랍니다.

오늘 하루, 내 생각과 마음을 빼앗는 환경이 있다면 절제를 넘어 과감히 멀리하려는 노력해 보기를 바랍니다. 처음은 어렵습니다. 그러나 그것이 반복되는 일상이 될 때, 오락으로부터 자연스럽게 멀어지는 동시에 하나님과 더욱 가까워지는 놀라운 변화가 일어날 것입니다.

여정을 향한 권면적 선포(결단) ____________________________

예수님을 믿는 모든 자에게 부어 주시는 성령으로 말미암아, 오락을 금하십시오! 오락은 우리의 믿음을 연약하게 하며 흔들리게 하는 환경입니다. 다시 하나님과 원수가 되려는 미련한 행동을 스스로 행하지 맙시다!

"믿음대로 역사하리라"

사전적 의미

[믿음] 어떤 사실이나 사람을 믿는 마음./초자연적인 절대자, 창조자 및 종교 대상에 대한 신자 자신의 태도로서, 두려워하고 경건히 여기며, 자비·사랑·의뢰심을 갖는 일.

[역사하다] 하나님이 일하다.

성경 말씀 묵상

믿음대로 역사하시는, **마태복음 9:18-31**

우리의 한계를 뛰어넘는 하나님을 전적으로 믿을 때, 역사가 일어납니다!

병든 자에게 있어서 가장 바라는 소원은 병이 고침을 받아, 평범하게 보통 사람들처럼 일상생활을 살아가는 것입니다. 가난한 자에게 있어서 바라는 소원은 가난을 벗어날 수 있는 물질적인 풍요로움이며, 미련한 자에게 있어서 바라는 소원은 지혜입니다. 결혼하지 못한 자에게 있어서 바라는 소원은 배우자를 만나 인연을 맺는 것입니다. 이처럼 사람마다 이루어지기를 바라는 소원은 다양합니다. 그러나 이 모든 것을 이루시고 역사하시는 분은 오직 유일하신 하나님 한 분뿐이십니다.

우리가 믿는 하나님은 불가능을 가능케 하시는 분이십니다. 우리는 내 앞에 놓인 문제나 처해 있는 환경을 바라볼 때 분명한 한계가 있어 보입니다. 인간의 기준으로 생각하고, 경험한 것이 인생의 모든 지혜라고 여기며,

보고 배운 것에 따라 가치관이 형성됩니다. 그렇게 형성된 기준으로 문제와 환경을 바라보며, 스스로 제한을 두고 한계를 설정하여 결국 포기하게 됩니다. 그러나 모든 만물을 창조하신 하나님께는 한계라는 것이 존재하지 않습니다. 다시 말해, 하나님은 한정된 영역이 없으신 무한하고 영원하신 전지전능하신 분이십니다. 하나님의 능력은 정해진 범위 안에서 나타나는 것이 아니라, 제한 없이 역사하십니다. 말씀으로 천지를 창조하시고, 죽은 자를 살리시는 분이 하나님이십니다.

그러므로 믿음이란, 스스로 한계를 정해 놓고 하나님을 믿는 것이 아닙니다. 내 생각과 경험, 습성과 가치관, 그 모든 것을 내려놓고 하나님을 믿는 것이 하나님께서 역사하시는 믿음인 줄 믿습니다. 내 한계를 인정하는 것을 넘어서, 그 한계를 버리시기를 바랍니다. 복잡하게 계산하지 말고, 역사하시고 치료하시며 이루시는 하나님을 그대로 믿으시기를 바랍니다.

하나님께서 역사하시는 믿음이란 무엇일까요? 믿음은 만병통치약처럼 믿기만 하면 모든 질병이 무조건 고침을 받는 것이 아닙니다. 그것은 오직 하나님의 주권에 달려 있습니다. 우리는 알고 있습니다. 믿음의 사람이라 할지라도 질병으로 죽는 경우가 많다는 사실을 말입니다. 그러나 육체적인 질병은 고침을 받지 못하더라도, 주 예수 그리스도를 믿는 모든 자는 죄에서 구원함을 받을 수 있습니다. 예수님을 믿기만 하면 새로운 피조물로 거듭나 영원한 생명을 얻게 됩니다. 이것이 예수님께서 이 땅에 육신의 몸으로 오셔서 이루시고자 하신 목적입니다. 십자가와 부활의 말씀을 성취하심으로, 믿는 자에게 성령을 약속하시고 새 생명을 허락하셨습니다. 이것이 하나님의 은혜이며, 이것이 하나님의 전지전능하심입니다.

그러므로 우리는 예수님을 믿는 믿음으로 말미암아, 우리 안에 거하시는 성령님을 통해 하나님의 무한하시고 영원하신 능력을 깨닫는 지혜가 임하도록 간구하기를 바랍니다. 우리 앞에 놓인 문제와 처해 있는 환경을 바라볼 때, 한계를 두고 쉽게 포기하지 않기를 바랍니다. 상황 속에서 희망이 보이지 않을 때는, 불가능을 가능케 하시는 하나님을 기억하며 끝까지 믿기를 바랍니다. 하나님이 역사하시는 믿음은, 당장 믿고 기적이 나타나지 않는다고 해서 쉽게 포기하는 믿음이 아닙니다. 역사하실 때까지, 치료하실 때까지 끈질기게 붙드는 믿음입니다.

열두 해를 혈루증으로 앓던 여인은 믿음으로 손을 뻗었습니다. 어떻게 손을 뻗었는지가 중요한 것이 아니라, 손을 뻗은 그 믿음의 행동이 중요합니다. 계산하지 말고 믿음으로 손을 뻗으시기를 바랍니다. 죽은 소녀의 손을 잡아주신 예수님의 능력으로 소녀는 다시 일어났습니다. 우리 또한 예수님의 십자가의 능력을 믿고, 죽음에서 승리하여 일어나기를 바랍니다. 두 맹인은 예수님을 따라다니며 부르짖었습니다. 예수님께서 말씀하실 때까지, 고쳐주실 때까지 포기하지 않고 따라가며 부르짖었습니다. 그리고 예수님께서 말씀하십니다. "너희 믿음대로 되라(마 9:29)." 이것이 믿음의 행함이며, 살아 있는 믿음입니다. 설령 우리의 간구에 즉각적인 응답이 없어 보일지라도, 끝까지 포기하지 않고 응답받을 때까지, 고침 받을 때까지, 주님을 만날 때까지 부르짖고 따라가는 것이 하나님께서 역사하시는 믿음입니다.

오늘 하루, 역사하시는 하나님의 살아 계심을 경험하기를 바랍니다. 포기하지 않고 끝까지 끈기 있게 행하는 믿음이 우리 가운데 나타나기를 바랍니다. 어떤 상황 속에서도 주님께 나아가는 것을 멈추지 않기를 바랍니다. 그 기다림의 시간 속에서 인내하는 믿음을 세우시고, 하나님이 어떤 분이신지를 깨닫게 하시며, 더욱 전적으로 하나님을 신뢰하도록 이끄시는 하나님의 선하신 계획을 믿는 훈련의 과정이 되기를 바랍니다.

여정을 향한 권면적 선포(결단)

믿음은 우리의 한계를 버리는 것뿐만이 아니라 행동을 변화시키며, 행동하게 합니다. 하나님을 전적으로 믿는다면, 끝까지 포기하지 않고 손을 뻗고 일어나며 부르짖어 보이는 역사가 일어나기를 바랍니다. 그리고 믿음대로 역사하시는 하나님께 믿음으로 순종합시다!

5. 거룩의 무릎:
낡은 자아를 주 앞에 내어 드리는 여정

(41 – 50일 차)

나를 변함 없이 사랑하시는 주님 앞에

온전히 서기 위해, 붙들고 있던 모든 것을 내려놓고

결단하며 나아가는 전적인 헌신을 회복하다.

"나도 사랑한다.
걱정하지 말고
끝까지 기도하라"

사전적 의미

[걱정] 안심이 되지 않아 속을 태움/아랫사람의 잘못을 꾸짖음.

[끝] 시간, 공간, 사물 따위에서 마지막 한계가 되는 곳.

성경 말씀 묵상

하나님의 사랑을 붙드는 삶, **로마서 8:31-39**

걱정 대신 하나님의 변함 없는 사랑을 붙들고 끝까지 기도로 나아갑시다!

우리가 살아가고 있는 세상은 마음 편히 안심하며 살아갈 수 있는 곳이 아닙니다. 권세자들이 끊임없이 우리를 죄악 된 길로 빠뜨리고 공격하며, 하나님을 믿기 더욱 힘든 환경과 상황을 만들어 가기 때문입니다. 이러한 일들은 날이 갈수록 더욱 심해질 것입니다. 예수님의 이름으로 많은 사람을 미혹할 것이며, 난리와 난리의 소문이 나도 그것이 끝이 아니라 민족이 민족을, 나라가 나라를 대적하여 일어나고 곳곳에 기근과 지진이 일어나는 재난의 시작이 다가올 것입니다. 더 나아가 예수님의 이름 때문에 환난에 넘겨져 미움을 받게 될 것이며, 서로 잡아 넘기고 미워하며 거짓 선지자가 많이 나타나고 불법이 많아져 사랑이 점점 식어가게 될 것입니다(마 24:3-

14). 예수님을 믿는 그리스도인들은 앞으로 더욱 많은 어려움을 겪게 될 것입니다. 그러나 끝까지 견디기를 바랍니다. 우리의 힘으로 견디는 것이 아니라, 세상 어떤 것으로도 끊어낼 수 없는 하나님의 흔들리지 않는 사랑을 붙들고 이겨내기를 바랍니다.

만일 우리를 대적하는 존재가 있다 할지라도, 하나님이 우리를 위하시면(롬 8:31) 그 어떤 것도 두려움의 대상이 될 수 없습니다. 왜냐하면 모든 영적 존재 또한 피조물이기 때문입니다. 다시 말해, 땅이나 하늘 어디에도 하나님보다 강하신 분은 결코 없습니다. 그러므로 하나님께서 내 편에 서 계신다면 어떤 것도 걱정하지 않기를 바랍니다. 걱정은 곧 두려움을 낳습니다. 걱정은 하나님을 전적으로 믿지 못하는 데서 나오는 불신의 모습입니다. 하나님께서 우리에게 주신 것은 두려워하는 마음이 아닙니다(딤후 1:7).

하나님이 우리의 편이심은 이미 분명한 증거로 보여 주셨습니다. 독생자 아들을 아끼지 아니하시고 모든 사람을 위하여 이 땅에 예수님을 보내주셨기 때문입니다(롬 8:32). 이것보다 더 확실한 증거가 어디 있겠습니까? 살아가는 세상 가운데서 겪게 되는 환난이나 곤고나 박해나 기근이나 적신이나 위험이나 칼 앞에서도, 두려움에 사로잡히지 말고 끝까지 기도할 수 있기를 바랍니다. 끝까지 기도할 수 있는 힘은 모든 고난으로도 끊을 수 없는, 우리 주 그리스도 예수 안에 있는 하나님의 사랑입니다. 우리를 사랑하셔서 이 땅에 인간의 몸으로 오시고 죽기까지 순종하신 예수님의 십자가의 죽음과 부활의 승리로 말미암아 우리는 반드시 이깁니다. 승리합니다. 하나님의 사랑 안에서 예수 그리스도를 믿고 구원받은 하나님의 자녀들은, 하나님께서 끝까지 지켜 주신다는 확신 가운데 포기하지 않고 기도로 나아갈 수 있기를 바랍니다. 하나님의 사랑은 어떤 상황 속에서도 흔들리지 않으며, 변함이 없습니다. 그러므로 우리 또한 두려움 없는 믿음으로 하나님의 사랑을 붙들고, 흔들림 없이 변함없이 인내하며 기도하기를 바랍니다.

오늘 하루, 나의 삶을 붙드는 것이 환난과 곤고와 박해와 기근과 적신과 위험과 칼이 아니라, 하나님의 사랑이기를 바랍니다. 무슨 일이 일어나든, 어디에 있든지 하나님의 사랑에서 끊어질 수 없는 관계 안에 이미 내가 서 있음을 깨닫기를 바랍니다.

여정을 향한 권면적 선포(결단)

고난 속에 처하더라도 하나님이 나를 사랑하시며 구원자 되시며 영원한 내 편이심을 믿고 끝까지 말씀 붙들고 기도하며 하나님의 일하심을 의심하지 맙시다!

"때를 기다려라"

사전적 의미

[때] 시간의 어떤 순간이나 부분./좋은 기회나 알맞은 시기.

[기다리다] 어떤 사람이나 때가 오기를 바라다./참고 견디다.

성경 말씀 묵상

모든 일의 때, **전도서 3장**

하나님의 시간을 믿고 기다립시다!

하나님의 시간을 기다리는 것이 지혜입니다. 우리가 세운 계획과 수고와는 상관없이, 세상의 모든 일 가운데에는 우연한 만남과 우연한 사건이 일어난 것처럼 보일 때가 있습니다. 그러나 이 모든 만물을 다스리시는 분이 하나님 이심을 믿는다면, 우연은 없다는 사실을 깨닫게 됩니다. 시간과 역사의 주인 되시는 분은 하나님이십니다. 또한 그분의 계획은 절대적인 주권 가운데 이루어지며, 지금도 다스리고 계심을 인정하며 순종하기를 바랍니다. 하나님께서 세상을 사랑하셔서 독생자 예수 그리스도를 이 땅에 보내시고 구원의 역사를 이루신 것 또한, 우리를 향한 하나님의 절대적인 주권 아래에서 이루어진 사랑이며 은혜입니다. 그러므로 인생의 모든 순간은 여전히 하나님의 주권 가운데 운행되고 있음을 믿을 수 있기를 바랍니다. 이것을 깨닫는 것이 곧 지혜입니다. 이 지혜를 통하여 천하만사에 하나님이 정하신 때가 있음을 깨닫고, 그분의 때를 신뢰하며 기다림 속에서도 소망을 놓지 않기를 바랍니다.

내가 원하는 시간과 하나님께서 이루시는 시간이 다를 수 있음을 깨닫지 못한다면, 우리는 하나님이 아닌 세상의 권세와 물질을 찾고 의존하게 될 것입니다. 이는 하나님의 시간을 기다리지 못하는 조급하고 어리석은 자의 모습입니다. 지혜로운 자는 모든 일에 하나님께서 계획하시고 정하시며 이루시는 때가 있음을 믿고 기다립니다. 하나님의 시간을 인간이 측량할 수는 없지만, 때가 이르면 우리 안에 거하시는 성령으로 말미암아 분별하도록 지혜를 충만히 부어 주실 줄 믿습니다. 그렇다면 우리는 무엇을 하며 그때를 기다려야 할까요? 단순히 아무것도 하지 않은 채 기다리는 것은 시간을 아끼지 못하는 태도입니다. 우리를 위해 계획하시고 일하시는 하나님의 다스림 안에 있는 우리는, 하나님의 계획을 위해 살아가야 합니다. 내가 목적이 되어 나 자신을 위해서만 일하는 삶은 무의미하며, 허공에 소리치는 것과 같습니다. 하나님의 시간을 기다리는 자는 마땅히 하나님의 일이 목적이 되어, 하나님을 위해 수고하며 살아가야 합니다. 우리가 수고하여 먹고 마시며 기쁨을 누리는 것 또한 하나님의 선물입니다. 다시 말해, 하나님을 절대적으로 신뢰하며 그분을 위하여 일할 때 주어지는 즐거움과 만족의 시간이 곧 하나님께서 이루신 시간입니다.

오늘 하루, 하나님의 시간을 의심하거나 원망하지 않기를 바랍니다. 나의 간구하는 제목을 이루기 위해 하나님 외에 다른 것을 의지하는 어리석고 조급한 선택을 하지 않기를 바랍니다. 기다림이 길어진다는 것은, 하나님 보시기에 아직 나에게 가장 선하고 알맞은 시기가 아님을 말씀하고 계시는 것일지도 모릅니다. 이루어지는 시간이 오래 걸리고, 이것이 과연 이루어질까 싶을 만큼 끝이 보이지 않아 보여도, 하나님께서는 반드시 그분의 뜻대로 이루시고 응답하십니다. 모든 일을 가장 합당한 때에 성취하십니다. 이것이 하나님의 선하신 계획이며 창조의 질서임을 믿습니다.

여정을 향한 권면적 선포(결단) ______________________________________

　하나님의 시간을 기다리고, 하나님을 위하여 일하는 것이 곧 순종이며 지혜입니다. 때를 기다리는 상황에서 용기와 담대함을 잃지 말고 굳건하게 인생을 살아갑시다!

"내 앞에 서려면
거룩한 삶을 살아가라"

사전적 의미

[거룩하다] 성스럽고 위대하다.

[살아가다] 목숨을 이어 가거나 생활을 해 나가다./어떤 종류의 인생이나 생애, 시대 따위를 견디며 생활해 나가다.

성경 말씀 묵상

거룩한 삶, **레위기 11:44-45, 고린도전서 3:16-17, 6:19-20**

하나님을 갈망하는 자는 거룩한 삶을 살아갑시다!

하나님을 갈망하는 것은 곧 하나님이 내 인생의 전부이시며 주인 되시고, 그분과 함께함을 간절히 바라는 마음입니다. 그리스도인은 기쁠 때나 슬플 때나 매 순간 하나님만을 갈망하며 살아가기를 바랍니다. 하나님을 갈망하는 것은 그리스도인에게 너무도 당연한 간구입니다. 만일 하나님을 갈망하지 않는다면, 과연 그를 그리스도인이라 할 수 있을까요? 하나님 외에 세상의 다른 것을 더 간절히 바라고 있다면 회개하기를 바랍니다. 하나님 외에 다른 것을 의지하고 섬기는 죄를 범하지 않기를 바랍니다.

하나님께 속한 모든 것은 거룩합니다. 이는 여호와 하나님께서 거룩하신 분이시기 때문입니다. 그러므로 하나님을 갈망하며 하나님을 찾고 그분과의 교제를 소망하는 자는 마땅히 거룩해야 합니다. 하나님과 교제하기를 원하면서도 여전히 죄악 되고 부정한 것들과 분리되지 못한 삶을 살고 있다면, 먼저 기도의 제목을 바꿔보기를 권합니다. "하나님을 갈망합니다."라는 기도 이전에, "거룩한 삶을 살아가게 하옵소서."라고 기도할 수 있기를 바랍니다.

우리 주변의 환경을 살펴보면 더럽고 거짓되며 죄 된 것들이 많은 자리를 차지하고 있습니다. 그러므로 죄 된 환경 속에서 하나님을 알지 못하는 자들과 같이 죄에 물들어 살아가는 것이 아니라, 그 자리에서 분리되어 구별된 삶을 살아가야 합니다. 이것이 곧 거룩한 삶입니다. 그러나 사실 우리는 스스로 거룩한 삶을 살아갈 힘이 없습니다. 그래서 하나님의 백성으로서 말씀을 통해 가르침을 받고, 말씀이 삶의 중심이 되어 벗어나지 않도록 힘써야 합니다. 구약 시대부터 신약 시대, 그리고 지금에 이르기까지 하나님께서는 말씀을 통해 거룩함을 훈련시키시며 가르쳐 오셨습니다. 부정한 것들로부터 분리되도록 규례를 주셨습니다. 결국 일상에서 드러나는 외적인 삶이 거룩하지 않다면, 내적인 상태 또한 분명하지 않음을 기억해야 합니다.

이스라엘 백성은 하나님께 선택받은 백성이었고, 출애굽의 역사를 직접 경험한 사람들이었습니다. 그들의 주변에는 하나님을 알고 출애굽의 은혜를 경험한 사람들이 많았습니다. 그럼에도 불구하고 그들은 하나님 앞에서 온전히 거룩한 삶을 살지 못했습니다. 우상을 만들고 섬기며 하나님을 배신하였습니다. 하물며 하나님을 알지 못하는 사람들과 일상을 함께 살아가고 있는 우리는 얼마나 더 큰 노력이 필요하겠습니까? 경건하지 못한 자들이 가득한 세상에서 거룩하게 살아가는 것이 쉽지는 않지만, 주님께서 우리와 함께하시기에 거룩한 삶을 살아가라고 성경은 말씀합니다. 악에 빠지지 않도록 우리를 늘 지키시고 보호하시며 영원토록 함께하시는 하나님이 계십니다. 우리는 아직 육체의 몸으로 이 땅에 살고 있지만, 세상에 속한 자들이 아닙니다. 우리는 세상의 것이 아니라 하나님의 것입니다(고전 3:19-20).

예수 그리스도를 믿는 자들에게 하나님께서는 성령을 약속하셨고, 말씀대로 성령을 보내주셨습니다. 이전의 나는 더 이상 존재하지 않습니다. 나는 예수 그리스도의 보혈의 피 값으로 산 존재입니다. 그러므로 내 몸의 주인은 하나님이십니다. 앞서 말한 것처럼 하나님께 속한 모든 것은 거룩합니다. 다시 말해, 하나님이 임재하시는 내 몸, 하나님의 성전인 나는 거룩해야 합니다. 하나님의 성전을 더럽히는 자는 멸하신다는 말씀이 있음을 잊지 않기를 바랍니다(고전 3:16-17).

오늘 하루 하나님의 형상을 따라 지음 받고, 예수 그리스도의 핏값으로 산 나는 거룩한 존재임을 기억하기를 바랍니다. 내 안에 계시는 성령을 통하여 말씀으로 인도하시고, 중보하시며, 가르치심에 온전히 순종함으로 거룩한 삶을 살아가기를 바랍니다. 거룩하신 하나님의 성품을 따라 살아가며, 세상과는 구별된 목적과 방향으로 하나님께 속한 자로 살아가기를 바랍니다.

여정을 향한 권면적 선포(결단)

사랑과 공의와 정의로우시고 은혜와 자비와 유일한 진리 되시는 하나님과 매 순간 교제하며 그분의 영광을 바라보며 영광 돌리는 거룩한 삶을 살아갑시다!

"먼저 일어나라"

사전적 의미

[먼저] 시간적으로나 순서상으로 앞선 때.
[일어나다] 누웠다가 앉거나 앉았다가 서다./잠에서 깨어나다./어떤 일이 생기다.

성경 말씀 묵상

믿음의 행함, **마태복음 14:22-33, 마가복음 6:45-52**

순종하는 믿음은 행동도 함께 나타납니다. 걱정보다는 믿음으로 먼저 일어나십시오!

예수님께서 만왕의 왕이심을 우리에게 굳이 증명하실 필요는 없습니다. 예수님은 스스로의 권위를 억지로 입증하거나 사람들 앞에 강제로 드러내셔야 할 분이 아니시기 때문입니다. 왜냐하면 예수님은 살아 계신 하나님의 아들이시기 때문입니다. 그러므로 피조물인 우리가 예수님의 권위를 판단하고 인정하는 것이 아니라, 온전히 믿어야 합니다. 예수님은 결코 강한 힘이나 세상의 권위로 백성들을 다스리지 않으셨습니다. 병자들을 불쌍히 여기시며 고쳐주시고, 말씀으로 가르치시며, 떡 다섯 개와 물고기 두 마리로 여자와 어린이 외에 오천 명을 먹이시는 사랑과 긍휼의 은혜를 베푸셨습니다. 예수님이 하나님의 아들이심을 표적이 나타나야만 믿겠다는, 보이는 것에 집착하는 믿음이 되지 않기를 바랍니다. 예수님께서는 십자가에서 죽으시고 부활하셨음에도 이를 믿지 못한 도마에게 이렇게 말씀하셨습니다.

"예수께서 이르시되 너는 나를 본 고로 믿느냐 보지 못하고 믿는 자들은 복되도다 하시니라(요 20:29)."

보지 못하고 믿는 자가 복됩니다. 예수님은 하늘과 땅의 모든 권세를 가지신 만왕의 왕이시며 만주의 주이십니다(딤전 6:15). 우리는 이 사실을 온전히 믿고, 예수 그리스도의 이름으로 행동하면 됩니다. 내가 싸워야 할 전쟁 앞에 있다면 일어나 싸우십시오. 예수 그리스도의 이름으로 우리는 승리합니다. 가다가 넘어졌다면 다시 일어나십시오. 예수 그리스도의 이름으로 새 힘을 주십니다. 세상이 두려워 아무것도 하지 못한 채 숨어 있다면, 그 자리에서 일어나 나오십시오. 예수 그리스도의 이름으로 담대해집니다.

큰바람이 불어 파도가 일어나 고난 가운데 있던 제자들이 의지할 수밖에 없었던 것은 자신들이 타고 있던 배였습니다. 예수님께서는 따로 올라가 기도하고 계셨기에 그들과 함께 배에 타고 계시지는 않았지만, 그들의 힘겨움을 분명히 보고 계셨습니다. 그러나 예수님은 즉시 그들을 건져내지 않으셨습니다(막 6:48). 조금 전 오병이어의 기적을 행하셨던 예수님을 향한 믿음을, 그들 스스로 드러내기를 원하셨기 때문입니다. 우리를 먼저 사랑하신 하나님께서는, 믿음으로 나아오는 자에게 반드시 상을 주시는 분이십니다(히 11:6). 다시 말하면 믿음은 마음에만 머무는 것이 아니라, 외적인 믿음의 행함으로 나타나는 순종입니다. 그러므로 믿음이 없이는 하나님을 기쁘시게 할 수 없고, 말씀에 순종할 수도 없습니다. 예수님께서는 자신을 증명하실 필요가 없으시지만, 우리는 예수님을 향한 믿음을 증명해야 합니다. 그래서 믿음은 반드시 행동으로 나타나야 합니다. 행함이 없는 믿음은 말뿐인 믿음이며, 하나님을 기쁘시게 하지 못합니다. 그러므로 예수님을 전적으로 믿는다면 우리는 그분께 나아가고, 그분이 계심을 알고 찾으며 부르짖게 됩니다. 더 나아가 베드로처럼 예수님의 말씀에 믿음으로 순종하여 물 위를 걷는 기적이 나타나는 것입니다. 하나님의 말씀에 순종하며 행동할 때 기적은 일어납니다. 폭풍 같은 상황 속에서 내가 타고 있는 배가 가장 안전할 것이라 생각하지 마십시오. 예수님이 계신 곳이 가장 안전한 곳입니다. 그곳이 설령 배 밖의 물 위라 할지라도 말입니다. 나의 환경을 뛰어넘어 배에서 내려 물 위를 걷는 믿음의 결단을 드립시다. 예수님을 향한 믿음을 보여드립시다. 그것이 하나님의 기쁨이 됩니다.

하나님은 우리의 믿음의 결단을 기다리고 계십니다. 그리고 그 결단을 가능하게 하시기 위해 예수 그리스도의 권세를 우리에게 허락하시고, 우리가 무엇을 해야 하는지를 분명히 명령하셨습니다(마 28:18-20). 그러므로 "일어나라."라는 말씀은 단순히 육체적인 움직임만을 의미하지 않음을 깨닫기를 바랍니다. 이는 하나님의 말씀에, 그분의 명령에, 그분의 뜻에 따라 순종하며 행동하라는 부르심인 줄 믿습니다.

오늘 하루, 예수님을 향한 믿음을 보여드립시다. 이는 세상 사람들에게 인정받기 위함이 아닙니다. 나를 먼저 사랑하신 하나님께 내 삶을 온전히 내어 드리는 것입니다. 내 환경을 뛰어넘어 하나님께 나아가는 믿음의 결단이 오늘 우리 가운데 나타나기를 바랍니다.

여정을 향한 권면적 선포(결단) ____

갈 바를 알지 못하고 설령 다시 두려운 바다에 빠지게 된다고 할지라도 예수님을 향한 믿음을 갖고 먼저 일어나 걸어가십시오!

"말씀을 읽어라
깨닫게 하리라"

사전적 의미

[읽다] 글이나 글자를 보고 그 음대로 소리 내어 말로써 나타내다./글을 보고 거기에 담긴 뜻을 헤아려 알다.

[깨닫다] 이해하여 참뜻을 환하게 알게 되다./모르고 있다가 알게 되다.

성경 말씀 묵상

말씀의 눈이 열려야 하는, **시편 119:18**

우리 삶을 변화시키는 것은, 하나님의 말씀입니다. 그러므로 말씀을 매일 읽읍시다!

천지가 없어지기 전에는 율법의 일점일획도 결코 없어지지 않으며(마 5:18), 천지는 없어질지언정 예수님의 말씀은 없어지지 않습니다(마 24:35). 우리의 눈으로 보이는 세상은 화려하고 단단해 보여 쉽게 무너지지 않을 것 같지만, 결국에는 사라질 유한한 물질세계입니다. 그러나 하나님의 말씀은 영원합니다. 하나님의 말씀은 아주 작은 부분조차도 사라지지 않습니다. 말씀에는 크고 작은 것이 없습니다. 하나님께서 명령하시고 가르쳐 주신 말씀이라면, 그 모든 것을 지켜야 합니다.

우리가 왜 하나님의 말씀을 지켜야 할까요? 하나님은 창조주이시며 우리는 피조물입니다. 그러므로 피조물인 인간이 창조주이신 하나님의 말씀을 듣고 순종하는 것은 너무나도 당연한 일입니다. 창조주 하나님을 경외하며 그분의 말씀을 매 순간 듣고 지키는 것이 모든 사람의 본분입니다(전 12:13). 다시 말해, 하나님의 말씀에 순종하는 것은 억지로 감당해야 할 짐이 아니라, 인간이 마땅히 살아가야 할 본래의 자리입니다. 또한 우리를 구원하신 예수님을 사랑한다면 계명을 지키게 됩니다(요 14:15). 그것이 참된 사랑입니다. 사랑하기에, 사랑의 대상이 말하는 모든 것을 지키고자 애쓰게 됩니다. 더 나아가 하나님의 말씀을 지켜 행하는 것은 결코 헛된 일이 아니라, 우리를 살리고 지켜 주는 생명입니다(신 32:46-47). 또한 우리가 하나님의 말씀에 순종하는 삶을 살아갈 때, 하나님의 이름이 높여지고 하나님의 영광이 드러나게 됩니다. 하나님의 말씀이 곧 하나님의 뜻이기 때문입니다. 그러므로 우리는 하나님의 말씀에 순종하는 삶을 살아가야 합니다. 이를 위해 날마다 말씀을 읽어야 합니다. 단순히 문자로 읽는 데서 그치지 않고, 말씀의 뜻을 깨닫는 자리로 나아가야 합니다.

우리는 연약하고 무지하여 하나님의 말씀을 온전히 바라보지 못하며, 그 깊으신 뜻을 다 헤아릴 수 없습니다. 우리의 지식으로는 하나님을 완전히 이해할 수도, 예측할 수도 없습니다. 그러므로 우리는 하나님께 간구해야 합니다. '내 눈을 열어서 주의 율법에서 놀라운 것을 보게 해달라(시 119:18).'는 시편 기자의 고백처럼 기도해야 합니다. 하나님께서 허락하실 때야 비로소 말씀의 참된 뜻을 깨닫는 놀라운 지혜가 임합니다. 말씀 속에 담긴 하나님의 뜻을 깨닫도록, 우리의 마음의 눈을 밝혀 주시기를 간구합시다.

예수님은 '말씀'이시며 율법의 완성이십니다. 율법은 하나님께서 백성들에게 주신 명령으로, 거룩하고 의롭게 살아가도록 하시며 무엇이 죄인지를 깨닫게 하는 기준입니다. 그러나 인간은 율법을 온전히 순종하지도, 완전히 깨닫지도 못합니다. 그런 인간을 위해 율법의 모든 요구를 이루시고, 십자가와 부활로 율법의 목적을 단번에 성취하신 분이 예수 그리스도이십니다. 그분으로 말미암아 우리는 죄 사함을 받고 하나님께 의롭다 하심을 받을 수 있게 되었습니다. 이로써 더 이상 율법을 통해 죄 사함을 받는 것이 아니라, 오직 예수 그리스도를 믿는 믿음으로 구원을 얻게 됩니다(엡 2:8). 그렇다고 해서 하나님께서 말씀하신 모든 명령을 지키지 않아도 된다는 뜻은 아닙니다. 우리는 오직 예수 그리스도를 믿는 믿음을 붙들고, 그 믿음 안에서 하나님의 도덕적 명령을 여전히 지켜 살아가야 합니다(마 22:37-40).

오늘 하루, 잃은 양처럼 방황하고 있다면 율법의 완성이신 예수 그리스도의 이름으로 기도하며 말씀을 묵상하는 일을 잊지 않기를 바랍니다. 또한 말씀을 바라보는 우리의 마음의 눈을 밝혀 달라고 성령님께 간구합시다. 성령께서는 하나님의 깊은 것까지도 통달하시는 분이시기 때문입니다. 하나님의 일은 하나님의 영 외에는 아무도 알지 못하므로(고전 2:10-11), 세상의 지식이 아닌 성령의 가르치심으로 하나님의 말씀을 깨닫는 은혜가 있기를 바랍니다.

여정을 향한 권면적 선포(결단)

하나님의 말씀은 육에 속한 사람처럼 어리석게 생각하지 않고 세상의 것으로 바라보며 읽는 것이 아니라, 성령의 가르치심으로 영적인 눈으로 바라보며 깨닫고 순종합시다!

"물 위를 걸으라
내가 지켜주리라"

사전적 의미

[걷다] 다리를 움직여 바닥에서 발을 번갈아 떼어 옮기다./어떠한 방향으로 나아가다.

[지키다] 잃지 않도록 하다./떠나지 않고 살피거나 머무르다.

성경 말씀 묵상

하나님의 것은, **이사야 43:1-2**

고난과 시련 가운데서도 걸을 수 있는 것은 하나님의 백성은 하나님이 지켜 주시기 때문입니다. 그러므로 우리가 누구인지를 깨달읍시다!

세상에서 살아가고 있는 사람들이 정말로 타락했음을 알 수 있는 한 가지 방법이 있습니다. 그것은 그들이 영적으로 무지해질 때입니다. 영적 무지란, 듣기는 들어도 깨닫지 못하고 보기는 보아도 알지 못하는 상태를 말합니다. 마음이 둔해지고 귀가 막히며 눈이 감긴 상태로(사 6:9-10), 세상에 깊이 젖어 하나님을 거역하고 불순종하여 더 이상 회개조차 기대할 수 없는 지경에 이르렀을 때가 참으로 타락한 모습입니다. 그래서 하나님께서는 이스라엘 백성들을 심판하셨습니다. 끊임없이 선지자를 통하여 말씀을 전하셨음에도 그들이 깨닫지 못했기 때문에, 보이는 것을 좋아하던 그들에게 눈으로 보고도 깨달을 수밖에 없는 방식으로 다시 한번 말씀하신 것이라 믿습니다. 그것이 바로 포로 된 삶이었습니다. 불순종과 우상 숭배, 타락으로 인해 하나님께서 허락하신 징계였습니다. 그러나 그것은 단순히 벌을 주는 징계가 아닙니다. 하나님께로 다시 돌아오게 하시는 회개와, 영적 무지에서 벗어나게 하는 깨우침, 그리고 회복을 위한 하나님의 뜻이 담긴 징계입니다. 하나님은 결코 우리를 떠나시거나 버리지 않으십니다. 우리를 창조하신 분이시기 때문입니다. 지금 내가 겪고 있는 고난이 있다면, 나의 삶을 돌아보기를 바랍니다. 내가 영적으로 무지하게 살아온 것은 아니었는지, 하나님보다 세상에 더 젖어 나의 정체성을 잊고 살지는 않았는지 점검하며 하나님께로 돌아가기를 바랍니다. 회개의 은혜가 임하기를 간구합니다.

물과 강을 건너고 불 가운데로 지나가야 하는 극한의 시련 가운데 놓여 있다 할지라도, 내가 누구인지를 분명히 안다면 두려워하지 않고 그 길을 걸어갈 수 있습니다. 내 존재의 주인은 하나님이십니다. 그러므로 나는 하나님의 것이며, 나의 주인 되시는 분은 하나님이십니다. 그래서 내 몸은 내 것이 아니라 하나님께서 구속하신 소유입니다. 다시 말하면, 죄의 징계를 받았다고 해서 그 죄가 사해지는 것은 아닙니다. 죄가 저절로 없어지는 것도 아닙니다. 그렇기에 하나님께서는 우리를 구속하시고 하나님의 것으로 부르시며 온전히 회복시키시기 위해 영원한 구원을 약속하셨습니다. 그 약속을 예수 그리스도를 통해 이루셨습니다. 예수님께서 십자가에 못 박히심으로 영적으로 깨닫지 못하던 인류의 죄를 대속하셨고, 부활하심으로 모든 사망의 권세를 이기시며 완전한 구원의 역사를 성취하셨습니다. 이것이야말로 온 인류를 향한 하나님의 깊은 뜻입니다. 이 사실을 깨닫는다면, 지금 내가 겪고 있는 극한의 상황도 견뎌낼 수 있습니다. 나는 예수 그리스도를 믿음으로 죄에서 구원을 받았고, 하나님과의 관계가 회복되었으며, 하나님의 자녀요 하나님의 소유입니다. 그러므로 내가 걷는 모든 길을 창조주 하나님께서 반드시 지키시고 보호하실 것을 믿으며, 주저하지 않고 걸어가는 변화된 삶을 살아가게 될 것입니다.

오늘 하루, 들으면 깨닫고 보이면 알게 되는 영적으로 깨어 있는 그리스도인이 되기를 바랍니다. 악한 세상 가운데서 주님 다시 오실 때까지 타락하지 않도록, 끝까지 예수 그리스도를 굳게 붙들기를 바랍니다.

여정을 향한 권면적 선포(결단)

영적 무지한 것만큼 어리석고 슬프고 안타까운 일이 없습니다. 그러므로 그리스도인들이여, 늘 깨어 있으십시오! 하나님은 포로된 삶 가운데에 있는 이스라엘 백성들을 결코 잊지 않으셨습니다. 회복시키시기 위해서 계획하셨고 이루셨습니다. 그러므로, 반드시 우리를 향한 하나님의 선하신 계획과 보호하심을 믿고 멈추지 말고 지금 그 길을 걸어가십시오!

"모든 것을 내려놓아라
네가 가지고 있는
모든 것을 내던져라"

사전적 의미

[모든] 빠지거나 남는 것 없이 전부의.

[내려놓다] 위에 있는 것이나 들고 있는 것을 아래로 옮기다./어떤 일이나 업무를 그만두다.

[가지다] 손이나 몸 따위에 있게 하다./자기 것으로 하다.

[던지다] 손에 든 물건을 다른 곳에 떨어지게 팔과 손목을 움직여 공중으로 내보내다./자기 몸을 떨어지게 하거나 뛰어들다./어떤 행동을 상대편에게 하다.

성경 말씀 묵상

참된 제자란, **누가복음 5:1-11**

내 모든 것을 내려놓고 가지고 있는 모든 것을 내던져졌을 때, 주님께서 내 삶 가운데서 새 일을 행하십니다!

사람은 배울수록 선택의 폭이 넓어지고, 경험이 많을수록 더 분별하며 추상적이지 않고 구체적으로 행동할 수 있습니다. 그래서 우리는 연륜이라는 것을 무시할 수 없습니다. 여러 해 동안 쌓아 온 경험으로 이루어진 전문적인 지혜와 지식은, 돈을 주고서라도 배우려 하는 것이 현대 사회의 모습입니다. 세미나는 얼마나 많이 열립니까? 왜 사람들은 배우려고 할까요? 현재의 내가 부족하다고 느끼기 때문입니다. 또한, 나는 알지 못하지만 성공한 사람만이 알고 있는 특별한 비결을 알고 싶기 때문입니다. 즉, 더 잘 살고 잘 먹고 성공하고 싶어서 노력하는 것입니다. 그래서 한 분야에서 성공한 사람의 말 한마디는 배우는 사람들에게 큰 파급력을 가집니다. 그런데 만약 전혀 다른 분야에 있는 사람이 무료로 조언을 해 준다면 과연 귀 기울여 들을까요? 내 소중한 시간을 내어 끝까지 듣고 있을까요? 인간관계를 위해 겉으로는 듣겠지만, 대부분은 귀로 듣고 흘려버릴 것입니다. 그만큼 신빙성이 느껴지지 않기 때문에 귀가 닫히고, 다시 내가 배운 지식과 경험을 바탕으로 내 분야에만 집중하게 됩니다. 그러나 참된 제자의 삶을 살고자 하는 그리스도인은 신앙생활뿐만 아니라 일상생활 속에서도, 내가 배운 지식과 산전수전 다 겪으며 쌓아 온 경험, 그리고 소유한 모든 것을 내려놓고 버린다는 각오로 내어 던져야 합니다. 참된 제자의 삶은 예수님을 단지 믿기만 하는 것이 아니라, 예수님을 믿고 따르는 삶입니다. 모든 것을 내려놓고 내어 던진 이후의 삶이, 예수님의 제자로서 시작되는 참된 시작입니다.

고기잡이에 가장 적합한 시간은 밤입니다. 또한 그물을 내려 고기를 잡기에는 알맞은 깊이가 있으며, 그물은 좋은 상태를 유지해야 했기 때문에 사용 후에는 반드시 씻고 붙어 있는 이물질을 제거하며 정리하는 시간이 필요했습니다. 이것이 어부로 살아온 사람이 경험을 통해 터득한 삶의 지혜입니다. 그러나 예수님께서 시몬에게 명령하신 것은 그가 경험해 온 일반적인 방식과는 전혀 달랐습니다. 밤새 수고하고 돌아온 사람들이 모여 있을 만큼 밝은 낮에, 이미 씻어 정리해 둔 그물로, 깊은 데로 가서 다시 그물을 내리라고 말씀하신 것입니다. 시몬은 이 말씀에 어떻게 반응했을까요?

"… 선생님 우리들이 밤이 새도록 수고하였으되 잡은 것이 없지마는 말씀에 의지하여 내가 그물을 내리리이다…(눅 5:5)."

시몬은 어부로 살아온 사람이었고, 자신의 경험에 따라 밤에 나가 그물을 내렸지만, 아무것도 잡지 못한 채 돌아온 상태였습니다. 그런 시몬에게 예수님의 말씀은 경험적으로 보았을 때 합당하지 않은 명령이었습니다. 그는 자신의 경험을 근거로 반박할 수도 있었지만, 예수님의 말씀에 의지하여 그 명령에 온전히 순종하였습니다. 이것이 바로 내려놓는 모습입니다. 우리는 사람들 앞에서 나의 경험과 지식, 경력을 내세울 때 존재의 가치를 인정받는다고 느끼지만, 주님 앞에서는 그 모든 것을 내려놓을 때 비로소 나의 참된 존재를 깨닫게 됩니다. 하나님 앞에서 나는 먼지만도 못한 죄인임을, 내가 의지하던 지식과 경험이 아무것도 아니었음을 깨닫게 되는 것입니다. 모든 것을 내려놓고 예수님의 말씀에 의지하여 순종했던 시몬은, 고기가 심히 많아 그물이 찢어지고 동무들에게 도움을 요청할 만큼 가득 채워지는 기적을 눈앞에서 실제로 경험하게 됩니다. 우리가 내려놓는 바로 그 순간이, 하나님께서 일하시는 순간입니다.

시몬 베드로는 눈 앞에 펼쳐진 이 광경을 보고 예수님의 무릎 아래에 엎드려 자신이 죄인임을 고백합니다. 그리고 삶의 전부이자 생계의 수단이었던 배를 육지에 두고, 모든 것을 버려둔 채 예수님을 따르는 삶을 선택하였습니다. 이것이 바로 내어 던지는 모습입니다. 무릎을 꿇는다는 것은 자기 자신을 주님 앞에 내어 던지는 행위와 같습니다. 이는 자존심을 내려놓고, 지식과 경험으로 쌓아 올렸던 인생의 부질없음을 깨닫는 순간이며, 무엇이 참된 진리인지를 알게 되는 순간입니다. 동시에 예수님의 위엄 앞에서 이전에 살아왔던 나 자신을 포기하는 결단입니다. 그러나 나를 포기한다고 해서 삶이 끝나는 것은 아닙니다. 오히려 나를 내어 던지고 포기해야만 갈 수 있는 길이 예수님을 따르는 길입니다. 나를 포기함으로 얻는 것이, 예수 그리스도 안에서의 새로운 피조물(고후 5:17)로서의 삶인 줄 믿습니다. 예수님 앞에서 내가 죄인임을 고백하고 회개하며, 내 삶의 주인으로 모시는 것이 참된 제자 된 삶의 시작입니다.

오늘 하루 교회 안에서뿐만 아니라 나의 일터와 가정, 그리고 일상의 모든 자리에서 참된 제자의 삶을 살아가기를 바랍니다. 내가 배우고 경험한 것만이 삶의 전부가 아님을 기억합시다. 하나님 앞에서는 그것들이 먼지만도 못하고 결코 내세울 수 없는 것들입니다. 그러므로 우리의 모든 순간마다 내 생각보다 주님의 말씀이 먼저가 되기를 바랍니다. 주님께서 말씀하시면, 그 말씀에 토를 달지 않고 즉시 믿고 순종하는 삶을 살아가기를 바랍니다.

여정을 향한 권면적 선포(결단)

주님 앞에서, 내 모든 것을 내려놓고 내가 가진 것을 내어 던지는 삶은 반드시 풍성함을 보게 될 것입니다. 그러므로, 나를 포기하는 것을 아까워하지도 않고 걱정하지도 않고 나에게 친히 말씀하시는 삶의 주인 되시는 예수님께 무릎 꿇고 엎드리는 마음으로 의지합시다!

"사랑하는 딸아
너는 내 변함없는 전부이니라
나도 네게 전부가
되었으면 좋겠구나"

사전적 의미

[변함없다] 달라지지 않고 항상 같다.

[전부] 어떤 대상을 이루는 낱낱을 모두 합친 것./어느 한 부분이 아니라 전체가 다.

성경 말씀 묵상

내 존재를 사랑하심, **이사야 43:4**

나는 하나님의 전부이며, 하나님은 나의 전부가 되심을 고백합시다!

누군가를 몹시 아끼고 소중하며 귀하게 여기게 되면, 그 마음은 자연스럽게 몸과 말로 표현됩니다. 시선과 몸의 방향, 그리고 듣는 귀가 사랑하는 상대에게 향하게 됩니다. 또한 대화할 때 숨기지 않고 얼마나 사랑하는지를 말로 전하고 싶어지고, 그 마음을 알아주기를 원하게 됩니다. 꼭 "사랑해."라는 말이 아니어도, 다른 표현으로도 사랑을 충분히 전할 수 있습니다. 예를 들면 "넌 언제 봐도 예쁘다.", "넌 봄날의 햇살 같아.", "너랑 아무것도 안 하고 있어도 행복해.", "너는 특별해.", "너랑 함께하는 시간이 소중해.", "너는 하나님이 내게 주신 가장 아름다운 선물이야.", "네가 웃을 때 내가 제일 기뻐.", "네가 슬프면 나도 슬프고 네가 행복하면 나도 행복해.", "보고 싶다." 등, 사랑을 표현할 수 있는 말은 얼마든지 많습니다. 저 또한 이런 고백을 나눌 수 있는 믿음의 배우자를 속히 만날 수 있기를 소망합니다. 그러나 안타깝게도 사람과 사람 사이의 사랑은 변하기 쉽습니다. 변하지 않는 만남도 있겠지만, 사랑이 식어 헤어지는 모습이 우리 주변에는 너무나도 많습니다. 그래서 인간적인 사랑은 유한하고 조건이 있으며, 환경에 따라 쉽게 흔들린다고 말할 수 있습니다. 그러나 우리를 향한 하나님의 사랑은 조건이 없고, 어떤 환경에서도 포기하지 않으시며 변하지 않는 사랑입니다. 더 나아가 자신의 전부를 내어 주신 무한한 사랑입니다. 자신의 전부를 내어 주셨다는 것은 곧 자기 생명을 내어 주셨다는 뜻입니다. 우리를 위하여 예수님께서 십자가에서 죽으신 것이 바로 전부를 내어 주신 사랑입니다(롬 5:8). 그러므로 우리는 하나님의 전부일 수밖에 없습니다.

우리가 무엇을 했기 때문에 사랑하신 것이 아닙니다. 하나님은 우리의 존재 자체를 사랑하셨습니다. 우리가 가진 능력 또한 하나님께서 주신 것입니다. 그렇기에 뛰어나고 화려한 능력이 사랑받을 조건이 될 수는 없습니다. 이사야서에 이렇게 기록되어 있습니다. "네가 내 눈에 보배롭고 존귀하며 내가 너를 사랑하였은즉…(사 43:4)." 우리의 존재 자체가 이미 하나님께 사랑받을 수밖에 없는 피조물임을 깨닫기를 바랍니다. 또한 우리를 향한 하나님의 사랑에는 유효기간이 없습니다. 하나님은 영원하신 분이시기 때문입니다. 그러므로 그분의 사랑 역시 영원합니다. 영원한 사랑을 주실 수 있는 분은 오직 하나님 한 분뿐입니다. 그 어떤 사람도 하나님의 사랑을 대신할 수 없으며, 그 사랑을 완전히 느끼게 하거나 표현하게 할 수는 없습니다. 오직 하나님만이 행하실 수 있는 사랑입니다. 이 사실을 깨닫는다면, 우리의 마음속에서도 자연스럽게 고백이 흘러나올 수밖에 없습니다. 사람에게 사랑을 고백하기에 앞서, 하나님께 먼저 이렇게 고백할 수 있기를 바랍니다.

"주여, 나 또한 주님이 내 전부이십니다."

하나님께서 예수 그리스도를 통하여 사랑을 확증하셨던 것처럼, 우리 또한 말로만 고백하는 데서 멈추지 않고 삶으로 사랑을 보여드릴 수 있기를 소망합니다. 주님이 내 전부가 되는 삶은, 하나님께 내 삶의 일부만을 드리며 헌신하는 것이 아닙니다. 말 그대로 내 삶의 전부를 드리는 헌신입니다. 하나님을 위해서라면 내가 누려왔던 것, 내가 가지고 있는 것, 내가 소중하고 귀하게 여기는 것들까지도 내려놓는 것이 나 자신을 온전히 드리는 삶입니다. 온 마음과 뜻과 힘을 다하여 여호와 하나님을 사랑하십시오(신 6:5). 우리의 몸을 거룩한 산 제사로 드리십시오(롬 12:1). 또한 그리스도 예수께서 삶의 이유(빌 1:21)이자 내 존재의 이유가 되기를 바랍니다.

오늘 하루, 만약 누군가가 이렇게 질문한다면 나는 어떻게 대답할 수 있겠습니까? 주저하지 않고 대답할 수 있는 믿음의 고백이 있기를 바랍니다.
"하나님은 너를 위해 독생자 예수님을 이 땅에 보내셨고, 너를 위하여 예수님이 십자가에서 죽으셨어. 그렇다면 너는 하나님을 위해 기꺼이 네 생명을 내어 놓고 십자가의 고통을 감당할 수 있겠니?"

여정을 향한 권면적 선포(결단)

세상 무엇과도 바꿀 수 없는 보배롭고 존귀하며 조건 없이 포기하지 않는 하나님의 사랑을 받은 성도여, 나를 향한 하나님의 사랑이 일방적인 사랑이 아니라 그 사랑에 반응하여 하나님과 내가 서로의 전부가 되어 친밀한 교제가 날마다 이루어지도록, 하나님께 사랑 고백을 합시다!

"떠나라
악이 없는 곳으로"

사전적 의미

[떠나다] 있던 곳에서 다른 곳으로 옮기다./다른 곳이나 사람에게 옮겨 가려고 있던 곳이나 사람들한테서 벗어나다./어떤 일이나 사람들과 관계를 끊거나 관련이 없는 상태가 되다.
[악] 인간의 도덕적 기준에 어긋나 나쁨.

성경 말씀 묵상

떠나라는 하나님의 명령, **창세기 12:1-4**

하나님과 더 가까워지기 위해서는 악에서 멀어지십시오!

내가 살던 고향을 떠나 새로운 지역과 장소로 이전하는 것은 결코 쉬운 결정이 아닙니다. 다시 말하면, 장소가 바뀜에 따라 변화되는 요소들이 너무 많기 때문입니다. 만나는 사람도 달라지고, 문화와 가치관, 생활 방식 또한 지역과 장소에 따라 달라집니다. 그러므로 새로운 곳으로 간다는 것은 새로운 시작을 알리는 일이며, 그만큼 결단이 필요합니다. 오늘 무엇을 먹을지 선택하는 수준의 결정이 아니라, 여러 가지를 깊이 판단하고 생각하여 신중하고 책임감 있게 내려야 하는 결정입니다. 이러한 결단을 내리기 위해서는 분명한 목적이 필요합니다. 왜 떠나야 하는지, 그 이유가 분명해질 때 결단은 훨씬 수월해질 것입니다. 아브라함에게는 떠나야 할 이유가 분명했습니다. 하나님께서 명령하셨기 때문입니다. 그는 그 말씀을 믿고 순종함으로 결단하여 떠났습니다. 하나님께서 떠나라고 하실 때에는 반드시 분명한 이유가 있습니다. 하나님과 더 가까워지고, 하나님만을 의지하며, 하나님 중심의 삶으로 나아가기 위해서는 악에서 멀어지고 인간을 의지하며 세상이 중심이 되는 삶에서 벗어나야 합니다.

아브라함이 살았던 고향은 우상을 숭배하는 곳이었습니다. 하나님께서는 그곳에 계속 머무는 것이 아브라함의 신앙에 부정적인 영향을 미칠 것을 아셨고, 다른 우상을 섬기게 되는 것이 곧 하나님께서 벗어나는 길임을 아셨습니다. 그래서 하나님께서는 아브라함을 그 악한 곳에서 이끌어 내셨습니다(수 24:2-3). 그러므로 하나님께서 떠나라고 명령하실 때는 언제나 분명한 이유가 있음을 믿기를 바랍니다. 또한 하나님을 전적으로 의지하게 하시기 위해서는, 익숙하고 편안하며 힘이 되어주던 사람들 곁을 떠나야 할 때도 있습니다. 사람이 아니라 하나님만 붙드는 홀로서기가 필요합니다. 이 모든 과정이 갖추어져야만 하나님께서 약속하신 축복의 땅으로 나아갈 수 있기 때문입니다. 이것이 바로 부르심입니다. 부르심의 자리에 있다면, 주저하지 말고 의심하지 말며 떠나십시오. 그리고 하나님 곁으로 나아가십시오!

악은 일시적으로 피하는 것이 아니라 완전히 떠나야 합니다. 우리는 예수 그리스도를 믿음으로 죄에서 구원받았으므로, 더 이상 죄의 종이 아닙니다. 다시는 죄의 노예로 살아가지 말아야 합니다. 이미 빚진 자가 왜 다시 죄의 빚을 지려 합니까? 우리가 도저히 갚을 수 없던 그 빚을 예수님께서 대신 갚아주셨음을 다시 한번 믿기를 바랍니다. 악에서 떠나는 것은 곧 예수 그리스도 안으로 들어가는 것입니다. 그러므로 미련 없이 떠나십시오. 뒤를 돌아보지 말고, 후회하지 말며 하나님의 구원 계획과 축복을 믿고 떠나기를 바랍니다. 아브라함은 하나님의 말씀을 듣고 떠났기에, 구원의 계획을 이루시는 하나님께 쓰임을 받았고 축복을 받았습니다. 그를 통해 장차 메시아 예수님의 족보가 이어지게 되었습니다. 이것이 믿음으로 결단하여 떠난 자에게 허락하시고 이루신 복입니다.

오늘 하루, 내가 떠나야 할 것과 떠나야 할 자리가 있다면 하나님께서는 이미 말씀하셨을 것입니다. 분별하며 기도함으로 그 명령을 깨닫고, 믿음으로 순종하여 결단할 수 있기를 바랍니다. 하나님께서 명령하실 때 즉시 떠나기를 바랍니다. 명령하셨다는 것은 이미 나를 위해 예비하신 새 길이 있음을 뜻합니다. 더 나아가 하나님의 살아계심과 하나님의 뜻을 더욱 깊이 깨닫게 되는 자리로 나아가는 것임을 믿습니다.

여정을 향한 권면적 선포(결단)

우리는 이미 예수 그리스도로 말미암아 악에서 떠나 새롭게 시작했습니다. 예수님만을 바라보고 뒤돌아보지 말고 끝까지 죄에서 멀어지기를 바랍니다. 그 믿음의 결단이 곧 하나님의 계획 가운데 쓰임 받는 한 사람이 될 것입니다. 그러므로 염려치 말고 기쁘게 떠나십시오!

"온전히
기도하는 데 힘써라"

사전적 의미

[힘쓰다] 힘을 들여 일을 하다

성경 말씀 묵상

기도를 계속해야 하는 이유, **골로새서 4:2**

일시적으로 작정하는 기도로 끝나는 것이 아니라 지속적으로 끈질기게 기도하십시오!

우리가 기도할 때, 환경이나 내 일정에 따라 맞추며 그때그때의 사정과 형편을 고려하여 일을 처리하듯이 하지 않기를 바랍니다. 하나님께 기도할 때는 계산하거나 복잡하게 생각하지 말고, 단순하게, 그리고 기도할 수 있다는 그 자체에 감사하기를 바랍니다. 더 나아가, 기도는 가끔 하는 종교적인 행위가 아니라 영혼의 호흡입니다. 인간이 호흡하지 않으면 죽듯이, 하나님의 피조물인 우리가 기도하지 않는다면 영혼이 메말라 쓰러지게 됩니다. 기도를 멈춘다는 것은 하나님과의 교제가 끊어지고, 그분을 향한 믿음이 쇠약해지기 때문입니다. 주님을 떠나서는 우리는 아무것도 할 수 없습니다(요 15:5). 포도나무가 되시는 예수님께 붙어 있는 가지가 되어야 열매를 맺을 수 있는 것처럼, 우리는 기도를 통해 하나님과 매 순간 교제하며 친밀한 관계를 유지할 때 그분의 뜻을 깨닫고 의지하며 살아갈 수 있으며, 그 삶은 결국 열매를 맺게 됩니다. 그러므로 우리가 항상 힘써야 하는 것은 기도입니다. 기도를 계속하고, 기도에 감사하며 깨어 있기를 바랍니다(골 4:2).

우리가 숨을 쉬는 것을 생각해 보세요. 억지로 애써서 숨을 쉬지 않습니다. 자연스럽게 숨을 쉽니다. 누가 가르쳐주지 않아도 인간은 본능적으로 숨을 쉬어야 생명을 유지할 수 있다는 것을 압니다. 운동할 때도 숨 쉬는 법은 다양하며, 숨을 잘 쉬는 것이 운동 효과를 높이는 데 큰 도움이 됩니다. 또한 숨쉬기가 어렵거나 호흡에 고통을 느껴 즉시 조치하지 않으면 몸 전체가 약해지고 결국 숨이 멎게 됩니다. 인간에게 숨은 참으로 중요한 것입니다. 기도도 마찬가지입니다. 기도가 어렵거나, 기도할 때 고통을 느끼고 영혼이 호흡 곤란을 겪는다면, 죄에 무감각해지고 말씀을 듣지 못하며 깨닫지도 못하게 됩니다. 시험에 쉽게 넘어가고, 감사 대신 원망과 불평이 이어지며 점점 하나님과 멀어지게 됩니다. 결국 영적으로 무기력하고 둔한 상태로 빠지게 되며, 이것이 사단이 가장 좋아하고 기다리던 순간입니다. 하나님을 떠난다는 것은, 영원히 목마르지 않은 생수가 끊어지는 것처럼 영혼이 메말라가는 것입니다. 그리고 그 끝은 결국 사망입니다(롬 6:23). 하나님과의 관계가 끊어지면 결과는 한 가지밖에 없습니다. 그래서 하나님의 자녀인 우리는 끈질기게 지속적으로, 매일 예수 그리스도의 이름으로 하나님께 기도하는 일에 게을리하지 않고 힘써야 하는 것입니다. 더 나아가, 그리스도의 비밀을 말하며 지혜롭게 행하고, 항상 은혜 가운데서 소금으로 맛을 내는 그리스도인의 삶을 살아가기 위해서도 기도는 필수이며, 이것이 그리스도인의 사명입니다.

오늘 하루뿐만 아니라, 매일 숨을 쉬고 밥을 먹듯이 기도하기를 바랍니다. 기도할 수 있다는 것은 예수 그리스도를 믿음으로 하나님의 자녀 된 권세로, 아바 아버지라 부르며 부르짖을 수 있는 귀한 축복이며 은혜입니다

(롬 8:15-16). 이 사실을 깨닫고 감사함으로 깨어 기도하기를 바랍니다.

여정을 향한 권면적 선포(결단)

기도는 선택이 아니라 생존을 위한 것입니다. 살기 위해서 본능적으로 숨을 쉬는 것과 같이, 끝까지 영원토록 하나님의 자녀로서 살아가기 위해서는 기도하기에 힘써야 합니다. 그러므로 기도가 내 영혼의 본능이 됩시다!

6. 신뢰의 무릎:
흔들리는 마음을 말씀에 묶는 여정

(51 – 60일 차)

나를 인도하실 주님의 손길을 신뢰하며,

자기 고집을 버린 순종과 말씀을 깊이 있게 깨달아

환경이 변해도 요동치 않는 믿음을 회복하다.

"고집부리지 말고
순종해라"

사전적 의미

[고집] 자기의 의견을 바꾸거나 고치지 않고 굳게 버팀.

[순종] 순순히 따름.

성경 말씀 묵상

불순종하는 자의 모습, **예레미야 7:24**

악하고 완악한 내 마음을 꺾어버리고 하나님께 순종합시다!

저에게는 장점이자 단점이 될 수 있는 성격이 있습니다. 하지만 이 성격이 어떤 시각에서 바라보느냐에 따라 장점이 되기도 하고 단점이 되기도 합니다. 바로 고집이 있다는 것입니다. 좋게 말하면, 소신이 있습니다. 결국 누구를 위한 말과 행동이냐에 따라 고집이 되기도 하고, 소신과 강한 집념이 되기도 합니다. 이처럼 나를 위해 말하고 행동하는 것은 고집이지만, 하나님을 위해 말하고 행동하는 것에 대해 뜻을 굽히지 않는 것은 믿음의 집념이며, 순종에서 나오는 소신입니다. 그리스도인인 우리는 하나님 앞에서는 매 순간 고집을 꺾어야 합니다. 다시 말하면, 자기 생각과 계획과 욕심을 따르며 살아가려는 마음을 버려야 합니다. 예수 그리스도를 믿음으로 새로운 피조물로 살아가는 우리의 인생을, 하나님의 뜻이 아닌 자기 마음대로 행동하는 것은 배은망덕함을 넘어 안하무인한 고집스러운 태도입니다. 당장 그 마음을 멈추시기를 바랍니다!

사람은 인생을 살아가면서 때로 '내 방식이 최고야.'라는 높은 자존감과 강한 자신감도 필요합니다. 그러나 모든 만물을 창조하신 하나님 앞에서는 내 자존감과 자신감이 아무 의미가 없습니다. 그것을 내세우려고 한다면, 자신 있게 말할 수 있는 것은 교만입니다. 하나님이 어떤 분이신지를 알고, 우리에게 베푸신 은혜를 깨닫는다면 결코 그렇게 행동할 수 없습니다. 누구로 인해 우리가 죄에서 구원함을 받았는지, 누구 때문에 전쟁에서 승리할 수 있었는지를 깨닫는다면 하나님 앞에서 한없이 작고 약한 나를 발견하게 됩니다. 나의 연약함을 깨닫지 못하는 것은 불순종의 징조이자 시작입니다. 그렇게 불순종하는 자들의 모습은 하나님을 등지고 그분의 말씀을 듣지 않겠다는 완악함으로 나타납니다. 이는 곧 하나님의 뜻보다 내 감정과 계획, 보이는 세상이 더 옳다고 생각하기 때문입니다. 결국 이러한 고집은 하나님과의 관계를 단절시키는 지름길이 됩니다.

하나님께서는 선지자들을 통해 이스라엘 백성들에게 끊임없이 회개하라고 말씀하셨지만, 오히려 그들은 등을 돌리고 하나님을 향한 얼굴을 그의로 보지 않는 행동을 선택했습니다. 하나님을 완전히 거부하고 무시하는 태도를 보인 것입니다. 하나님과 자존심 싸움을 하지 마십시오. 그런 생각을 하는 것 자체가 악한 마음이며 죄된 마음입니다. 죄를 짓겠다는 고집을 부리고 있는 것입니다. 하나님께 극단적으로 행동하지 마십시오. 하나님께서는 또한 우리를 깨닫게 하기 위해 극단적인 상황을 허락하실 수 있음을 잊지 마십시오. 결국, 하나님께 등을 돌리고 세상의 우상과 불순종의 모든 행위에 마음을 두었던 이스라엘 백성들은 바벨론에 의해 성전이 불타고 포로로 끌려갔습니다. 그들은 고집을 꺾지 않고 불순종하며 회개하지 않았기에 성전도, 나라도, 그들의 삶도 온전히 지켜낼 수 없었습니다. 하나님은 언제나 분명히 말씀하십니다. 말씀하실 때 즉시 순종하십시오.

"… 너희는 내 목소리를 들으라 그리하면 나는 너희 하나님이 되겠고 너희는 내 백성이 되리라 너희는 내가 명령한 모든 길로 걸어가라 그리하면 복을 받으리라 하였으나…(렘 7:23)."

<u>오늘 하루</u>, 죄를 짓겠다는 불순종의 고집을 부리지 않기를 바랍니다. 하나님의 사람을 통해 말씀을 듣게 되었다면, 자존심을 버리고 회개하십시오. 우리는 불순종했지만 예수님의 순종으로 말미암아 하나님께 회개할 수 있음을 믿으시기를 바랍니다. 회개하고 돌이켜 죄 없이 함을 받으십시오(행 3:19). 회개하지 않고 순종하지 않는 고집은 결국 모든 것을 지켜내지 못하게 한다는 것을 잊지 마십시오. 하나님은 우리가 회개할 수 있도록 영원한 방법을 허락하셨습니다. 멸망하지 않고 영원한 생명을 지키기 위해 예수 그리스도를 이 땅에 보내셨으며, 그를 믿는 자들은 예수 이름을 붙들 때마다 회개의 자리로 나아갈 수 있습니다.

여정을 향한 권면적 선포(결단)

우리의 모든 고집을 꺾고 예수님의 이름으로 회개합시다! 그리고 예수님의 순종을 기억하며 우리 또한 하나님께 순종하도록 나의 얼굴이 하나님께로 향하도록 세상에 등을 지며 예수님을 믿는 자로서의 소신을 가지며 지켜내고 살아갑시다!

"넘쳐나리라
모든 것이 넘쳐나리라"

사전적 의미

[넘치다] 가득 차서 밖으로 흘러나오거나 밀려나다./일정한 정도를 훨씬 넘다.
[모든] 빠지거나 남는 것 없이 전부의.

성경 말씀 묵상

넘치게 하시는 하나님, **고린도후서 9:8**

우리의 필요를 넘치게 채워 주시는 은혜를 믿고 받은 것을 나누어줄 때, 모든 것이 더욱 풍성해집니다!

우리를 향한 하나님의 사랑의 구체적인 증거는 바로 예수 그리스도이십니다. 하나님께서는 세상을 사랑하사 독생자를 주셨으며, 믿는 자마다 멸망하지 않고 영생을 얻게 하는(요 3:16) 은혜와 사랑을 보이셨습니다. 우리를 향한 하나님의 은혜는 그분의 뜻입니다. 그분이 베푸신 주권적인 은혜에 대해 어떤 누구도 의문을 제기할 권리가 없습니다. 온 세상이 하나님의 것이고, 나 또한 하나님의 것입니다. 그러므로 은혜를 주시는 것 또한 하나님의 뜻이며, 은혜를 넘치도록 하시는 것 또한 그분의 선하신 뜻입니다. 우리에게 은혜를 넘치도록 부어 주시는 전능하신 하나님께 모든 것을 내어 드릴 수 있기를 바랍니다.

타인과 나를 견주어 볼 때, 돋보이는 것은 잘난 점보다는 도리어 나의 부족함이 더 선명히 드러납니다. 한 번 비교하기 시작하면 끝없이 경쟁의식을 갖게 되고, 내 안의 채워지지 않는 결핍과 모자람에 집중하게 됩니다. 그러면 삶에 부정적인 영향이 미쳐 마음의 여유가 사라지고, 남을 돌아보지 못하게 됩니다. 마음의 여유가 있는 사람이 주위를 둘러볼 수 있습니다. 그리스도인은 부족함에 초점을 두는 것이 아니라, 그 부족함을 채우시는 하나님의 은혜에 집중하며 마음에 넉넉함, 즉 여유가 있기를 바랍니다. 하나님의 은혜는 모든 것을 채우십니다. 물질적인 환경뿐만 아니라 마음까지도 넉넉하게 하십니다. 그리하여 하나님의 은혜로 넉넉해질 때, 우리 삶은 변하게 됩니다. 모든 착한 일을 넘치게 행하며 주위를 살피는 선한 그리스도인으로 살아가는 삶, 이것이 바로 하나님의 은혜의 결과입니다.

사람은 선한 행위만으로는 결코 의롭다 함을 받을 수 없습니다. 모든 사람은 죄를 범했기 때문에, 하나님 앞에서 의로운 사람은 단 한 명도 없으며, 스스로 의로워질 수도 없습니다. 그러나 우리가 치러야 할 죄의 값은 본래 죄 없으신 예수 그리스도의 십자가의 죽음으로 모든 죄를 치르셨습니다. 이제 사람은 율법과 행위를 통해 선함을 이루는 것이 아니라, 우리를 위해 죽기까지 순종하신 예수 그리스도를 믿음으로 의롭다 함을 받을 수 있습니다(롬 4:22-28, 5:1). 이것이 하나님의 전적인 은혜임을 믿습니다. 그러므로 이 은혜를 믿는 모든 자는 그리스도 예수 안에서 새로운 피조물입니다(고후 5:17). 따라서 우리가 선한 일을 행하는 것은 의로워지기 위함이 아니라, 예수 그리스도 안에서 새롭게 된 삶의 결과입니다. 다시 말하면, 구원받은 사람이 맺게 되는 열매 맺는 삶인 것입니다. 열매 맺는 삶을 살아갈 수 있기를 바랍니다.

하나님의 은혜를 받은 그리스도인은 그 은혜를 넘치도록 나누어야 합니다.

구원의 은혜와 복음을 나누는 것뿐만 아니라, 삶에서 필요로 하는 물질적인 것도 기꺼이 하나님의 뜻대로 나누어줄 수 있기를 바랍니다. 하나님의 것은 하나님의 뜻대로 사용해야 합니다. 그분의 뜻을 순종하기 위해 우리에게 허락하신 은혜임을 믿읍시다. 본래 내 것이 아님을 깨닫고 나누어줄 때, 하나님께서 모든 은혜를 능히 넘치게 부어주셔서 더욱 풍성한 삶을 살아가도록 공급해 주실 것입니다(눅 6:38).

오늘 하루, 주는 것이 받는 것보다 복이 있음을(행 20:35) 깨닫고, 나에게 주신 하나님의 은혜 가운데서 주위를 둘러볼 수 있는 마음의 넉넉함과 여유가 있기를 소망합니다. 하나님의 뜻대로 행하는 자를 결코 내버려두지 않으시며, 남에게 나누어줘도 부족하지 않도록 가득 채워 주시는 능력의 하나님을 믿고 의심하지 않기를 바랍니다. 하나님의 은혜가 충만한 사람은 그 은혜가 다른 이들에게도 흘러갈 수밖에 없습니다. 가득 채우시는 하나님을 믿으며, 그분의 선하신 계획을 신뢰할 수 있기를 바랍니다.

여정을 향한 권면적 선포(결단)

그리스도 예수 안에서 새롭게 거듭남의 은혜를 받은 자로서, 은혜받은 자의 모습이 드러나도록 받은 은혜를 아까워하지 않고 나누며 더 나아가서 채워주신 모든 필요를 다시금 하나님께 온전히 드리는 풍성한 그리스도인이 됩시다!

"깊이 있게 들어가라 깨달아라"

사전적 의미

[깊이] 위에서 밑바닥까지, 또는 겉에서 속까지의 거리.

[들어가다] 밖에서 안으로 향하여 가다./새로운 상태나 시기가 시작되다.

[깨닫다] 이해하여 참뜻을 환하게 알게 되다./모르고 있다가 알게 되다.

성경 말씀 묵상

말씀을 깨닫기 위한 준비, **마태복음 13장**

말씀을 듣고 깨달아 믿고 행동하는 열매 맺는 삶을 살아갑시다!

농부가 씨를 뿌리는 이유는 결실을 맺기 위함입니다. 결실을 맺을 생각이 없다면 씨를 뿌리는 수고를 하지 않을 것입니다. 또한, 농부의 목적은 가능한 많은 씨를 뿌려 좋은 땅에 뿌리 내리게 하고 결실을 맺게 하는 것입니다. 그러나 때로는 약간의 씨가 바람에 날려 다른 곳에 내려앉을 수도 있습니다. 이미 뿌려진 씨는 거둘 수 없습니다. 그러므로 씨를 뿌린 농부나 씨 자체에게 결실을 맺지 못한 것에 대한 책임을 묻기는 어렵습니다. 결국 결실을 맺기 위해 가장 중요한 역할은 씨가 떨어진 땅에 달려 있습니다.

이처럼 복음도, 말씀도 마찬가지입니다. 모든 자에게 한결같이 동일한 마음으로 받아들여지지 않습니다. 복음을 듣고 믿고 깨닫는 것은 마음의 상태에 따라 각기 다른 결과가 나타납니다. 듣지 않고 거부하며 방치하는 자가 있고, 단순히 이해만 하고 인내가 없는 자가 있으며, 외적인 문제로 인해 결실을 맺지 못하는 자도 있습니다. 그러나 내적·외적으로 씨를 받아들일 준비가 된 자는 깊이 뿌리를 내리고 공급을 받으며 백 배, 육십 배, 삼십 배의 결실을 맺게 됩니다. 같은 씨라 하더라도 이렇게 다른 결과가 나타나는 이유는, 각자의 준비된 상태가 다르기 때문입니다. 그러므로 복음, 하나님의 말씀이 내 삶에 어떻게 뿌리내렸는지, 나는 어떤 땅인지를 되돌아보아야 합니다.

예수님은 천국의 비밀을 계속해서 말씀하셨습니다. 그러나 보아도 보지 못하고 들어도 듣지 못하며 깨닫지 못하는 이들을 위해 함께 말씀하셨습니다. 그러므로 말씀을 듣고 진심으로 깨닫기를 간구하며 찾는 자들에게는 분명히 귀가 열리는 복이 있습니다. 귀가 열린 자들은 말씀을 깨닫고 삶 가운데서 변화가 일어나 결실을 맺게 됩니다. 하나님의 말씀을 제대로 들을 수 있는 분별력과 순종하려는 마음이 준비된 자에게, 예수님은 천국의 비밀을 깨닫게 하시고 복음을 이해하게 하시며 백 배, 육십 배, 삼십 배의 결실을 맺게 하십니다. 그러므로 하나님의 말씀은 단순히 소리를 듣는 것이 아니라, 깊이 영적으로 깨달아야 합니다. 우리의 귀로는 많은 소리를 늘을 수 있지만, 듣고 믿고 순종하며 삶의 목적이 되어야 하는 소리는 오직 예수 그리스도의 말씀, 더 나아가 천국 소망의 말씀입니다.

오늘 하루, 나는 어떤 땅인지를 되돌아보기를 바랍니다. 말씀을 깨닫고 순종하며, 삶 속에서 성령의 역사로 결실을 맺는 삶을 소망하기를 바랍니다. 말씀을 단순히 표면적으로 이해하는 것으로는 진정한 변화가 일어나지 않습니다. 그러나 말씀을 깊이 듣고 새기며 믿고 순종할 때, 삶의 변화가 일어날 뿐만 아니라 하늘 소망을 품게 되고, 나 또한 복음의 씨를 뿌리는 자가 될 것입니다. 예수님께서는 믿지 않는 자들에게는 결코 능력을 행하지도, 이적을 베푸시지도 않으심을 깨닫기를 바랍니다(마 13:58).

여정을 향한 권면적 선포(결단)

깊이 있게 씨가 내려앉을 수 있도록 준비된 땅이 되어 결실을 맺기를 소망합시다. 귀가 열려서 들을 수 있는 믿음의 복을 간구합시다!

"평안히 가라"

사전적 의미

[평안] 걱정이나 탈이 없음./무사히 잘 있음.

[가다] 한곳에서 다른 곳으로 장소를 이동하다./지금 있는 곳에서 어떠한 목적을 가지고 다른 곳으로 옮기다.

성경 말씀 묵상

예수님이 함께하는 삶, **마태복음 11:25-30**

모든 짐을 내려놓고 오직 예수 안에서 평안하십시오!

오산리 기도원에서 3일 금식 기도가 끝난 다음 날 새벽, 주님께서 하신 말씀이 "평안히 가라."라는 위로였습니다. 오산리 기도원에서 기도하며 시간을 보낸 것은 미리 계획한 일정이 아니었습니다. 여러 상황과 마음이 기도 동산으로 이끌었고, 그 마음을 거스르지 않고 순종하며 행동하였습니다. 그리고 삶의 중심과 우선순위를 잠시 내려놓고, '주님과 나뿐이다.'라는 결단으로 3일 금식 기도를 시작했습니다.

오랜만에 혼자 기도원에 와서 기도하는 시간이 겉으로는 나의 선택처럼 보였지만, 결국 기도의 자리로 인도하시고 세워 주신 분은 하나님이심을 깨닫게 되었습니다. 그 시간 가운데 가장 크게 깨달은 것은, 하나님의 사명을 감당하기 위해서는 많은 것을 내려놓아야 하는데, 그중 가장 먼저 내려놓아야 할 것은 '나 자신'이라는 사실이었습니다. 하나님의 일은 내가 하는 것이 아니라 살아계신 하나님께서 하시는 일이므로, 혼자 힘으로는 결코 감당할 수 없습니다. 주님이 함께하셔야만 능히 이 일을 해낼 수 있음을 깨달았고, 기도 동산에서 내려와 일상으로 돌아오기 전에 "평안히 가라."는 주님의 말씀을 듣고 다시 한번 결단하며 주님과 함께하는 일상을 기대하며 내려왔습니다.

이처럼, 우리가 예수님을 믿고 죄에서 구원받은 성도로 살아가도 여전히 짊어지고 있는 짐이 많습니다. 나 자신이 될 수도 있고, 죄책감, 미래에 대한 두려움과 염려 등으로 인해 죄에서의 자유함을 얻은 기쁨을 온전히 누리지 못할 수도 있습니다. 그렇다면 오늘의 말씀을 붙들고, 어린아이와 같이 솔직하고 지혜가 부족해도 주님을 찾는 자가 되기를 바랍니다. 세상의 지식과 자기 명예, 신앙적 자부심이 중심이 되는 미련한 지혜를 회개합시다. 미숙하고 부족하지만, 마음을 활짝 여는 어린아이와 같은 자에게 하나님께서는 하나님 됨을 나타내십니다(마 11:25). 그들이 예수님께 나아올 때, 무거운 짐을 내려놓으며 '쉼'을 얻고, 더 나아가 예수님과 함께 멍에를 메는 주 안에서의 짐을 기쁨으로 감당하게 될 것입니다.

하나님의 말씀을 반드시 순종해야 합니다. 그러나 인간 스스로를 결코 완전하게 지켜낼 수 없습니다. 혼자의 힘을 믿고 말씀대로 살기 위해 애쓰면 지칠 수밖에 없고, 결국 율법의 노예가 되기 쉽습니다. 더 나아가 신앙적 행위에만 집중하게 되어 무엇이 중심이 되어야 하는지를 놓치게 됩니다. 그러나 예수님께서 말씀하십니다.

"… 나의 멍에를 메고 내게 배우라 그리하면 너희 마음이 쉼을 얻으리니 (마 11:29)."

멍에는 소나 짐승에게 무거운 짐을 지게 하도록 목에 씌우는 도구입니다. 당시 시대에는 멍에를 혼자 메는 것이 아니라, 항상 두 짐승이 함께 메었습니다. 다시 말하면, 예수님께서는 우리가 짊어지고 가야 하는 무거운 짐을 함께 지어 주시기 때문에, 주님과 함께하는 삶은 무겁지 않고 오히려 가벼운 짐이 됩니다. 하나님의 말씀을 듣고 지키며 순종하는 삶은 스스로 해내는 것이 아니라, 예수님과 함께하는 삶입니다. 그 누구도 하나님의 말씀을 완전하게 모두 지킬 수 없습니다. 그렇기 때문에 예수님께서는 하나님의 뜻을 이루기 위해 오셨습니다(마 5:17). 율법은 하나님의 뜻을 보여 주고 죄가 무엇인지 드러내지만, 스스로 노력하여 억제할 뿐입니다. 그러나 율법을 완성하신 예수님은 죄에서의 자유함을 주시고, 성령을 통해 사랑으로 행하도록 이루셨습니다. 그러므로 우리는 혼자서 율법의 무거운 짐 아래 살지 않고, 예수 그리스도와 함께하며, 그 이름의 힘으로 멍에를 메고 참된 자유의 기쁨을 누려야 합니다.

하지만 잊지 말아야 할 것은, 주님과 함께함으로 삶이 쉬워지는 것이지, 세상에서 살아가는 삶이 쉬워지는 것은 아닙니다. 세상 가운데서 우리는 여전히 멍에를 져야 합니다. 다만 주님이 함께 메어 주신다는 것이, 그리스도 예수 안에서의 '쉼'이며, 순종하는 삶 가운데서 느끼는 평안입니다.

오늘 하루, 하나님의 말씀에 순종하지 못했던 나날들을 무릎 꿇고 예수 이름으로 회개합시다. 더 나아가, 하나님의 말씀을 나의 지혜와 힘으로 지켜내려고 했던 모습을 회개합시다. 그리고 예수 안에서 참된 자유를 얻고, 기쁨으로 순종하며 주님과 함께하는 새로운 시작이 되는 오늘이 되기를 바랍니다. 우리는 여전히 멍에를 메며 끝까지 걸어가야 합니다. 그러므로 예수님과 함께하는 멍에를 제대로 매고, 성령의 도우심을 받으며 하나님의 뜻을 이루어 나가기를 바랍니다. 억지로가 아니라, 기쁨으로 나아갈 수 있기를 소망합니다.

여정을 향한 권면적 선포(결단)

예수님과 함께하는 일상이 곧 '쉼' 평안과 기쁨을 얻는 삶입니다. 그러므로 세상이 주는, 내가 선택한 멍에를 던지고 주님께로 나아가 주님의 멍에를 메세요. 어린아이와 같이 주님 앞에 먼저 나아가 주님의 멍에 아래서 살아갑시다!

"환경이 변해도
네 마음이 변치 않기를 바란다
다른 것에 목 숨 걸지 말고
말씀에 목숨 걸어라"

사전적 의미

[환경] 생물에게 직접·간접으로 영향을 주는 자연적 조건이나 사회적 상황./생활
하는 주위의 상태.

[변하다] 사람의 속성이나 사물의 상태 따위가 이전과 다르게 되다.

[목숨] 사람이나 동물이 숨을 쉬며 살아 있는 힘.

[목숨 걸다] 무엇을 꼭 이루기 위하여 죽음을 각오하다.

성경 말씀 묵상

말씀의 능력, **여호수아 1:1-9**

환경이 변해도 변치 않을 수 있는 것이 말씀의 능력입니다. 그러므로 말씀
이 중심이 됩시다!

저는 자기 주관이 확실한 사람임에도, 살아가는 환경과 거주지가 변하면
마음이 갈등되는 순간을 여러 번 경험하였습니다. 예수님을 믿는 믿음은
여전하다고 믿으면서도, 일상에서의 중심은 예수님이 아니라 세상의 화려
함과 명예에 시선이 가고, 예수님께 등을 지는 행동을 하려 할 때가 있었습

니다. 그만큼 보이는 물질적 환경이 많아질수록 마음과 시선도 그 환경을 향하게 되었습니다. 하나님은 저를 너무 잘 아시기에, 거주지를 잠시 옮기기로 결정한 날, 55일 차 새벽 기도 후에 이렇게 말씀하십니다.

"환경이 변해도 네 마음이 변치 않기를 바란다. 다른 것에 목숨 걸지 말고 말씀에 목숨 걸어라."

시대와 상황, 세상의 외부적 요소들은 끊임없이 변화합니다. 그러나 하나님의 말씀은 영원합니다(사 40:8). 그러므로 믿는 자의 마음이 변치 않기 위해 기억해야 할 것은, 마음의 중심이 변화되는 세상이나 환경이 되어서는 안 되고, 오직 말씀이 중심이 되어야 한다는 것입니다. 하나님의 말씀은 절대 흔들리지 않으므로, 믿는 자가 흔들리지 않도록 기준이 되어 주며, 그리스도인의 관점으로 살아갈 수 있도록 인도하는 지침서와 같은 역할을 합니다. 삶의 기준을 말씀에 두고, 돈과 명예, 사람에 의존하지 말고, 오직 말씀에 목숨 걸기를 바랍니다. 하나님의 말씀이 우리의 삶의 가장 기본이 되는 부분이어야 합니다.

하나님께서는 여호수아를 이스라엘 백성의 지도자로 세우시면서 용기를 주시면서 분명히 말씀하십니다.

"이 율법책을 네 입에서 떠나지 말게 하며 주야로 그것을 묵상하여 그 안에 기록된 대로 다 지켜 행하라 그리하면 네 길이 평탄하게 될 것이며 네가 형통하리라…. 네 하나님 여호와가 너와 함께 하느니라 하시니라(수 1:8-9)."

여호수아 앞에 놓인 사명들은 결코 쉽지 않았습니다. 그 일을 감당하기 위해서는 강하고 담대해야 하며, 더 나아가 하나님의 말씀에 순종하며 밤낮으로 말씀을 묵상해야 했습니다. 왜일까요? 하나님이 세운 사람은 하나님께서 일하시기 위해 세운 것입니다. 그러므로 하나님의 일을 감당하기 위해서는 하나님의 말씀에 순종하고, 그 말씀을 끊임없이 묵상하며 연구하고, 뜻하심을 날마다 간구하는 것이 지혜입니다. 하나님의 뜻을 아는 자는 결코 다른 길로 새지 않습니다. 그분의 뜻을 깨닫고 믿는 자는 어떤 환경이 닥쳐와도 흔들리지 않으며, 강하고 담대하게 환경을 뛰어넘게 됩니다. 이것이 사명을 감당하기 위한 믿는 자의 기본입니다.

모세 다음 지도자로 선택받은 여호수아에게는 현재 서 있는 자리에 대한 부담감이 이루 말할 수 없었을 것입니다. 그 부담감을 안고 백성을 이끌고 새로운 땅으로 들어가 정복하는, 한 치 앞도 알 수 없는 모험을 앞두고 있었습니다. 그러나 하나님이 함께하신다면, 문제 해결과 정답을 알고 시작하는, 성공할 수밖에 없는 도전을 하게 됩니다. 하나님은 우리를 절대 떠나지도 버리지도 않으시며, 약속하신 말씀을 반드시 이루시는 분이십니다. 하나님께서 인도하신다면, 인생의 수많은 도전에서도 성공하며, 어떠한 공격에도 우로나 좌로나 치우치지 않고 강하고 담대하게 나아갈 것입니다.

하지만 그 전에, 여호수아와 이스라엘 백성들이 반드시 지켜야 하는 것이 있었습니다. 그것은 바로 하나님이 직접 명령하신 율법을 다 지켜 행하는 것입니다. 즉, 율법이 입에서 떠나지 않고 밤낮으로 묵상하며 기록된 모든 말씀을 다 지켜 행하는 순종의 자세를 요구하신 것입니다. 이것은 부탁이 아니라 명령이었습니다. 모든 순간 하나님의 말씀을 믿고 말씀대로 행동하는 것이 문제 해결의 정답이기 때문입니다. 또한 앞으로 닥칠 모든 상황 속에서도 우로나 좌로나 치우치지 않고 다시 뒤돌아가지 않도록 마음을 강하고 담대하게 하는 것이 하나님의 말씀입니다. 말씀은 방향을 바로 잡아 주고 올바른 판단을 하게 하며, 현재의 두려움과 불안을 확신과 평안으로 변화시키며, 생명력을 주기 때문입니다(히 4:12). 그러므로 말씀을 잊지 않도록 항상 외우고 떠나서는 안 됩니다. 말씀의 능력으로 흔들리는 신앙에서 벗어나고, 세상에 다시는 끌려다니지 않기를 바랍니다.

오늘 하루, 반복해서 생각하며 기억하시기 바랍니다. 율법을 붙들라는 하나님의 명령은 곧, 말씀이신 예수님을 붙들어야만 우리와 영원히 함께하신다는 명령임을 믿습니다(마 28:20, 요 1:1). 말씀은 곧 하나님이십니다. 예수 그리스도는 살아계신 하나님의 아들이시며, 오직 그분만이 죄에서 해방되게 하시고, 하나님의 자녀로서 강하고 담대하게 세상을 이기도록 권세를 주시며, 우리를 새 땅, 약속의 땅으로 인도하는 길과 진리요 생명이 되시는 분이십니다. 그러므로 어떤 환경 속에서도 예수 그리스도의 능력을 놓지 말고, 잊지 않고 꼭 붙들고 있기를 바랍니다.

여정을 향한 권면적 선포(결단)

우리가 목숨을 걸면서 지켜야 할 것은 말씀이신 예수 그리스도를 믿는 것입니다. 밤낮없이 살아 숨 쉬는 모든 순간에 예수님이 중심이 되는, 말씀이 중심이 되는 삶을 살아갑시다!

"무엇이든지 섣불리 결정하지 말고 생각해라"

사전적 의미

[섣불리] 솜씨가 설고 어설프게.

[결정하다] 행동이나 태도를 분명하게 정하다.

성경 말씀 묵상

조급해하지 않는 믿음의 삶, **잠언 19:2-3**

조급해하지 말고 분별하며 하나님의 뜻을 기다리며 행동합시다!

우리는 종종 미래에 대한 준비와 선택을 할 때 섣불리 결정을 내리곤 합니다. 철저히 준비되지 않고 생각 없이 가볍게 내린 결정이 바로 이러한 섣부른 행동입니다. 또한 이때는 나의 가장 부족하고 연약한 본성이 드러납니다. 신중하지 못하고 경솔하게 행동한 결과는 대부분 부정적인 영향을 미치며, 다시는 섣불리 행동하지 않겠다는 다짐을 하게 합니다. 그러나 또 같은 상황을 마주하게 되면, 이전의 실수를 기억하지 못한 채 조급한 마음으로 선택하게 됩니다. 그러면 다시 반복되는 상황을 경험하면서, 나의 잘못된 행동을 뉘우치고 회개하기보다는 오히려 이런 상황을 허락하신 하나님을 원망하고 불평하게 됩니다. 하나님의 뜻을 묻기도 전에, 본인 스스로 생각하고 판단하여 결정하는 것은 미련한 행동입니다. 그 끝은 잘못에 대한 책임을 자신이 아닌 하나님께 돌리며 회피하고 원망하는 것입니다. 미련한 자가 되지 않기를 바랍니다. 저 또한 미련한 자였음을 고백하며 무릎 꿇고 회개하며 나아갑니다. 다시는 하나님을 원망하지 않겠습니다.

우리는 미래에 대한 계획을 세울 때, 모든 것이 이루어질 것이라는 전제 하에 큰 소망을 품고 준비합니다. 그러나 경험을 통해 압니다. 계획대로 모든 것을 이루기 위해서는 많은 고통과 처절한 시간을 피할 수 없다는 것을요. 이러한 시간을 피하고 싶고 단축하고 싶으며, 계획한 대로 빠르게 이루고 싶다는 마음이 들 때, 우리는 조급한 결정을 내리게 됩니다. 그 조급함은 질서를 거스르는 행동이 아닐까요? 극단적으로 말하자면, 하늘 소망을 품고 천국에 빨리 가고 싶어 스스로의 목숨을 끊는 것과 같은 행동이 될 수도 있습니다. 우리가 하늘 소망을 품고 천국에 갈 수 있는 것은 인간의 열심과 빠른 성공 때문이 아닙니다. 그리스도를 죽은 자 가운데서 부활하게 하심으로 우리를 거듭나게 하시고, 산 소망을 품게 하신 것입니다(벧전 1:3). 모든 사람은 죄를 범하여 하나님의 영광에 이르지 못했지만(롬 3:23), 그리스도께서 우리의 죄를 대신 지심으로 예수님을 믿는 자는 죄 사함을 받고, 예수님으로 말미암아 아버지께로 갈 수 있는 유일한 길이 열렸습니다(요 14:6). 그러므로 하늘 소망은 오직 예수님으로부터 오며, 예수님 안에서만 열린 것입니다. 따라서 그리스도인에게 중요한 것은 어떻게 어디로 가는가 입니다. 다시 말하면, 속도보다는 방향이 중요합니다.

조급한 마음에 섣불리 결정하는 것은 늘 위험을 동반합니다. 왜냐하면 하나님의 뜻을 놓치고, 세상에서 살아가고 있는 분별력이 없는 내 뜻대로 행동했기 때문입니다. 하나님께 기도로 간구하지 않고 내린 선택은 겉보기에는 옳은 선택처럼 보이고, 계획대로 이루어지고 있는 것 같지만, 결국 죄로 물들인 삶이 될 것입니다. 발이 급한 사람은 잘못 갈 수밖에 없다는 말씀처럼, 무엇인가를 이루거나 결정해야 하는 상황에서 서두르지 말고, 먼저 멈춰 기도하시기를 바랍니다. 무엇을, 어떻게, 어디로 향해 해야 하는지 분별하는 시간을 갖기를 바랍니다. 하나님의 뜻을 간구하며 기다리는 시간은 결코 지체나 지연이 아닙니다. 그 시간마저도 계획을 이루기 위한 준비의 시간입니다. 내 시간과 세상의 시간을 따르지 말고, 하나님이 계획하신 시간을 따라가시기를 바랍니다. 우리를 구원하시기 위해 예수님을 이 땅에 보내시고, 계획하신 모든 말씀을 세세하게 지키시고 이루신 하나님의 완전하심을 믿을 수 있기를 바랍니다. 하나님의 질서 안에서 살아가시기를 바랍니다.

오늘 하루, 조급함보다는 먼저 하나님의 뜻을 간구하며 신중하게 생각하고, 말씀으로 분별하며 행동하는 준비의 시간을 보낼 수 있기를 바랍니다. 하나님의 뜻대로 열심히 행할 때, 반드시 선한 결과를 경험하게 될 것입니다.

여정을 향한 권면적 선포(결단)

서두르지 말고 멈추어서 기도하며 섣불리 결정해서 하나님의 뜻을 놓치지 맙시다. 하나님의 뜻은 가장 선하신 계획이며 축복의 길임을 깨달읍시다!

"내 이름을 불러라"

사전적 의미

[부르다] 말이나 행동 따위로 다른 사람의 주의를 끌거나 오라고 하다./이름이나 명단을 소리 내어 읽으며 대상을 확인하다.

성경 말씀 묵상

주의 이름을 부르는 삶, **시편 50:15**

환난 날에 우리를 구원할 자는 하나님 한 분 뿐이며 온 맘 다해 그분의 이름만을 부릅시다!

"누구든지 주의 이름을 부르는 자는 구원을 받으리라(롬 10:13)."

제한 없이 모든 사람이 대상이 되는 말씀입니다. 주의 이름을 부르면 구원을 받습니다. 이름을 부르는 것은 단순히 입술로 소리를 내라는 의미가 아닙니다.

"네가 만일 네 입으로 예수를 주로 시인하며 또 하나님께서 그를 죽은 자 가운데서 살리신 것을 네 마음에 믿으면 구원을 받으리라, 사람이 마음으로 믿어 의에 이르고 입으로 시인하여 구원에 이르느니라(롬 10:9-10)."

예수님을 구주로 영접하며, 예수를 믿는 믿음으로 입술을 열고 부르는 것이 바로 주의 이름을 부르는 자입니다. 예수님은 차별 없이 모든 사람의 주가 되시며, 그 주를 부르는 모든 사람에게 구원의 은혜를 허락하십니다. 따라서 사람은 오직 예수 그리스도를 믿는 믿음을 통해서만 죄에서 구원을 받을 수 있습니다. 예수 그리스도를 삶의 주인으로 인정하며 구원받은 자녀로서 그분만을 의지하고 믿는다면, 환난 날에 반드시 주님의 이름을 부르게 될 것입니다. 더 나아가, 환난 날 뿐 아니라 언제 어디서나 주의 이름을 부르는 삶의 예배자로 살아가게 될 것입니다. 하나님의 이름을 부르는 자체가, 하나님이 살아계심과 그분의 전능하심을 전적으로 믿는 믿음에서 나오는 신앙 고백입니다.

우리는 언제나 어디서나 하나님께 예배를 드릴 수 있는 축복을 받았습니다. 이것이 하나님의 자녀 된 권세이며, 예수님께서 희생하신 사랑의 결과입니다. 그러나 때때로 예배의 소중함을 잊을 때가 있습니다. 몸은 교회에 나가 예배를 드리지만, 마음과 생각은 세상적인 것들로 가득 차 있는 경우가 있습니다. 하나님의 이름을 부르고 그리스도의 말씀을 듣는 그 시간이 단순한 습관적인 행위가 되지 않기를 바랍니다. 예배를 드리는 환경에 적응하고 익숙해져 일상 속 한 부분이 되는 것이 아니라, 순종하는 마음과 구원의 은혜에 감사하며 하나님과의 교제를 갈망하는 믿음으로 예배드리는 참된 예배자가 되기를 바랍니다. 이러한 예배자는 하나님을 영화롭게 하며, 온전히 하나님께 영광 돌리는 삶을 살아갑니다.

하나님을 따른다고 하면서도 마음속에 악과 세상의 쾌락을 향한 욕심이 가득하다면, 그것은 죄를 따르는 삶입니다. 입술로 예수님을 외친다 하더라도, 삶 속에서 드러나는 행동이 예수님을 알지 못하는 사람과 같다면, 하나님께서 그것을 다 아심을 기억해야 합니다. 그러므로 중요한 것은 예수님의 이름을 부르는 행위가 아니라, 예수님 안에서 그분의 이름을 부르는 믿음입니다. 사람은 가장 다급하고 필요한 순간에 도움을 요청할 때, 자신이 가장 중요하게 생각하고 자신을 위기에서 구할 수 있는 존재를 떠올리게 됩니다. 그것이 가족이 될 수도, 물질이 될 수도 있습니다. 그러나 그리스도인에게는 단 한 분뿐입니다. 바로 예수 그리스도입니다.

습관적인 외침이 아니라, 마음 속에서 믿음으로 고백하는 소리가 나오기를 바랍니다. 오직 주 예수 그리스도의 이름만을 부르는 삶의 예배자가 되시기를 바랍니다.

오늘 하루, 기쁠 때나 슬플 때나 주의 이름을 부르는 자가 될 수 있기를 바랍니다. 주님의 이름을 부르는 것은 결코 부끄러운 일이 아닙니다. 오히려 하나님을 영화롭게 하는 행위입니다. 우리의 인생의 목표는 나를 위함이 아니라 하나님의 영광을 위함입니다. 이 목표를 이루기 위해서는, 우리를 구원하신 예수 그리스도의 이름이 많은 사람에게 들릴 수 있도록 외치는 삶이 필요합니다.

여정을 향한 권면적 선포(결단)

주의 이름을 부르는 것은 단순한 외침이 아니라 우리의 사명이며 축복입니다. 하나님의 자녀임을 잊지 않고 자녀된 권세로 말미암아 끊임없이 주의 이름만을 부릅시다! 세상의 어떤 것도 대체 될 수 없는 예수 그리스도의 이름을 부르는 예배자의 삶을 살아갑시다!

"요동치 말고 고요하라"

사전적 의미

[요동치다] 심하게 흔들리거나 움직이다./바람이나 불길, 눈보라 따위의 자연 현상이 몹시 세차게 일어나다.

성경 말씀 묵상

하나님께서 하나님 되심을 믿는 자, **시편 46편**

혼란과 두려움이 가득한 환경 속에서도 평안함을 유지할 수 있는 것은 이미 여전히 일하고 계시는 하나님을 믿기 때문입니다!

우리의 미래를 예측할 수는 없지만, 확실한 것은 세상의 마지막 날이 있다는 것입니다. 그날과 그때는 아무도 모릅니다. 오직 아버지만 아시는(마 24:36) 그날을 두려움이 아니라 소망을 품으며 준비하기를 바랍니다. 주님이 다시 오시는 그날은 우리의 끝이 아니라 새로운 시작임을 믿습니다. 그러므로 예수님을 믿는 하나님의 백성들은 주님이 다시 오실 날을 두려워하는 것이 아니라, 매일을 예수님을 맞이하는 소망의 마음으로 살아가야 합니다.

죄의 삯은 사망입니다(롬 6:23). 그러나 세상을 사랑하사 독생자 예수를 이 땅에 보내시고, 인류의 죄를 대신 지시고 3일 만에 부활하시어 사망의 권세에서 승리하셨습니다. 그러므로 죄의 대가를 대신 치러주신 예수님을 믿는 자는 예수님께 빚진 자입니다. 반면, 예수님을 믿지 않는 자는 죄의 값을 치르지 못한, 구원받지 못한 사람으로서 심판과 영원한 형벌을 피할 수 없습니다. 그래서 주님이 다시 오시는 날까지, 믿지 않는 자들에게 복음을 전파해야 하는 것입니다. 하나님께서는 한 명이라도 더 그 품 안에 돌아오기를 기다리십니다. 또한 그 품 안에 들어간 성도들은 혼란이 가득한 환경 속에서도 믿음이 흔들리지 않기를 바랍니다. 대혼란 속에서도 하나님은 피난처 되시며, 우리를 구원하시고 만물의 주로서 일하시며 통치하심을 믿기를 바랍니다.

주님이 다시 오시는 날이 언제인지 알면 좋겠지만, 그 누구도 알 수 없습니다. 그러므로 그날까지 우리는 깨어 있으며 주님 안에서 벗어나지 않아야 합니다. 그러나 그날이 오기 전까지 세상은 흔들릴 것입니다. 교회와 성도의 믿음을 요동케 하고 분별치 못하게 하는 거짓 그리스도들과 거짓 선지자들이 나타나 미혹할 것이며, 잦은 전쟁과 곳곳의 기근과 지진이 일어나고, 예수님의 이름 때문에 세상 모든 민족에게 미움을 받는 핍박과 분열이 찾아올 것입니다. 그러나 끝까지 견뎌야 합니다. 끝까지 예수님을 믿는 견고한 신앙과 영적 분별력, 그리고 오래 참는 인내가 필요합니다. 공의롭고 정의로우신 하나님께서 일하심을 믿고 맡기는 성숙한 그리스도인의 모습이 바로 이것입니다.

마찬가지로, 지금 이 순간 혼란이 가득한 환경에 놓여 있다면, 직접 그 문제를 해결하고 싸움에 끼어들기 전에 하나님의 일하심을 믿고 나의 노력을 멈추기를 바랍니다. 하나님은 하나님 되심을 드러내실 가장 좋은 때가 바로 지금 이 순간입니다. 우리가 노력하기 이전에도 이미 하나님께서는 일하고 계시며, 우리가 불안하고 무서워할 때도 여전히 일하고 계십니다. 하나님께서 하나님 됨을 나타내시는 그 순간이, 나에게 가장 필요한 도움의 때가 될 것입니다. 그러므로 우리의 힘으로 문제를 해결하려 하지 말고, 하나님의 일하심을 믿고 맡기시기를 바랍니다. 그것이 하나님께 영광을 돌리는 일이 되며, 복음을 전할 수 있는 기회가 됩니다. 먼저 일하고 계신 하나님을 믿고 요동치는 나의 마음을 내려놓을 수 있기를 바랍니다.

오늘 하루, 잠잠하고 경건하게 하나님의 일하심이 드러나는 그 순간을 기대하며 주님 안에서 평안하기를 바랍니다. 흔들리는 세상 속에서도 나의 마음이 요동칠 수 있지만, 나를 구원하신 예수님 안에서 고요함을 경험하기를 소망합니다. 요동치는 마음을 다스릴 수 있는 방법은 내 행위적 노력이 아니라, 예수 그리스도를 믿는 믿음 안에서 오는 고요함입니다. 평안은 환경에 따라 달라지는 것이 아니라, 예수님 때문에 어떤 환경에서도 유지되는 것입니다.

여정을 향한 권면적 선포(결단)

요동치는 순간이 찾아올 때, 믿음을 흔드는 환경과 거짓된 사람들이 미혹할 때 정신 똑바로 차려서 하나님의 품 안에서 벗어나지 않도록 하나님께서 하나님 되심을 나타내시기까지 때를 기다리며 끝까지 기도합시다!

"가라 내가
너와 함께하리라"

사전적 의미

[함께하다] 경험이나 생활 따위를 얼마 동안 더불어 하다./어떤 뜻이나 행동 또는 때 따위를 서로 동일하게 취하다.

성경 말씀 묵상

모세를 부르신 하나님, **출애굽기 3장,4:1-17**

사명을 주실 때는 반드시 하나님께서 함께하신다는 것입니다. 그러므로 불안해하지 않고 하나님 말씀에 순종하며 기꺼이 가십시오!

하나님의 부르심에는 그 누구도 왈가왈부할 수 없습니다. 부르시고 세우시며 일을 행하시는 것은 하나님의 주권이며, 하나님의 일이기 때문입니다. 하나님께서는 완벽한 사람을 찾으시는 것이 아니라, 순종하는 사람을 기뻐하십니다. 더 나아가, 자신의 연약함과 무지함을 깨닫는 겸손한 사람을 세우십니다. 하나님 앞에서는 나의 지식과 재능보다 겸손히 자신을 낮추는 자를 원하십니다. 겸손한 자는 스스로 높아지려 하지 않고 하나님을 높이며 영광 돌리기 때문입니다. 또한 가난하게도, 부하게도, 낮추기도 높이기도 하시는 하나님의 때를 묵묵히 기다립니다. 겸손한 자는 하나님의 일하심을 올바르게 바라보며, 내가 잘나서 사명을 감당하는 것이 아님을 깨닫습니다. 그러므로 사명자는 겸손해야 합니다.

모세는 처음부터 겸손한 자는 아니었습니다. 일련의 사건을 겪은 후(출 2장), 그는 애굽 왕자의 삶에서 미디안 목자로 살아가게 되었습니다. 모세는 사람들에게 보여지는 유명한 인물이 아니라, 사람들이 없는 광야 가운데서 양떼를 치는 무명의 사람으로 살아갔습니다. 이는 모세에게 사명을 주시기 위해 하나님께서 겸손하도록 준비시키신 계획임을 믿습니다. 하나님은 이미 그를 이스라엘 백성을 출애굽시킬 지도자로 세우고자 준비시키셨습니다. 모세 본인은 깨닫지 못했을지라도, 하나님께서는 사명자로 부르시기 전에 준비시키셨습니다. 이것 또한 하나님의 은혜입니다. 광야의 삶을 통해 하나님께 온전히 순종할 수 있는 사람으로 성장하게 하셨습니다. 그리고 마침내 하나님께서는 늘 모세와 함께했던 양 떼를 도구로 사용하시어 하나님의 산 호렙에 이르게 하셨으며(출 3:1), 불타는 떨기나무를 나타내어 하나님 앞으로 오도록 부르셨습니다. 드디어 모세는 하나님과 대화를 나누는 사람이 된 것입니다.

하나님께서 모세를 통해 출애굽의 사명을 말씀하신 후, "이제 가라."고 명령하셨습니다. 친절히 설명해 주셨지만, 모세는 맡겨주신 사명을 감당하기에는 자신의 부적합함과 약함을 주장하며 사명을 내려놓도록 간구했습니다(출 4:10). 그는 사명에 대한 두려움이 있었습니다. 애굽으로 돌아가는 것 자체가 두려웠고, 이스라엘 백성이 자신에게 어떻게 반응할지에 대한 걱정도 있었습니다. 그 상황은 미지의 세계였고, 확신이 없었기 때문에 사명을 주신 순간이 기쁘기보다 오히려 일상생활을 무너뜨리는 걱정으로 다가왔을 것입니다. 그러나 이는 모세가 아직 깨닫지 못했던 부분이 있었기 때문입니다.

사명은 하나님이 함께하시는 것입니다. 사명자로 부르신다는 것은, 하나님이 일하시고 도우시며 인도하실 것임을 약속하시는 것입니다. 모세는 자신이 말을 잘하지 못하고 입이 뻣뻣하며 혀가 둔한 것을 이유로 사명을 부담스럽게 여겼습니다. 그러나 사람의 입을 만드신 분이 하나님이십니다. 따라서 우리의 연약함은 하나님께서 반드시 도우시어 사명을 이루도록 하십니다. 하나님이 우리에게 무언가를 명령하실 때, 그것을 행할 수 있도록 도와주십니다. 하나님은 결코 혼자 일하라고 명령하시는 분이 아닙니다. 필요할 때 필요한 모든 것을 지원해 주십니다. 그러므로 나의 부족함 뒤에 숨지 마십시오. 그것은 하나님 앞에서 이유가 되지 않습니다. 사명자의 자리는 하나님이 함께하시는 자리입니다. 사명자로서 불안하고 두렵다면, 나는 지금 혼자 있다고 착각하고 있는 것입니다. 하나님이 함께하심을 깨닫는 믿음의 사람이 되기를 바랍니다. 하나님은 모든 준비가 되었을 때 비로소 말씀하십니다.

"이제 가라…. 내가 반드시 너와 함께 있으리라…(출 3:9-12)."

예수님께서 부활하시고 승천하시기 전에 제자들에게 명령하십니다. "…너희는 가서…너희와 항상 함께 있으리라(마 28:18-20)." 사명은 우리의 자격이 아닌, 하늘과 땅의 모든 권세가 있으신 예수 그리스도로 인해 가능한 하나님의 일입니다. 하나님이 모세와 함께하시어 사명자로 부르신 것처럼, 예수 그리스도로 말미암아 성령께서 우리와 항상 함께하시어 예수님께서 행하신 일을 우리 또한 행하고 전하며 감당할 수 있도록 허락하신 것입니다. 그러므로 복음을 전하는 하나님의 사람은 모두 부르심을 받은 자입니다. 하나님은 모세를 애굽으로 보내셨고, 예수님은 제자들과 우리를 세상으로 보내셨습니다. 따라서 사명자의 부르심이 분명히 있다면, 주저하지 말고 숨지 말며 두려워하지 마십시오. 세상과 사람들의 반응을 먼저 걱정하며 겁먹지 않기를 바랍니다. 나를 부르시고 보내시며 함께하시는 완전하고 변함없으시며 알파와 오메가요, 이제도 있고 전에도 있었고 창조와 통치를 하시는 전능하신 하나님을 믿으시기를 바랍니다(계 1:8).

오늘 하루, 양떼와 떨기나무를 통해 모세를 인도하시고 부르신 하나님의 말씀처럼, 나를 인도하시고 부르시고자 환경을 통해 말씀하시는 하나님께 온전히 집중할 수 있는 시간이 찾아오기를 바랍니다. 또한 그 부르심의 순간을 경험한 이후, 나는 혼자가 아님을 깨닫고 더 이상 외로워하지 않으며, 힘차게 한 발자국 앞으로 나아가는 하나님의 사람이 되기를 소망합니다.

여정을 향한 권면적 선포(결단)

하나님이 함께하시는 것이 능력이며, 담대함의 근거입니다. 그러므로 하나님께 보냄을 받은 자로서 기죽지 말고 당당하고 담대하게 하나님의 일을 기쁨으로 행하며 선포합시다!

"걱정하지 마라
네 길을 내가 인도하리라
너를 버리지 마"

사전적 의미

[길] 사람이나 동물 또는 자동차 따위가 지나갈 수 있게 땅 위에 낸 일정한 너비의 공간.

[인도] 이끌어 지도함./길이나 장소를 안내함.

[버리다] 가지거나 지니고 있을 필요가 없는 물건을 내던지거나 쏟거나 하다.

성경 말씀 묵상

영원토록 인도하시는 하나님, **시편 48편**

하나님이 인도하시는 삶 가운데서 나 자신을 버리지 마십시오!

하나님이 임재하시는 곳은 아름다우며, 하나님의 영향력과 능력이 나타나는 것에 제한을 둘 수 있는 곳은 없습니다. 온 세상 곳곳에서 창조주 하나님께서 운행하시며 능력을 행하실 수 있다는 사실을 기억하기 바랍니다. 세상을 창조하시고 세상의 모든 것을 통치하고 다스리시는 분을 믿는 성도 여러분, 하나님의 백성은 절대로 패배하지 않습니다. 세상의 어떤 권력으로도 하나님을 이길 수 있는 방법은 없습니다. 세상의 것들은 하나님 앞에서 무너지는 존재임을 잊지 마십시오. 온 세상의 주인이시며 위대하신 하나님만을 예배하는 성도가 되기를 바랍니다.

전쟁은 하나님께 속해 있습니다(삼상 17:47). 그러므로 끝없는 전쟁과 위기가 난무하는 삶 가운데서 우리를 인도하시고 보호하시며 발걸음을 지켜줄 권한은 하나님께 있습니다. 우리의 선한 행위로 인함이 아니라, 그분의 주권적인 은혜와 사랑으로 말미암아 죽을 때까지 인도하십니다(시 48:14). 하나님의 사랑에는 시간의 제한이 없으며 장소의 제한도 없습니다. 영원하신 하나님은 영원토록 우리를 인도하십니다. 그러나 우리는 연약함과 부족함 때문에 스스로 그 사랑에서 벗어나려 할 때가 있습니다.

"나 같은 사람은 하나님이 싫어하시겠지, 쓰지 않으시겠지, 나에게 아무 기대도 없으시겠지." 이런 마음으로 하나님과의 관계를 단정 짓고 포기할 때가 있습니다. 그러나 앞서 말했듯, 우리의 공로로 인한 것이 아님을 깨닫기 바랍니다. 하나님은 결코 하나님의 백성을 버리지 않으십니다. 하나님은 여전히 함께 계시며 인도하고 계십니다. 우리의 시작과 끝을 아시고 함께하시는 유일한 분이십니다. 하나님은 우리를 택하시고 지명하여 부르셨으며(사 43:1), 그 부르심에 이끌려 살아가고 있는 우리는 하나님의 것입니다. 다시 말하면, 내 존재의 주인은 온 세계 만물을 다스리시는 하나님이십니다.

따라서 위기의 상황이 찾아와 마음이 흔들릴 수는 있겠지만, 흔들리는 것은 내 믿음이지 하나님이 흔들리는 것이 아닙니다. 하나님이 우리를 외면하신 것이 아니라, 내가 하나님과의 관계를 끊어내려 하는 것입니다. 하나님이 우리를 버리신 것이 아니라, 우리가 스스로 하나님과의 관계를 포기하지 않기를 바랍니다. 성도의 삶은 좁고 험난하며 지치고 곤란할 수 있지만, 그 길은 결코 버려진 길이 아닙니다. 나의 종착지를 가장 잘 아시는 성령께서 임하시어 영원토록 함께하시며 인도하시고 보호하시고 도와주십니다. 그러므로 하나님의 인도 속에서 살아감을 날마다 감사하며 찬양함으로, 다음 세대와 온 세상 사람들이 이를 알 수 있기를 소망합니다.

오늘 하루, 우리를 죽을 때까지 인도하신다는 말씀이 예수님 안에서 완전하게 성취되었음을 깨닫기를 바랍니다(마 28:20, 요 10:27-28). 우리는 목자이신 예수님을 믿고 따르며 영원히 인도함을 받는 하나님의 백성임을 말씀을 통해 다시 한번 마음에 새기고, 나 자신을 버리는 어떤 행동도 하지 않기를 바랍니다.

여정을 향한 권면적 선포(결단)

하나님의 백성은 영원토록 인도함을 받는 삶입니다. 그러므로 나를 믿지 말고 하나님을 믿고 무엇이든지 포기하지 않는 믿음의 삶을 살아갑시다!

7. 수용의 무릎:
죄책감보다 큰 사랑을 받아들이는 여정

(61 – 70일 차)

내가 소유한 연약함을 인정하며 내려놓고,

주의 사랑과 말씀으로 채우며

하나님과의 관계를 회복하다.

"네가 가진 소유, 모든 것을 포기해야 한다"

사전적 의미

[소유] 가지고 있음 또는 그 물건./물건을 전면적·일반적으로 지배하는 일.

[포기] 하려던 일을 도중에 그만두어 버림./자기의 권리나 자격, 물건 따위를 내던져 버림.

성경 말씀 묵상

제자가 되는 삶, **누가복음 14:25-35**

포기하는 것이 곧 예수님을 따르는 삶의 시작입니다. 따라서 내 삶을 지배하는 모든 것을 버리십시오!

61일 차 새벽 기도 후에 "네가 가진 소유, 모든 것을 포기해야 한다."라고 성령께서 말씀하셨을 때, 받아들이기 어려운 말씀이었습니다. 왜냐하면 저는 가진 것이 없었기 때문입니다. 고정적인 사역을 하고 있지 않은 상태였기에 물질적으로 곤고했고, 명예도 없었으며, 믿음의 배우자를 만나지도 못했고, 유튜브 채널도 잘 진행되지 않았습니다. 사람들에게 나의 소유를 드러낼 수 있는 그 어떤 것도 없는, 보이는 것에서 자랑할 것이 하나도 없는 상태에서 말씀하시니 심히 당혹스러웠습니다. 그러나 주신 말씀을 놓고 다시 기도할 때, 큰 깨달음을 주셨습니다. 보이는 물질만이 나의 소유가 아니라, 내가 가지고 있는 가치관과 생각 또한 나의 소유물이었던 것입니다.

아무것도 없는 처지에서도 마지막까지 놓지 못했던 것이 바로 나의 가치관과 생각이었습니다. 하나님은 그것이 나의 앞을 가로막는 장애물이자, 근심과 염려를 주는 소유물이었기 때문에 포기하라고 말씀하신 것입니다.

예수님을 따르는 삶은 무언가를 가지고 있는 것이 아니라, 내어 드리는 삶이어야 합니다. 내어 드려야 하는 가장 첫 번째는 바로 나의 모든 것입니다. 내가 중심이 되었던 삶을 버리고, 예수님이 중심이 되는 삶으로 변화되는 것이 곧 나의 가치관과 생각의 소유물을 포기하는 것입니다. 우리는 하나님의 것이므로 하나님이 주인이 되심을 인정하는 삶은, 나 자신의 소유권을 포기하고 하나님께 소유권을 내어 드리는 믿음의 결단입니다. 이러한 결단 없이는 결코 예수님을 따를 수 없음을 깨닫기를 바랍니다.

예수님을 따르는 것은 곧 예수님의 가르침을 받고 그 길을 따라가는 제자가 되는 것입니다. 제자가 되기 위해서는 얻는 것보다 잃는 것이 많습니다. 포기해야 합니다. 세상의 어떤 관계보다도 예수님과의 관계가 최우선이어야 합니다. 설령 가족과 분리되는 삶을 살아야 할 수도 있습니다. 또한 예수님을 따르는 대가는 십자가를 지는 삶입니다. 예수님께서는 우리의 죄를 대속하시기 위해 십자가의 길을 걸으시며 모진 고난과 수치와 조롱을 당하셨습니다. 예수님을 따르는 제자 또한 세상에서 고난과 수치, 조롱과 미움을 피할 수 없습니다.

앞서 말한 것처럼, 모든 소유를 버려야 합니다. 돈과 시간, 명예 등 내가 노력하여 이루어낸 모든 결과물을 잃을 수 있고 포기해야 합니다. 끝으로, 예수님의 이름 때문에 죽음을 각오해야 할 수도 있습니다. 따라서 이 모든 것을 감수할 수 있을 때가 바로 예수님의 제자로 살아가는 삶이라고 할 수 있습니다. 십자가를 지다가 중간에 포기하는 것은, 나뿐만 아니라 예수님을 비웃는 것이 됩니다. 그러므로 우리가 포기해야 하는 것은 십자가가 아니라, 내가 집착하고 있는 모든 소유입니다. 그것이 죽음이라 해도 마찬가지입니다. 그러나 예수님께서는 결코 제자의 삶을 모두에게 강요하지 않으십니다. 들을 귀 있는 자는 들으라고 말씀하신 것처럼(마 14:35), 예수님의 말씀을 듣고 믿음으로 결단하는 것은 듣는 자의 자유로운 의지로 결정되는 것임을 기억하기 바랍니다.

오늘 하루, 모든 것을 포기하며 살아가는 제자의 삶을 살아갈 수 있을지를 곰곰이 생각해 보는 시간을 갖기를 소망합니다. 만약 내가 예수님의 제자로 살아간다면, 지금 당장 포기해야 하는 것들이 무엇인지 돌아보고, 후회 없이 미련 두지 않고 버리기를 바랍니다. 그리고 예수님을 따라가기를 소망합니다.

여정을 향한 권면적 선포(결단)

예수님을 따르는 제자의 삶은 곧 예수님과 함께 걷는 삶입니다. 또한 영원히 변하지 않는 하나님의 뜻대로 살아가는 삶으로서 흔들림 없는 목적이 있는 삶입니다. 따라서 예수님의 제자가 되기를 믿음으로 결단하여 따라갑시다!

"너 자신을 알라"

사전적 의미

[자신] 그 사람의 몸, 바로 그 사람을 이르는 말.

[알다] 어떤 사실이나 존재, 상태에 대해 의식이나 감각으로 깨닫거나 느끼다./

심리적 상태를 마음속으로 느끼거나 깨닫다.

성경 말씀 묵상

새 삶을 살아가는 자, **고린도후서 5:11-21**

나는 우리를 대신하여 죽었다가 다시 살아나신 예수 그리스도를 위하여, 사신이 되어 새로운 삶을 살아가는 자입니다!

세상에서 유명한 격언인 '너 자신을 알라.'는 말이 있습니다. 그 의미를 간단히 말하면, 자신의 한계와 무지를 인식하고 겸손한 자세로 끊임없이 탐구하며 배우고 성장하라는 철학적인 가르침입니다. 그러나 예수 안에서 이러한 주제로 말씀을 전하고자 할 때는 세상과 다른 진리를 전해야 합니다. 예수님을 믿는 나는, 모든 사람을 대신하여 죽었다가 다시 살아나신 그리스도 안에서 새로운 피조물이 되어, 이전 것은 지나갔으며 하나님과 화목을 이루어 하나님 앞에서 의롭다 함을 받은 새 사람입니다. 이것이 나 자신이 누구인지를 깨달아야 하는 복음입니다.

그러므로 우리는 오직 그리스도 안에서, 예전의 삶의 모든 형태를 죽이고 새 생명을 주신 삶으로 살아야 합니다. 더 이상 나를 위한 삶이 아니라, 하나님을 위한 삶을 살아야 합니다. 대신하여 죽었다가 다시 살아나신 예수 그리스도를 위하여 살아야 합니다. 그것이 화목하게 하는 직분을 받은 자의 기본이며, 그리스도를 대신하여 파견된 사신으로서 살아가야 하는 새로운 목적이 주어진 삶입니다.

사도 바울은 말씀합니다. "우리는 주의 두려우심을 알므로 사람들을 권면하거니와…(고후 5:11)." 하나님에 대한 두려움이 바울과 그와 함께하는 자들을 움직이는 지혜가 되었습니다. 하나님을 경외하는 것이 지혜의 근본입니다. 그러므로 주를 경외하는 자들은 모든 일에 있어서 하나님을 위하며, 그분의 이름을 높이는 삶을 살아가고자 합니다. 세상 사람들이 볼 때 비현실적이고 미친 사람처럼 보여도, 그것이 하나님을 위한 것이라면 미친 것이 아니라, 주 안에서 온전한 믿음의 삶을 살아가고 있는 것입니다.

내가 진정 누구인지를 깨닫고, 누구를 위하여 살아가며 무엇을 전해야 하는지를 성령을 통해 확실하게 깨닫게 된다면, 입술로 말하는 모든 중심 내용은 자연스럽게 예수 그리스도가 됩니다. 그러나 그리스도인이라고 하면서, 물질과 명예를 위해 복음을 전하는 외모로 자랑하는 자들은 그리스도보다 자신을 드러내며, 중심 내용에는 예수 그리스도가 전파되지 않습니다. 그러므로 나 자신이 누구인지를 성령의 도우심으로 확실하게 깨닫기를 바랍니다.

예수 그리스도를 믿는 자는 더 이상 하나님과 원수가 되는 관계가 아니라 화목하게 되었기 때문에, 죄인의 신분을 벗고 의인으로서 새롭게 살아가야 합니다. 날마다 성령 충만함으로 예수 그리스도가 중심이 되어, 예수 그리스도를 따라가며 내 안에서 성령과 육체의 소욕이 끊임없이 싸우는 전쟁 속에서 성령의 인도하심을 따라 살아가야 합니다. 우리는 아직 세상에서 육체로 살아가므로, 옛 본성을 좇아 행하는 죄악된 습성이 남아 있습니다. 그러므로 예수 그리스도 안에서 거듭난 새 피조물로서 하나님의 뜻대로 살아가려는 마음이 서로 대적하기 때문에, 나라는 존재는 여전히 죄를 지을 가능성이 있는 연약한 자입니다. 그래서 우리는 예수 그리스도가 절실히 필요합니다. 예수님을 믿어야만 살아갈 수 있는 존재임을 깨닫기를 바랍니다.

오늘 하루 말씀을 묵상하면서, 내가 누구이고 누구를 위하여 무엇을 전하며 살아가야 하는지를 깊이 깨달을 수 있는 시간을 갖기를 소망합니다. 예수 그리스도 안에서 새 삶을 살아가도록, 하나님을 경외하는 지혜가 충만하기를 간구합니다.

여정을 향한 권면적 선포(결단) ____

나는 그리스도 예수 안에서 모든 것이 새로워졌으며, 이제는 사나 죽으나 하나님을 위하여 성령의 인도함을 받아 그리스도를 대신하여 복음을 전하는 사신으로 사는 삶을 살아갈 것임을 결단합시다!

"내가 너를 붙드리라"

사전적 의미

[붙들다] 놓치지 않게 꽉 쥐다./사람이나 사물 따위가 달아나지 못하도록 잡다./ 남을 가지 못하게 말리다.

성경 말씀 묵상

붙들리는 삶, **이사야 41:1-14**

하나님이 붙드시는 삶은 어떤 환경에서도 절대적으로 끝까지 지켜 주십니다. 그러므로 현재의 고난에 흔들리지 않고 하나님을 온전히 믿읍시다!

살다 보면 때로는 버러지 같은 삶을 살아가는 순간도 찾아옵니다. 물론 그 순간이 오지 않기를 바라지만, 남들과 비교해 볼 때 현재 내가 처한 현실이 무기력하고 아주 보잘것없는 하찮은 삶으로 느껴지는 순간이 온다면, 우리는 어떻게 그 상황을 버틸 수 있겠습니까? 무엇으로 버텨서, 어떻게 그 상황에서 빠져나올 수 있을까요? 사람은 너무 큰 시련을 겪게 되면 생각이 마비됩니다. 오히려 생각이 없어집니다. 무엇을 어디서부터 어떻게 해야 할지 가늠이 안 되기 때문입니다. 그런 시간을 오래 보내다 보면 정신적으로 멍해지는 순간이 자주 찾아오며, 판단력이 흐려져 정상적인 일상생활을 유지하기 어려워집니다. 이런 순간을 대비하여, 하나님의 말씀을 붙들며 흔들리지 않는 굳센 마음을 준비하기를 바랍니다. 버러지 같은 현실보다는, 나를 끝까지 붙드시는 하나님의 약속을 믿고 바라보기를 간구합니다.

처음과 끝이 되시는 하나님의 손에 모든 역사의 시대가 달려 있습니다. 다시 말하면, 창세 전부터 모든 것을 다스리시는 분, 스스로 계신 여호와 하나님이십니다. 그러므로 피조물인 인간과 그들을 위해 만들어낸 우상들은 헛된 것이며, 그 어떤 것으로도 세상을 다스릴 힘이 없습니다. 힘을 부여하시는 분도 하나님이시기 때문입니다. 하나님이 구원하기로 택한 백성은 선택받을 자격이 있어서가 아니라, 하나님의 주권적인 은혜로 선택받았습니다. 그러므로 택함을 받아 하나님께 붙들려 사는 백성은 결코 버려지지 않습니다(사 41:9). 따라서 붙들려 사는 선택받은 성도여, 현재의 고난은 인생의 끝이 아님을 깨닫고, 나를 끝까지 붙드시는 하나님의 역사하심을 기다릴 수 있기를 바랍니다.

하나님의 백성에게 고통을 주며 붙들려 있는 삶을 흔드는 자들은 오히려 수치와 욕을 당하며 멸망할 것이며, 다시는 우리를 만나지도 못하게 하실 것입니다(사 41:11-12). 우리는 하나님의 의로운 오른손이 나를 붙들고, 나의 오른손을 붙드시어 내 삶에 직접적으로 찾아오셔서 도우시는 하나님을 믿습니다. 세상뿐만 아니라, 하나님께서 하나님 되심을 나타내실 때 두려워하지 않고 놀라지 않으며, 불안하지 않고, 그 은혜에 감사하도록 마음이 강해지도록 말씀을 매일 붙들기를 바랍니다.

끝까지 붙드신다는 약속의 말씀을 완전히 이루시기 위해, 아버지와 하나가 되시는(요 10:30) 예수님께서 인간의 몸을 입고 이 땅에 오셨습니다. 죄가 우리를 붙잡아 죄의 종으로 살아가게 했지만, 우리 대신 십자가를 지신 예수님을 통해 죄에서 해방되어 더 이상 죄의 종이 아닌 하나님께 속한 자, 하나님의 종으로, 예수님 손에 붙들리는 영원한 삶을 얻게 되었습니다. 그리고 예수님께 붙들리는 삶을 그 누구도 빼앗을 수 없습니다(요 10:28). 더 나아가, 다시는 죄의 종 된 삶으로 돌아가지 않도록, 죄를 짓는 곳으로 가지 못하도록 꽉 붙들어 주실 것입니다. 따라서 그분의 손에 붙들린 택함 받은 인생은 어떤 고난에도 흔들리지 않을 수 있는 새 힘을 얻게 됩니다. 이는 어떤 피조물의 힘으로도 결코 이룰 수 없는 능력이며, 오직 주님께서 붙들어 주시는 능력의 새 힘입니다.

오늘 하루 고난 가운데 처해 있다면, 하나님의 말씀을 붙들기를 바랍니다. 다시 말하면, 정신을 똑바로 차리고 예수님을 믿는 믿음을 지켜내기를 바랍니다. 무슨 일이 있어도 예수님을 믿는 믿음을 저버리지 않도록 마음을 굳세게 먹고, 내 부정적인 감정들과 싸워 승리하기를 바랍니다. 예수님을 놓지 않는다면, 분명히 나의 삶을 붙드시는 하나님께서 직접적으로 개입하시어 도와주실 것입니다.

여정을 향한 권면적 선포(결단)

현재 고난에 처해 있지 않아도, 앞으로 장차 올 고난에 대비하여 강하고 굳게 마음을 준비하여 성령 충만함으로 깨어 기도합시다!

"찬양하라"

사전적 의미
[찬양] 아름답고 훌륭함을 크게 기리고 드러냄.

성경 말씀 묵상
찬양하는 삶, **시편 150편**

숨을 쉬는 모든 존재는 숨 쉬는 모든 순간마다, 하나님을 찬양합시다!

하나님께 올려 드리는 찬양은 세상에서 부르는 인간의 감정적인 노래가 되어서는 안 됩니다. 찬양은 믿음의 고백이며, 곡조 있는 기도이며, 새 생명을 주신 하나님께 감사와 기쁨을 드리는 새 삶의 노래가 되어야 합니다. 그러므로 그리스도 안에서 새 생명을 얻은 성도, 죄에서 해방되어 하나님의 자녀가 된 그리스도인은 하나님을 향한 찬양을 멈추지 않아야 합니다. 찬양은 어떤 조건이나 환경을 필요로 하지 않습니다. 따라서 어떤 이유로도 찬양을 하지 못할 핑계를 주장할 수 없습니다. 더 나아가, 하나님이 창조하신 세계와 구원의 말씀은 변함 없이 영원하시므로, 우리는 변함 없이 영원토록 하나님을 찬양해야 합니다. 어떤 순간에도 찬양 받기에 합당하신 분은 오직 유일하시고, 지극히 위대하시며 능하신 여호와 하나님 한 분뿐입니다.

찬양은 어디에서, 어떻게, 언제, 누가 해야 하는지를 시편 말씀에서 자세히 기록하고 있습니다. 찬양은 장소에 제한이 없습니다. 왜냐하면 하나님은 제한이 없으신 분이기 때문입니다. 하나님이 임재하시는 곳곳마다 찬양의 장소가 되며, 창조하신 모든 세계 곳곳에서 운행하시는 창조주 하나님이시기 때문입니다. 그러므로 모든 곳이 찬양을 올려 드리는 장소가 됩니다. 또한 찬양은 우리의 모습 그대로, 우리가 가진 모든 것을 다해 드려야 합니다. 마땅히 우리가 가진 최상, 최고, 최선의 것으로 예배하기 위해 힘쓰기를 바랍니다.

찬양의 방법은 무엇이 옳고 그른지로 그 누구도 정죄할 수 없습니다. 찬양을 받으시는 하나님께서 판단하실 일이기 때문입니다. 다만 찬양하는 방법보다 더 중요한 것은, 우리의 심령이 하나님께 향해 있는지, 그리스도 안에서 행하는지 점검하는 것입니다. 그 위에 여러 세속적인 악기나 다양한 방식은 예수님을 찬양하는 도구로 사용될 수 있습니다. 만약 어떤 도구가 오히려 살아계신 하나님의 이름을 가리고, 하나님보다 도구에 집중하게 한다면, 그 도구 사용을 멈춰야 합니다. 또한 현재 상황에서 가진 것이 아무것도 없다고 찬양하지 못할 것이라는 생각을 버리십시오. 살아 숨 쉬고 있다면, 그 호흡 자체로 하나님을 찬양하는 것도 찬양의 도구가 될 수 있습니다. 다시 말하면, 내 생명이 하나님을 찬양하는 가장 최상, 최고, 최선의 방법임을 잊지 않기를 바랍니다. 우리의 생명은 예수 그리스도께서 피 흘려 사신 값진 선물이기 때문입니다. 우리의 가장 값진 선물로, 값없이 주신 하나님을 찬양하며 영광 돌리는 삶을 소망하기를 간구합니다(고전 6:19-20).

오늘 하루 하나님께 지음 받아 살아가는 사람으로서, 하나님의 창조 세계와 구원의 은혜에 모든 곳에서, 모든 방법으로 하나님을 찬양하는 기쁨에 참여하기를 바랍니다. 누가 가르쳐주지 않아도 살기 위해 본능적으로 호흡하듯, 하나님을 찬양하는 것 또한 호흡하는 일상이 되기를 소망합니다.

여정을 향한 권면적 선포(결단)

하나님이 중심이 되는 삶 가운데서 숨을 쉴 때마다 모든 곳에서 모든 것으로 하나님을 찬양합시다!

"겸허히 받아들여라"

사전적 의미

[겸허히] 스스로 자신을 낮추고 비우는 태도로.

성경 말씀 묵상

완전한 순종, **마태복음 26:36-46**

완전한 순종을 보여 주신 분은 오직 예수 그리스도뿐이므로, 그리스도를 믿는 믿음 안에서 순종하십시오!

예수님은 온전한 하나님이지만, 또 온전한 사람입니다. 그러므로 예수님이 걸으신 십자가의 고난은 인간이 느끼는 고통을 그대로 온전히 겪으셨다는 사실입니다.

"그는 근본 하나님의 본체시나 하나님과 동등됨을 취할 것으로 여기지아니하시고, 오히려 자기를 비워 종의 형체를 가지사 사람들과 같이 되셨고, 사람의 모양으로 나타나사 자기를 낮추시고 죽기까지 복종하셨으니 곧 십자가에 죽으심이라(빌 2:6-8)."

다시 말하면, 말씀이 육신이 되어 이 땅에 오시어 인류의 죄를 인간의 몸으로 짊어지기 위해, 하나님으로서의 권세와 영광을 내려놓고 사람의 모양으로 자신을 낮추셔서 죽기까지 순종하며 십자가를 지신 예수 그리스도를 부정하는 자들은 곧 적그리스도의 영을 가진 자(요일 4:2-3)입니다. 예수님은 실제 인간의 몸을 가지지 않았고 단지 사람처럼 보인 것이 아닙니다. 예수님은 완전한 사람의 모양이어도 죄가 없으신 분이십니다. 예수님은 살아계신 하나님의 아들이십니다. 앞서 말했듯이, 예수님께서 완전한 하나님이시며 동시에 완전한 사람으로 이 땅에 오셨음을 믿지 않는다면, 십자가의 대속과 부활하심에 대한 복음의 말씀을 믿는 것이 헛된 일이며, 하나님의 조건 없는 사랑의 확증이 거짓된 것이 됩니다. 그러나 우리는 결코 거짓을 믿는 것이 아님을 깨닫기를 바랍니다.

"태초에 말씀이 계시니라 이 말씀이 하나님과 함께 계셨으니 이 말씀은 곧 하나님이시니라, 말씀이 육신이 되어 우리 가운데 거하시매…(요 1:1, 14)."

성자 하나님이 육신이 되어 우리 가운데 거하심은 진리입니다. 하나님이 사람이 되셨다는 것이 불가능하다고 생각한다면, 예수님이 당하신 조롱과 수치, 십자가의 고난 또한 부정하는 것입니다. 성육신의 말씀을 믿지 못한다면, 우리를 구원하시기 위해 이 땅에 오신 예수 그리스도를 믿지 못하는 것과 같습니다. 그러나 진리의 말씀을 믿는다면, 우리를 향한 하나님의 사랑이 얼마나 크고 강한 것인지를 절실히 깨닫게 될 것입니다. 더 나아가, 인간의 몸으로 오신 예수 그리스도께서 죽기까지 순종하셨던 그 의미를 조금이나마 깨닫게 되는 은혜가 임할 줄 믿습니다.

죄인을 구원하시려는 목적으로 기꺼이 오신 예수님은 육체가 느낄 수 있는 모든 고통을 그대로 느끼셨습니다. "내 마음이 매우 고민하여 죽게 되었으니…(마 26:38)." 인간이 느끼는 마음의 고통까지도 온전히 구원의 계획을 이루고자 하는 순종의 마음으로 감당하셨습니다. 인류를 구원하기 위한 하나님의 뜻을 겸허히 받아들이시는 예수님의 모습을 통하여, 진정한 순종이 무엇인지를 조금이나마 깨달을 수 있기를 바랍니다. 인간의 몸으로 십자가에서 죽어야만 했던 이유는, 연약한 인간이 스스로의 힘으로는 하나님과 원수가 된 영원한 죽음을 해결할 능력이 없기 때문입니다. 죄 없으신 예수님만이 대신 죗값을 치르는 길이 있었으며, 그 핏값으로 죗값이 치러져 하나님과 화해하게 되는 복음이 이루어진 것입니다. 예수 그리스도로 말미암아 하나님과 화목하게 되어 새 삶을 살아가는 영생의 길이 열렸습니다. 이러한 하나님의 뜻을 아시기 때문에, 예수님이 반드시 십자가를 지셔야만 했으며, 그에 겸허히 순종하셨음을 말씀을 통해 다시 한번 깊이 깨닫기를 바랍니다. 그러므로 하나님의 뜻을 겸허히 받아들이기 위해서는, 연약한 나의 마음에서 이루어지는 순종이 아니라, 예수님의 마음을 품는(빌 2:5-8) 믿음 안에서 순종이 이루어지기를 간구합니다.

오늘 하루 예수님의 말씀을 묵상하며, 그분의 순종으로 말미암아 우리가 얻은 것이 무엇인지, 그리고 그것이 얼마나 큰 희생으로 이루어진 값진 선물인지를 깨달아 구원의 은혜에 감사하지 못했던 날들을 회개하며, 예수님의 마음을 품어 유혹을 이기고 하나님의 뜻에 순종할 수 있기를, 날마다 깨어 기도할 수 있기를 소망합니다.

여정을 향한 권면적 선포(결단)

예수님께서 고난 앞에서도 죽기까지 순종하셨으므로 예수님을 믿는 것을 순종하는 자에게는 영원한 구원의 근원이 되어 주십니다. 따라서, 예수님을 믿는 것을 죽기까지 순종하십시오. 그리고 예수님의 마음으로 하나님의 뜻을 겸허히 받아들이십시오!

"안심하라 내니"

> **사전적 의미**
>
> [안심하다] 모든 걱정을 떨쳐 버리고 마음을 편히 가지다.
>
> **성경 말씀 묵상**
>
> 안심하는 자의 삶, **마가복음 6:45-52**

내 삶에 임재하시는 하나님을 믿고 현재의 무서움과 두려움을 이겨내고 담대 합시다!

스스로 계시며, 어제나 오늘이나 동일하게 운행하시며 우리 가운데 친히 오셔서 함께 하시는 하나님을 믿어 의심치 않기를 바랍니다. 살아 숨 쉬는 모든 순간이 하나님의 임재로 충만하기를 간구합니다. 보지 않고도 믿는 복된 자가 되기를 바랍니다. 우리의 육적인 눈으로 하나님이 보이지 않는다고 해서, 지금 나와 함께 하시지 않다는 의심과 불신으로 둔한 영적 상태에 머물지 않기를 간구합니다. 성경 말씀에 기록되어 있는 기적은, 단지 그 당시에만 이루어진 역사적 이야기가 아닙니다. 현재의 우리에게도 영원토록 동일하게 이루어지는 기적의 말씀입니다. 예수 그리스도는 어제나 오늘이나 영원토록 동일하시기 때문입니다(히 13:8). 그러므로 하나님의 일하심은 시대와 문화에 따라 나타나지만, 그분의 사랑과 능력, 약속은 절대적이며 변하지 않는 영원한 진리입니다. 우리가 하나님을 느끼지 못하더라도, 여전히 우리와 함께하시고 창세 전부터 먼저 우리에게 다가오신 예수님을 의심치 않고 믿는 자가 되기를 바랍니다. 주님이 함께하신다는 사실을 확실히 믿는다면, 현재 두려움과 무서움을 주는 상황 속에서도 안심하며 담대함으로 서 있는 나의 모습을 발견하게 될 것입니다.

오병이어의 기적을 행하신 후, 예수님께서는 즉시 제자들을 재촉하여 배를 타고 앞서가도록 하셨으며(마 6:45), 제자들은 그 말씀을 듣고 배를 탔습니다. 말씀대로 움직였던 그들에게 나타난 결과는, 바람이 거스르므로 힘겹게 노를 저어야 하는 무서움과 두려움의 상황이었습니다. 이처럼, 주의 말씀대로 하였음에도 불구하고 무서움과 두려움을 주는 풍랑이 몰아치는 상황이 찾아올 수 있음을 기억해야 합니다. 다시 말하면, 그리스도인의 삶은 풍랑이 완전히 멈추는 삶이 아니라, 풍랑 가운데서도 임재하시는 하나님을 믿는 삶입니다. 또한 풍랑 속에서도 끝까지 견디며 주님을 믿는 자가 참된 신앙인입니다(마 24:13). 그러므로 어떠한 재난이 닥치더라도, 다시 오실 예수님을 믿으시기를 바랍니다. 제자들을 향하여 걸어오신 예수님의 말씀처럼, 인자가 구름을 타고 능력과 큰 영광으로 오실 것을 믿으며 걱정을 떨쳐버리고 마음을 편히 갖고 인내하는 그리스도인이 되기를 소망합니다(눅 21:19, 27). 현재의 고난보다는 장차 오실 예수님을 더 크게 바라보는 영의 눈이 열리기를 간구합니다.

제자들은 예수님이 살아계신 하나님의 아들이심을 깨닫지도 믿지도 못했기에, 폭풍이 닥쳤을 때 예수님이 도와주실 것을 예상하지 못했습니다. 그래서 예수님이 바다 위로 걸어오심을 보고도 예수님이심을 알지 못하고 놀라워했습니다. 왜일까요? 오병이어의 기적을 일으키신 예수님이, 자신들에게 배를 타라고 말씀하신 예수님이, 본인들의 어려움을 도와주실 하나님의 나타나심을 전혀 예상하지 못했기 때문입니다. 예수님이 모든 만물을 다스리시는 스스로 계신 하나님이심을 알지 못하는 영적으로 깨어 있지 못한 둔한 상태였기 때문입니다. 예수님이 살아계신 하나님의 아들이심을 진실로 깨닫는 지혜가 있었다면, 두려움과 놀라움으로 소리 지르는 반응을 보이지 않았을 것입니다. 오히려 평안함으로 주님이 오실 것을 믿고, 폭풍 속에서도 담대히 깨어 기도하며 따라갔을 것입니다. 그러므로 우리 또한 영적으로 무지한 자가 되지 않도록, 성령을 통하여 깨닫는 지혜가 충만하기를 소망합니다. 그리고 세상의 환란 속에서도 안심하며 담대히 기도로 인내하는 그리스도인이 되기를 바랍니다.

오늘 하루, 두려움과 무서움을 주는 문제를 바라보지 않고, 지금 이 순간 나와 함께 하시며 그 문제를 반드시 해결하시는 예수님을 먼저 바라보기를 소망합니다. 두려움 속에서도 여전히 함께하시는 주님의 임재가 충만하게 나타나는 경험을 하는, 기적의 날이 되기를 소망합니다.

여정을 향한 권면적 선포(결단)

하나님의 임재 가운데서 걱정을 버리고 마음의 여유를 갖고 그리스도인으로서 이유가 있는 담대함으로 모든 재난 속에서 견뎌냅시다!

"꼿꼿해져라"

> **사전적 의미**
>
> [꼿꼿이] 물건이 휘거나 구부러지지 아니하고 단단하게./사람의 기개, 의지, 태도나 마음가짐 따위가 굳세게.
>
> **성경 말씀 묵상**
>
> 그리스도의 복음에 합당한 삶, **빌립보서 1:12-30**

그리스도의 복음에 합당하게, 하늘의 시민권을 가진 자답게 믿음 안에서 말씀 앞에서 바로 섭시다!

예수 그리스도를 통해 주어진 구원의 기쁜 소식이 복음입니다. 예수님이 우리의 죄를 대신 지시고 십자가에 죽으셨으며, 3일 만에 부활하심으로 모든 죄와 사망 권세에서 승리하셨습니다. 그러므로 예수님을 믿는 자마다 멸망하지 않고 영생을 얻게 되는 구원의 말씀이 바로 복음입니다. 복음을 믿는 모든 자에게 구원을 주시는 것은 하나님의 능력입니다(롬 1:16). 하나님의 능력이 내 삶에서 드러나야 합니다. 나의 입술의 말과 행동하는 모든 것이 복음을 믿고 살아가는 그리스도인으로 살아가야 합니다. 교회 안에서만 복음이 드러나는 것이 아니라, 세상 속에서도 복음을 믿는 자답게 생활해야 합니다. 다시 말하면 세상 시민처럼 사는 것이 아니라, 하나님 나라의 백성으로서, 하늘의 시민권을 가진 자답게, 예수님이 죽기까지 순종하심으로 이루신 복음이 헛되지 않도록, 복음을 더욱 빛나게 하는 가치 있는 삶을 살아내기를 바랍니다.

사도 바울은 갇혀 있는 상태에서도 빌립보에 있는 교회 성도들의 믿음이 흔들리지 않기를 바랐습니다. 누군가가 보일 때만 복음을 믿는 것이 아니라, 모든 순간을 한결같이 복음을 믿는 믿음으로 살아가야 합니다. 바울은 죽음을 전혀 두려워하지 않았으며, 오히려 세상을 떠나 그리스도와 함께 있는 천국의 삶을 더 좋은 일이라고 고백하며 더 원하였습니다(빌 1:23). 그렇지만 바울 자신이 해야 하는 일이 무엇인지를 알고 있었기에, 갇혀 있는 환경이어도 재판을 받아도, 기회만 있다면 언제든 성령의 도우심으로 그리스도의 복음을 전하고자 하였습니다. 살든지 죽든지 온전히 담대하였으며, 대적하는 자들을 두려워하지 않고, 그리스도를 위하여 고난받는 것 또한 하나님의 은혜의 특권으로 여겼습니다(빌 1:29). 이러한 사도 바울의 모습이 바로 그리스도의 복음에 합당한 자에게서 나타나는 믿음의 삶입니다. 말보다는 삶을 통해 예수님을 증거하며, 모든 열심과 노력을 복음 전하기에 힘쓰며, 예수님이 중심이 되고 주인이 되는 인생을 살아갈 수 있었던 이유는 부활 신앙에 대한 확고한 믿음이 있었기 때문이며, 그리스도께 속한 자로서 하늘의 영광스러운 시민권을 부여받은 자임을 믿었기 때문입니다(빌 3:20).

세상 사람들은 땅의 것에 마음을 두어, 세상의 가치에 따라 움직이며 열심을 다하지만, 그리스도께 속한 자는 하나님 나라의 영원한 것에 가치를 두며, 이 세상은 잠시 머무는 나그네(히 11:16)의 여정임을 깨닫기에 세상에 허리를 굽히지 않고, 세상의 권세자들에게 굴복하지 않습니다. 세상 앞에서도 담대하게 두려워하지 않고, 꼿꼿하게 그리스도의 복음을 주장하며, 하나님 앞에서는 시민으로서 말씀을 기준으로 삼아 겸손하게 생활하며, 하나님의 보호 아래 영원한 것을 쫓아 소망을 품고 나아가는 믿음의 삶을 살아갑니다. 그러므로 하늘의 시민권을 가진 자들끼리 서로 대적하는 것이 아니라, 한마음으로 서서 한뜻으로 복음의 신앙을 위하여 협력해야 합니다. 복음으로 꼿꼿이 서는 교회 공동체의 힘을 세상에 보여 주며, 진리 안에서 흔들리지 않는 공동체의 모습을 나타내야 합니다. 세상이 악할수록 믿음으로 바로 서는 것이 곧 영적 전쟁에서 승리하는 길입니다. 날이 갈수록 교회를 향한 세상의 적대감은 심해지고, 그로 인해 교회 안에는 갈등과 분열이 늘어날 것입니다. 그러므로 복음의 신앙을 위하여, 예수 그리스도를 위하여 인간적인 고집과 교만의 꼿꼿한 자세는 내려놓으시기 바랍니다. 복음으로 세상과 맞설 때, 혼자보다는 연합된 교회로 담대히 꼿꼿이 서 있는 하늘의 시민권자가 되기를 바랍니다.

오늘 하루, 그리스도의 복음에 합당하게 생활하도록, 하늘에 속한 자로서 성령의 보호하심과 도우심으로 말미암아 예수님을 전할 수 있기를 바랍니다.

여정을 향한 권면적 선포(결단) ________________________________

앞으로의 악한 날을 대비하고 준비하며 세상에 속한 사람보다는 하늘의 시민권을 가진 자가 더 많아질 수 있도록, 하나님 앞에서 꼿꼿한 사람들에게 그리스도의 복음을 전할 기회를 놓치지 맙시다!

"나에 대한 죄송함보다는 나를 사랑하라"

사전적 의미

[죄송하다] 죄스러울 정도로 미안하다. (죄지은 듯하여 마음이 편하지 못하고 부끄럽다.)

[사랑하다] 어떤 사람이나 존재를 몹시 아끼고 귀중히 여기다./어떤 사물이나 대상을 아끼고 소중히 여기거나 즐기다./남을 이해하고 돕다.

성경 말씀 묵상

예수님의 사랑으로 회복된 삶, **요한복음 21장**

하나님께서는 여전히 죄책감에 머무르기보다는 사랑 안에서 회복하여 사명을 감당하시기를 원하시는 줄 믿습니다!

요한복음 성경에 기록된 말씀을 통하여, 예수께서 하나님의 아들 그리스도이심과 그 이름을 힘입어 생명을 얻게 하시는 복음서임을 잊지 않기를 바랍니다(요 20:31). 우리의 죄를 위하여 대신 지고 가신 죗값은 너무나 외로운 십자가의 길이었습니다. 예수님과 함께했던 제자들은, 예수님이 잡혀가셨을 때 모두 다 도망갔습니다. 그리고 십자가를 지고 가신 길도 홀로 짊어지고 가셨습니다. 또한 십자가 현장에도, 늘 따라다니던 제자들 중 사랑했던 제자 한 명만 있었을 뿐입니다(요 19:26-27). 이 과정에서, 주를 위하여 내 목숨을 버리겠다고 말했던(요 13:37) 베드로는 예수님처럼 자신도 체포될 것이 두려워, 모든 것을 버리고 3년 동안 가장 가까이서 섬기고 따른 예수님을 세 번씩이나 부인하는 비겁한 사람이 되었지만, 닭이 곧 울고 주께서 부인할 것임을 예고한 말씀이 생각나 밖으로 나가 심히 통곡하였습니다(눅 22:61-62).

말씀대로 3일 만에 예수님이 부활하셨지만, 제자들은 여전히 믿지 못하였습니다(눅 24:11). 예수께서 이번에도 먼저 제자들 앞에 나타나서 "너희에게 평강이 있을지어다."라고 말씀하셨지만, 그들은 보고도 놀라며 두려워하고 완전히 믿지 못하였습니다. "… 어찌하여 두려워하며 어찌하여 마음에 의심이 일어나느냐(눅 24:38)." 예수님께서 믿지 못하는 자들을 향하여 말씀하신 후, 손과 발을 보여 주셨을 때 제자들은 그제야 예수님의 살아계심을 기뻐하며 놀랍게 여기고 인식하였습니다(눅 24:39-41).

예수님의 부활하심을 보았음에도, 베드로는 예수님을 세 번 부인한 행동에 대한 깊은 죄책감과 절망, 부끄러움에서 벗어나지 못했을 것입니다. 또한 제자의 자격이 발탁되었을 것임을 지레짐작하며, 예수님을 따르기 이전의 옛 삶으로 잠시 후퇴하였습니다(요 21:3). 더 나아가, 갈릴리로 가서 "나를 보라."는 예수님의 말씀에(마 28:10) 대한 정확한 의미를 깨닫지 못하고, 무엇을 해야 하는지에 대한 불확실성과 혼란으로 옛 삶으로 돌아가게 되었던 것입니다. 그러나 이 모든 것 또한 하나님의 섭리임을 믿습니다. 베드로는 죄책감을 느꼈지만, 다시 보게 될 예수님을 기다렸을 것입니다. 그렇게 처음 자신을 부르셨던 예수님과의 만남이 다시금 재현된 후(요 21:3-14), 부활하신 후 세 번째로 제자들에게 나타나신 예수님께서 베드로에게 질문하십니다.

예수님은 베드로에게 부인했던 이유나, 진심으로 죄송한지에 관해서 묻지 않으셨습니다. 그분의 질문은 "나를 사랑하느냐?"라고 세 번 물으셨습니다. 이처럼 하나님과의 관계 중심은 두려움과 죄책감, 형식적인 의무감이 아닌 사랑입니다. 죄를 묻지 않고 사랑의 관계로 다시금 회복시키시고, 사도로 부르시는 하나님의 은혜가 우리에게도 임하기를 소망합니다. 예수님은 베드로를 너무 잘 아셨습니다. 그리고 예수님의 사랑이 베드로를 움직이고 이끌어 귀중한 경험을 하게 하셨습니다. 세 번의 대답을 통해 세 번의 부인 사건을 드러내며 그곳에 사랑으로 채워주십니다. 사랑이 우리를 다시 세우고, 죄에서 자유함을 얻으며, 하나님의 일을 다시 감당하게 하는 힘이 있습니다. 예수님은 베드로에게 완벽한 사랑의 대답을 요구하지 않으십니다. 예수님을 향한 진심을 원하십니다. 완벽한 사랑은 오직 예수 그리스도만이 하실 수 있기 때문입니다.

하나님께 죄송한 마음을 넘어 사랑을 고백하며 사랑의 자리로 나아가 회복되었을 때, 사랑 없이는 맡길 수 없는 사명을 주셨습니다. "내 양을 먹이라, 내 양을 치라."는 말씀처럼, 목자 되신 예수님의 양을 대신 돌보도록 맡기신 것입니다. 말씀으로 먹이고 사랑으로 돌보는 사명입니다. 즉 예수님을 사랑해야, 예수님이 맡기신 양을 사랑할 수 있습니다. 그러므로 사명의 중심도 사랑이어야 합니다. 더 나아가, 베드로와 같이 길에서 벗어난 양을 찾아오고 치료하며 회복시키도록 돕는 것 또한 우리의 사명입니다. 그러나 이 사명을 자신의 힘과 의지로 지키려 한다면, 또다시 예수님을 부인하게 되는 순간이 올 것입니다. 그러므로 예수님께서는 제자들에게 성령을 약속하셨습니다(행 1:4-8).

오늘 하루, 바로 사명을 감당하고자 몸이 앞서지 않기를 바랍니다. 자신의 신앙 중심을 점검하고, 하나님과의 관계에서 죄송함과 죄책감, 부끄러움만 남아 있는지, 아니면 예수 그리스도로 말미암아 회개하고 회복되어 하나님을 진심으로 사랑하고 있는지를 똑바로 바라보기를 원합니다. 그리고 성령 안에서 준비되었음을 깨달았을 때, 주님께서 맡기신 양을 먹이고 치는 사명자의 삶으로 나아갈 수 있기를 간구합니다.

여정을 향한 권면적 선포(결단)

하나님을 향한 죄송함은 일시적이며 반복적인 감정으로 그 자리에 머무르게 하지만, 하나님을 향한 사랑과 하나님으로부터 받은 사랑은 영원토록 순종의 자리에 세우셔서 소망을 품고 달려가게 하십니다!

"사람을 늘 조심하라"

사전적 의미

[조심] 마음에 새김./잘못이나 실수가 없도록 말이나 행동에 마음을 씀.

성경 말씀 묵상

깨어 기도하라, **마태복음 26:40-46**

시험에 들지 않도록 늘 깨어 기도합시다!

69일 차 새벽 기도 후, "사람을 늘 조심하라."라는 하나님의 말씀을 들었습니다. 그리고 달리기를 하기 위해 밖에 나갔다가 한 번도 경험해 보지 못한 일을 겪게 되었습니다. 운동하러 공원으로 가는 길을 걷고 있었습니다. 그러던 중, 저와 마주보는 방향으로 회색의 차, 내부가 보이지 않는 스타렉스 차량이 오고 있었는데, 갑자기 속도를 늦추며 천천히 제 옆을 지나갔습니다. 순간 새벽 기도 후 들었던 말씀이 생각났고, 느낌이 이상하다는 생각이 들어 빠르게 걷기 시작하니, 차가 뒤로 후진하면서 제 걸음 속도에 맞춰 따라오려 했습니다.

무조건 이 순간을 벗어나야겠다는 생각으로 빠르게 달려 사람들이 있는 곳으로 도망쳤습니다. 이후 쫓아오던 차는 보이지 않았지만, 집으로 바로 돌아가는 것도 두려워서 공원에서 놀란 가슴을 진정시키던 중, 주차장에서 동일한 회색 스타렉스 차를 발견하였습니다. 걸어서 집으로 가기는 어렵다고 판단해, 버스를 타고 집으로 빠르게 복귀했습니다. 이 사건 이후, 혼자 달리기하러 공원에 가지 않았고, 밖에 나가는 것 자체가 무서웠습니다. 또한 그와 같은 차량을 보면 놀라게 되며, 자유롭게 다니는 것이 어렵게 느껴졌습니다.

이 사건이 현재 사회의 불안 때문에 예민하게 받아들였던 착각이었는지는 모르겠지만, "사람을 조심하라."라는 하나님의 응답을 깨닫지 못하고 빠르게 판단하지 못했다면, 나는 어떻게 되었을까 하는 두려움과 놀라움, 감사함으로 한동안 잠을 이루지 못했습니다. 새벽에 하신 말씀이 실제 경험과 연결된 것이 결코 우연이 아님을 믿으며, 순간의 분별력으로 인도하시고 보호하신 은혜를 결코 잊지 못합니다. 이처럼 시험에 들지 않도록 깨어 기도하라는 제자들을 향한 예수님의 말씀은(마 26:41) 두려움을 주기 위함이 아니라, 미리 알려 주시고 지키시고자 하는 보호의 경고 메시지였음을 깨닫게 됩니다.

제자들에게 닥쳐올 유혹과 시험을 이미 아셨기 때문에, 약한 육신을 가진 제자들은 깨어 기도함으로 두려운 상황을 마주했을 때 이겨낼 준비가 되어야 했습니다. 그러나 우리의 육신은 약하기 때문에 피곤을 이기지 못하고 잠에 빠져 깨어 기도하지 못한 채로 기도의 자리에서 벗어났습니다. 아무리 예수님을 따르려는 마음이 있어도 깨어 있지 않으면 육신이 우리를 지배합니다. 결국 그들은 시험을 이겨내지 못했습니다(마 26:47-56, 58, 69-75).

그러므로 하나님께서 말씀하신 모든 것을 귀로 듣고 흘려보내지 않기를 바랍니다. 깨어 기도하는 자에게 응답하시는 하나님의 말씀을 믿고, 상황을 분별하여 시험을 이겨낼 수 있기를 바랍니다. 우리는 항상 시험과 유혹이 가득한 세상에서 살아갑니다. 마귀는 우는 사자같이 두루 다니며 삼킬 자를 찾고 있습니다(벧전 5:8). 그러므로 깨어 있지 않으면 생명을 지켜낼 수 없습니다.

기도하는 가운데 말씀하시는 하나님의 모든 말씀을 한 글자라도 놓치지 않고 듣고 믿고 붙드는 것이 중요합니다. 다만 여기서 중요한 것은, 하나님의 말씀인지 마귀의 장난인지를 분별하는 지혜가 필요하다는 것입니다. 분별의 지혜 또한 늘 말씀과 기도로 깨어 있어야 합니다. 다시 말하면, 신령한 자(고전 12:1)가 되어야 합니다. 모든 것을 모든 사람 가운데서 이루시는 성령으로 말미암아 영들을 분별하는 은사를 행하도록 간구해야 합니다. 그의 뜻대로 각 사람에게 나누어 주시는 분별의 은사를 나에게도 주실 것임을(고전 12:6-11) 믿고 간구하며, 성령 충만함으로 기도의 응답을 분별하여 듣고 믿고, 상황을 분별하고 판단하여 행동하는 기도의 사람이 되기를 바랍니다.

오늘 하루, 시험과 유혹받을 가능성을 염두에 두어 영적으로 민감하게 맞서 싸울 준비를 하도록, 모든 것을 이기신 예수 그리스도의 이름으로 기도하며 대비하기를 바랍니다. 우리의 가장 연약한 육신을 이용하여 공격하기 때문에 혼자서는 결코 맞설 수 없습니다. 날마다 성령 충만하기를 간구하며, 어떤 상황에서도 빠르게 방어하고 이겨낼 수 있기를 바랍니다. 더 나아가, 사람을 믿고 의지하지 않기를 바랍니다. 사람을 통해 시험에 들 수 있기 때문입니다. 그러므로 사람보다는 오직 예수 그리스도만을 믿고 의지하기를 바랍니다.

여정을 향한 권면적 선포(결단) ______________________

주를 결코 버리지 않고 주와 함께 죽고 주를 부인하지 않겠다고 결단하여도(마 26:33-35) 인간의 본성은 갈대와 같고 연약하므로 늘 깨어 기도하며 하나님의 능력과 말씀을 구하는 방법밖에 없습니다. 나에게는 시험이 찾아오지 않을 것이라는 무감각하고 안일하며 영적 게으름에 빠지지 않도록 기도하는 것을 미루지 맙시다! 지금부터 대비합시다!

"말씀대로 믿어라"

사전적 의미

[대로] 어떤 모양이나 상태와 같이./어떤 상태나 행동이 나타나는 그 즉시, 족족.

[믿다] 어떤 사실이나 말을 꼭 그렇게 될 것이라고 생각하거나 그렇다고 여기다.

성경 말씀 묵상

말씀대로 기도하는 능력, 요한일서 5:14-15

하나님의 말씀을 붙들고 간절히 기도했으면 이미 이루어진 줄 믿읍시다!

69일 차 새벽 기도 후에 겪은 사건으로 인해, 여전히 마음 가운데 두려움과 무서움이 남아 새벽 기도 내내 두 가지 성경 말씀을 붙들며 기도하였습니다.

"내가 사망의 음침한 골짜기로 다닐지라도 해를 두려워하지 않을 것은 주께서 나와 함께 하심이라 주의 지팡이와 막대기가 나를 안위하시나이다(시 23:4)."

"하나님이 우리에게 주신 것은 두려워하는 마음이 아니요 오직 능력과 사랑과 절제하는 마음이니(딤후 1:7)."

성경에 기록된 말씀을 붙들고 기도하는 것은, 하나님의 뜻이 내 삶에서 이루어지기를 믿고 선포하는 간구입니다. 하나님의 말씀은 살아 있고 활력이 있는(히 4:12) 것으로, 단순히 종이에 기록된 글자나 역사적·교리적인 글이 아닙니다. 우리의 혼과 영, 관절과 골수를 찔러 쪼개어 심령을 꿰뚫고 순종하게 하며 변화를 일으키는 살아 있는 하나님의 능력이며, 하나님의 감동으로 된 말씀입니다(딤후 3:16).

그러므로 말씀을 붙들고 하는 기도는 우리의 뜻이 아니라 하나님의 뜻에 맞게 구하는 기도입니다. 곧 두려움과 의심이 아닌, 담대하게 하나님께 간구하며 기도 응답을 확신하는 기도입니다. 지금 당장 눈에 보이지 않더라도, 이미 그 말씀대로 행하시는 하나님의 신실하심을(민 23:19) 믿고, 기도의 결과를 먼저 확신하는 기도자가 되기를 바랍니다.

하나님이 약속하신 말씀은 반드시 이루심을 확신하고, 보이지 않는 것을 붙드는 것이 믿음입니다(히 11:1). 믿음이란 아직 보이지 않아도 이미 보이는 것으로 여기는 것입니다. 그러므로 하나님의 말씀에 근거한 확신이 믿음이 됩니다. 그리고 그 근거가 바로 예수 그리스도입니다. 모든 말씀은 예수님을 증언하므로(요 5:39), 우리가 말씀을 믿을 수 있는 이유도, 믿어야 하는 분도 예수님입니다.

그래서 예수님께서 말씀하신 대로, 예수님의 이름으로 무엇이든지 구하면 이루신다는 말씀을 믿고 구하는 기도자가 되기를 바랍니다(요 14:11-16). 또한, 말씀대로 믿고 기도하는 자의 삶에는 하나님의 때에 반드시 역사가 나타나며, 열매 맺는 삶이 될 것입니다.

말씀대로 열심히 간구했다면, 의심하지 말고 믿으십시오. 기도는 했는데 환경을 바라보며 마음이 흔들리고 다시 두려워지는 악순환에서 벗어나야 합니다. 하나님의 말씀을 붙들고 기도했다면, 응답을 바라는 것이 아니라 이미 응답받은 말씀을 붙들고 기도한 것임을 깨닫기를 바랍니다. 깨달은 자가 담대함으로 선포하며 기도하는 것입니다. 기도하는 시간은 응답을 기다리는 시간이 아니라, 말씀을 이루시고 행하심을 확실히 믿는 시간입니다. 그러므로 하나님의 말씀을 끊임없이 묵상하며 붙들기를 바랍니다. 즉, 말씀이신 예수님만을 붙들며 기도하는 믿음의 삶을 살아내기를 바랍니다.

<u>오늘 하루</u>, 보이는 현실로 우리의 마음을 흔드는 환경을 두려워하지 않을 방법은 하나님의 뜻대로 기도하는 것입니다. 기도하지 않는다면 우리에게는 이겨낼 힘이 없음을 깨닫기를 바랍니다. 말씀을 붙들고 기도하기만 하면, 하나님께서 우리를 위해 일하시고 행하신다는 것을 잊지 않기를 바랍니다.

여정을 향한 권면적 선포(결단)

거짓이 없으시고 하신 말씀을 반드시 실행하시는 하나님의 신실하심을 믿고 담대하게 말씀을 선포하며 간구하였을 때, 이미 역사하시는 하나님의 일 하심을 직접 체험하여 말씀이신 예수님을 증거하는 증인이 됩시다!

8. 담대의 무릎:
꺾이지 않는 새 힘을 입는 여정

(71 - 80일 차)

하나님의 계획을 의심치 말고

예수님의 이름으로 담대히 서서,

두려움을 이겨내는 새 힘을 주심으로

약했던 내 삶을 회복하다.

"네 부모를 공경하라
네 부모의 말에 순종하라"

사전적 의미

[공경] (겸손하고 예의 바른 말이나 행동으로) 공손히 받들어 모심.

[부모] 아버지와 어머니를 아울러 이르는 말.

[말] 사람의 생각이나 느낌 따위를 표현하고 전달하는데 쓰는 음성 기호. 곧 사람의 생각이나 느낌 따위를 목구멍을 통하여 조직적으로 나타내는 소리를 가리킨다.

성경 말씀 묵상

가정에서도 그리스도인으로 살아가는 삶, **에베소서 6:1-4**

주 안에서 부모에게 순종하고, 주 안에서 부모님을 존경하며 사랑합시다!

그리스도인은 일상생활에서도 그리스도인으로서 살아가야 합니다. 교회 안에서만이 아니라, 장소를 제한하지 않고 어디서든지 그리스도인임을 증명하며 살아갈 수 있기를 바랍니다. 그것이 하나님의 이름을 나타내고 높이며 영광 돌리는 삶이기 때문입니다.

그래서 우리는 교회에서, 직장에서, 가정이라는 환경에서도 주 안에서 살아가야 합니다. 다시 말하면, 하나님께 순종하듯 부모에게 순종해야 하며, 하나님을 사랑하듯 부모를 사랑해야 합니다. 그러나 우리가 기억해야 할 것은, 부모 또한 주 안에서 있을 때 자녀에게 공경받는 삶이 될 것임을 깨닫는 것입니다. 부모 자신이 하나님께 순종하지도, 사랑하지도 않으면서 자녀가 자신의 말에 순종하고 사랑하기를 바라서는 안 됩니다.

또한, 주의 말씀으로 교훈과 훈계로 양육하는 것이 그리스도인임을 나타내는 부모의 모습입니다. 부모의 보살핌 아래 있는 자녀들에게 훈계하며 가르치는 이유가 세상에서 인정받고 화려하게 살아가기 위한 것이 아니기를 바랍니다. 그리스도가 주인이 되는 부모는, 자녀 또한 그리스도가 주인이 되는 삶을 살아갈 수 있도록 돕는 것입니다. 성숙한 그리스도인으로 성장하도록 주의 말씀으로 사랑과 훈계로 양육하는 것이어야 합니다. 세상의 기준에 맞추어 자녀를 양육하지 않고, 말씀을 중심으로 양육함으로써 예수 그리스도의 사랑이 무엇인지를, 그리스도인으로서 살아가는 변화된 삶이 무엇인지를 깨닫게 해 주는 가정에서 인정과 사랑받는 부모가 되기를 소망합니다.

성경에는 부모를 공경하라는 말씀이 자주 등장합니다. 특히 십계명에도 부모를 공경하라는 말씀이 나옵니다. 왜일까요? 생명은 하나님께 있습니다. 자녀가 태어나는 것은 하나님의 주권이며 축복이며, 부모라는 지위를 주신 것 또한 하나님께서 부여하신 축복입니다. 따라서 하나님이 세우신 부모에게 공경하는 것은 곧 하나님께 순종하는 첫걸음입니다. 순종을 보여 드리는 믿음의 행함입니다. 더 나아가, 부모에게 순종하는 것이 주 안에서 기쁜 일입니다(골 3:20).

하나님께서 세우신 부모를 공경하지 못하면서, 어떻게 하늘에 계신 아버지께 공경할 수 있겠습니까? 보이는 부모님을 존경하지도 사랑하지도 못하면서, 어떻게 보이지 않는 영원하신 하늘 아버지를 존경하며 사랑할 수 있겠습니까? 주 안에서 자녀 된 삶을 살아가는 이는 깨달아야 합니다. 부모님께 사랑한다고 고백하지 않은 자가, 어떻게 하나님 아버지께 사랑한다고 고백할 수 있겠습니까? 부모님께 공경하는 모든 행동이 곧 하나님께 순종하는 행동을 몸과 마음으로 훈련하는 환경임을 깨닫기를 바랍니다.

우리는 처음부터 하나님께 순종하고 사랑해야 하는 방법을 알지 못합니다. 그러나 부모님께 공경하는 삶 가운데서 배우게 됩니다. 순종과 사랑했을 때 어떤 말과 행동이 나오는지를 배우게 됩니다. 하나님을 향한 사랑을 어떻게 표현해야 할지 모르겠다면, 먼저 부모님을 사랑하십시오. 내 안에 계시는 성령님을 통해 깨닫는 지혜가 임할 줄 믿습니다.

부모는 하나님께서 허락하신 지위입니다. 그러므로 자녀에 대한 책임을 회피하는 것은, 자녀를 주 안에서 가르치지 못하는 것은 하나님께 불순종하는 것입니다. 먼저 순종하는 삶을 살아가는 부모가 되기를 바랍니다. 그리고 순종하는 부모의 보살핌 아래에서, 이제는 스스로 그리스도인임을 확실히 깨닫는 독립적인 자녀가 되었다면, 주 안에서 부모를 존경하며 사랑하시기를 바랍니다.

부모님은 하나님께서 자녀 된 나를 위해 세우신 사람들입니다. 나는 나의 부모님을 만난 것이 늘 감사합니다. 부모님을 통해 하나님의 사랑을 다시 깨닫고, 부모님으로 인해 예수님을 믿는 믿음을 지키며 살아갈 수 있도록, 주 안에서 양육해 주신 하나님의 사람들이기 때문입니다. 주 안에서 살아가는 부모님을 존경하며 사랑하는 모습의 증거가, 나 또한 주 안에서 자녀를 양육하는 부모가 되는 것입니다. 그리고 그것이 곧 순종하는 자에게 천대까지 은혜를 베푸시는 하나님의 축복이 임하는 가정임을 믿습니다 (출 20:6).

오늘 하루, 가정에서도 그리스도인으로서 살아가는 부모이자 자녀가 될 수 있기를 바랍니다. 가정에서도 하나님을 순종하며 사랑하는 것이 드러나기를 바랍니다. 가정이라는 환경은 남들에게 내가 말하기 전에는 속속히 알 수 없습니다. 그러나 하나님은 모든 것을 세세하게 아십니다. 그러므로 가정에서부터, 작은 공동체에서부터 주 안에서 살아가는 믿음의 사람이 되기를 바랍니다.

여정을 향한 권면적 선포(결단)

하나님의 뜻을 이루시기 위해 인간의 몸으로 이 땅에 오신 예수님께서도 인간으로서 부모에게 순종하며 성장하는 모범을 보이셨습니다(눅 2:51-52). 부모에게 순종하는 것이 곧 인간으로서 하나님의 뜻을 실천하는 신앙의 자세이기 때문입니다. 그리고 그것이 지혜이며 하나님께 사랑받는 삶임을 몸소 보여 주신 예수님을 닮도록 노력하는 자녀가 됩시다!

"분명하게 보여주리라"

사전적 의미

[분명히] 모습이나 소리 따위가 흐릿함이 없이 똑똑하고 뚜렷하게./태도나 목표 따위가 흐릿하지 않고 확실하게.

[보다] 눈으로 대상의 존재나 형태적 특징을 알다.

성경 말씀 묵상

새 일을 행하시는 이유, **이사야 43:14-21**

불가능한 상황에서도 새 일을 행하시며 길을 만드시고 강을 만드셔서 분명하게 보여 주시는 하나님의 일 하심을 믿으며 찬송합시다!

우리의 인생 중에서 단 한 순간도 후회하지 않았던 적이 있으신가요? 후회 없이 인생의 모든 순간이 만족스러운 삶을 살았던 사람도 있겠지만, 한때는 후회감으로 살아가던 나날을 보낸 사람도 분명 있을 것입니다. 항상 그 순간에는 그것이 최선의 선택이라고 믿고 판단하여 행동했지만, 그것이 얼마나 어리석고 성숙하지 못한 모습이었는지를 깨달았을 때는 후회와 부끄러움만 남을 뿐입니다. 이것이 바로 인간만이 느끼는 수치요, 성령의 인도하심에 따라 결정하지 않고 제 뜻대로 따르는 행동의 결과입니다.

그러나 하나님은 결정을 번복하시는 분이 아니시며, 계획하신 일을 끝까지 완전하게 성취하시는 분이시고, 하나님의 말씀은 영원하며 유일한 진리가 되십니다. 그러므로 후회가 없는 신실하신 하나님이십니다(민 23:19). 하나님은 과거에 머무르지 않으시고, 여전히 새 일을 행하시는 분이십니다. 다시 말하면 과거, 현재, 미래가 인간의 시간일 뿐이며, 하나님은 어제나 오늘이나 동일하게 여전히 하나님의 일을 계속 행하고 계심을 믿고 의심치 않기를 바랍니다.

모든 것을 아시는 영원하신 하나님께서는 인생의 후회뿐인 인간을 위해, 죄인으로 살았던 인간이 소망을 품고 살아갈 수 있도록 새 길을 열어 주시고 새 생명을 얻도록 새 일을 행하심을 깨닫기를 바랍니다.

하나님은 우리가 과거의 상처와 실패, 그리고 죄에 머무르지 않기를 원하시며, 새 일을 행하시는 하나님의 나타내심을 바라보기를 원하십니다. 그러므로 우리는 믿음의 눈을 들어, 주가 이루신 길과 생명과 진리가 되시는 예수님(요 14:6)을 바라보기를 간구합니다. 예수님만이 다시는 후회하지 않는 인생을 살아가도록 계획하신 하나님의 뜻이십니다. 길이 없던 곳에 길을 내시고, 메마른 곳에 강을 내시어 구원의 통로를 열어 주신 하나님의 은혜를 체험하며, 그분을 찬송하는 새 삶을 살아가는 성도가 되기를 바랍니다.

죄로 인해 죽음밖에 없던, 하나님과의 관계가 단절된 삶으로 끝나지 않도록, 이전 것은 잊고 새롭게 인생을 살아갈 수 있도록 허락하신 하나님의 은혜를 모든 사람이 알 수 있기를 소망합니다. 나 혼자 새롭게 출발하지 않고, 모든 이가 주 안에서 새롭게 출발할 수 있도록 구원의 은혜 말씀을 전하는 성도가 되기를 바랍니다. 그러므로 그리스도인은 죽어가는 인생이 아니라, 죽음을 향한 삶이 아닌, 영원한 생명을 향한 삶을 살아가는 사람입니다(요 3:16, 11:25-26). 그리스도인에게는 끝이 아니라 새로운 시작만이 있을 뿐입니다. 따라서 우리의 시간은 점점 사라지는 것이 아니라, 하나님과 영원토록 함께하는 시간이 다가오는 것입니다.

그리스도인이라고 말하면서 계속 옛 기억에 집착하고 후회하며, 옛것을 자랑하며 과거의 역사에 머무른다면, 하나님이 행하시는 일을 제대로 바라보지 못할 것입니다. 본인의 손으로 눈을 가린 채 아무것도 보지 못한다고 말하는 것과 같은 모습입니다. 따라서 옛것, 과거에 머무르지 않고 여전히 새 일을 행하시는 하나님을 바로 보는 믿음의 눈이 열리기를 바랍니다.

예를 들어, 과거에 하나님께서 나를 이렇게 세우셨고, 여기서 말씀 전했고, 이런 기적이 나타났습니다. 그렇다면 현재는 어떤 믿음의 삶을 살아가고 있습니까? 어제 역사하셨던 하나님께서 오늘은 역사하지 않으시는 분이십니까? 하나님은 우리를 통해 새 일을 행하시기를 원하십니다. 그러므로 과거의 은혜에 만족하지 않고, 날마다 하나님의 은혜를 갈망하며 성령 충만함을 간구하기를 바랍니다. 자기 신앙에 빠져 성령을 거스르지 않기를 바랍니다.

우리 주 하나님은 계속해서 더 놀라운 새 일을 행하시는 분이심을 믿으시기 바랍니다. 그것을 깨닫는다면, 출애굽시키시기 위해 보여 주신 열 가지 재앙과 홍해를 가르신 위대한 일이 끝이 아님을 믿게 됩니다. 출애굽의 기적만으로는 이스라엘 백성이 끝까지 하나님만을 믿으며 살아갈 수 없었습니다. 그래서 여전히 새 일을 행하시는 이유는, 불완전한 존재인 인간이 유일하신 분만을 믿고 찬양하게 하기 위한(사 43:21) 하나님의 크신 은혜이며, 우리를 향한 변함없는 사랑 때문입니다.

따라서 그리스도인이 살아가는 이유는 옛 삶과 달라야 합니다. 우리가 사는 이유는, 나를 죄에서 건지시고 하나님과의 관계를 회복하게 하신 하

나님의 은혜를 증거하며 고백하고, 그분의 이름을 높이 올려 드리는 목적
이 되어야 합니다. 하나님이 하나님 되심을 온 세상에 알리는 것이 삶의 목
적이며, 새 삶을 살아가도록 허락하신 하나님의 은혜에 보답하는 감사의
표현입니다.

오늘 하루, 과거의 은혜에 머무르지 않고, 여전히 나에게 은혜를 베푸시
는 하나님을 믿음의 눈으로 바라보는 하루가 되기를 바랍니다. 어제의 은
혜로 오늘의 시험을 온전히 이겨낼 수 있을까요? 오늘 무슨 일이 일어날지
알 수 없습니다. 그러므로 지금도 여전히 나를 위해 새 일을 행하시고 보여
주시는 하나님의 신실하심을 믿기를 바랍니다.

여정을 향한 권면적 선포(결단)

인간의 생각과 한계를 날마다 뛰어넘으시는 위대하신 하나님의 나타나심을 바
라만 보는 것이 아니라, 하나님을 높이며, 하나님의 나타나심을 많은 이가 함께 알
도록 그분의 행하심을 날마다 찬양합시다!

"충만해지리라"

사전적 의미

[충만] 한껏 차서 가득함.

성경 말씀 묵상

충만한 삶, **골로새서 2장**

예수 그리스도 안에 모든 충만이 있으므로 우리의 중보자는 예수님뿐임을 믿읍시다!

살아계신 하나님의 아들 예수 그리스도를 믿는 믿음을 흔들고 의심하게 하는 요소들이 너무나 많이 있습니다. 하나님을 대적하며 우리를 괴롭히는 공중의 권세 잡은 자들(엡 2:2), 어둠의 세상 주관자들, 하늘에 있는 악의 영들(엡 6:12) 곧 하나님의 통치를 거부하며 예수님을 믿지 않는 자들을 다스리고 조종하며 권세를 잡고 세상의 영향력을 끼치는 영적 존재, 곧 사탄의 세력이 최후 심판 때까지 아직도 우리 주변에 머물러 있습니다.

그러나 그리스도께서 이미 사탄의 세력에 승리하셨습니다. 십자가에 죽으시고 부활하심으로써 사탄의 세력을 무력화시키셨습니다. 그들을 패배시키셨으므로, 어떤 악도 더는 그리스도인들에게 아무런 영향력을 끼치지 못합니다(골 2:15). 모든 권세자 위에 계시는 높고 높으신 만왕의 왕이신 분이 바로 예수 그리스도십니다(골 2:10). 그러므로 머리가 되시는 예수 그리스도 안에 있을 때, 우리를 다스리고 굴복하게 하는 세상의 권세로부터 자유하게 되며 승리하게 됩니다. 곧 주 안에서 그 힘과 능력으로 마귀를 대적하도록 하나님의 전신갑주를 입을 수 있습니다. 우리는 악의 영들을 상대할 수 있습니다. 또한, 어떤 사탄의 공격으로부터 우리를 보호할 뿐 아니라, 예수님이 승리하신 것과 같이 우리 또한 반드시 승리를 얻게 됩니다(엡 6:10-20).

따라서 우리는 다른 어떤 요소나 권세를 간구하지 않고, 오직 모든 것에 승리하신 예수님만을 간구하며, 예수님 한 분만으로도 충분하다는 것을 깨닫기를 바랍니다. 예수님이 유일한 중보자 되심을 믿는 자에게는, 예수님의 충만한 권세가 우리 안에 채워짐을 의심치 않기를 바랍니다.

우리의 믿음을 흔드는 세력이 누구인지 깨달았다면, 이제는 그들이 어떻게 흔들고 있는지를 알아야 합니다. 바로 세상의 철학과 헛된 속임수로 우리를 사로잡습니다(골 2:8). 그리스도인은 하나님의 비밀인 그리스도를 깨닫고, 그리스도 안에 있는 지혜와 지식의 모든 보화를 이해하도록(골 2:2-3) 그리스도를 온전히 따르며, 그분의 말씀을 깊이 연구하고 묵상하며, 성령의 지혜를 날마다 간구해야 합니다.

그러나 그들을 깨닫지 못하도록 방해함으로, 구원에 이르지 못하도록 예수님을 불신하게 만들고, 여러 철학적 지식과 배움을 통해 교만하게 만들어 진리를 받아들이지 못하게 하는 것이 그들의 방법입니다. 즉, 그리스도가 아니라 다른 무엇으로도 구원을 받을 수 있음을 주장하고 강조하는 모든 사상은, 그리스도 안에 있지 않게 하도록 유인하는 속임수입니다. 그런 속임수는 붙잡지도 말고, 맛보지도 말며, 만지지도 않기를 바랍니다.

그리스도인은 사람의 명령과 가르침을 따르는 자가 아니라, 참 하나님이시며 참 사람인 예수 그리스도의 명령과 가르침을 따라야 합니다. 왜냐하면 예수님은 완전하신 하나님이시기 때문입니다(요 1:1-3, 10:30, 히 1:3). 그러므로 우리는 예수님 한 분만으로도 충분한 삶을 살아갈 수 있습니다. 오직 그리스도 한 분으로도 충분합니다.

세상은 끊임없이 무언가를 더 요구하며, 배우기를 갈망하게 합니다. 그러나 그 어떤 것으로도 죄를 구원받을 수 없으며, 악한 날에 악한 세력을 이겨낼 수도 없습니다. 오직 그리스도! 오직 예수 그리스도! 오직 그리스도 예수 안에서 하나님의 비밀을 깨닫고 믿음에 굳게 서서, 악한 자들을 구경거리로 삼게 하시는 예수 그리스도의 십자가로 승리합시다. 예수님은 하나님 자신이시며, 예수님을 믿는 것이 곧 하나님을 믿는 것이고, 그리스도 예수를 주로 섬기며 예수 안에 있는 자는 다른 어떤 수단이 필요하지 않을 정도로 충만한 삶을 살게 됨을 믿어 의심치 않기를 바랍니다.

오늘 하루, 우리에게 부족한 것이 있다면 세상의 어떤 요소로 채우려 하지 말고, 예수 그리스도 안에서 살아내지 못하고 있는 나의 영적 상태를 점검해 보기를 바랍니다. 속임수에 사로잡히지 않고, 허전한 감정에 속지 않으며, 세상에서 주는 일시적인 만족에 흔들리지 않고, 십자가로 악한 모든 것들을 무력화시키시고 구경거리로 삼으신 예수님만을 믿는 그리스도인이 되기를 바랍니다.

여정을 향한 권면적 선포(결단) ________________________________

우리가 갈망하는 충만한 삶은, 오직 예수 그리스도 안에서만 가능합니다. 세상이 주는 충만과 예수 그리스도 안에서의 충만은 결코 동일한 것이 아님을 깨닫기를 바랍니다. 내 생명을 누구에게 맡겨야 하는지를, 누구에게 내 삶의 통치권을 드려야 하는지를 분별할 수 있는 성령의 지혜가 충만하게 임하기를 소망하며, 오직 예수 안에서 살아갑시다!

"네 동생과 함께하라
안전할 것이다"

사전적 의미

[동생] 같은 부모에게서 태어난 사이거나 일가친척 가운데 항렬이 같은 사이에서 손윗사람이 손아랫사람을 이르거나 부르는 말.

[안전] 위험이 생기거나 사고가 날 염려가 없음.

성경 말씀 묵상

믿음의 동역자, **출애굽기 4:10-17**

모세에게 아론을 붙이신 것처럼 사명을 포기하지 않도록 곁에 함께할 동역자를 허락하시는 하나님의 은혜에 감사합시다!

모세는 하나님께서 이적(출 4:1-9)을 보여주심에도 불구하고, 말을 잘하지 못하는 입이 뻣뻣하고 혀가 둔한 자임을(출 4:10) 주장하며 계속 사명을 회피합니다. 모세는 이미 애굽의 왕자로서의 신분에서 오는 책임감을 경험했던 자였기 때문에, 하나님께서 부르시고 세우시는 그 자리에서 오는 책임감이 이전보다도 배로 부담스럽고 두려웠을 것입니다. 심지어 바로에게 가서 하나님의 말씀을 전해야 하는 환경과 권세가 두려웠을 것입니다. 그래서 그는 계속해서 "오 주여, 보낼 만한 자를 보내소서."라며 자신의 자리가 아님을 주장합니다.

하나님이 세우신 자리를 내 생각으로 판단하여 부정하는 것은 하나님께 불순종하는, 목이 꼿꼿한 교만한 모습입니다. 여전히 말씀에 순종하지 못하겠다고 반응하는 모세를 향하여 하나님은 노하셨음에도(출 4:14) 모세를 포기하지 않으셨습니다. 이것이 바로 하나님의 은혜입니다. 그리고 그 은혜로 말미암아 허락하신 것이 함께 할 수 있는 동역자를 붙여주신 것입니다. 곧 모세가 주장하는 연약한 부분을 채워주심으로, 더 이상 하나님의 말씀에 순종하지 못하는 이유가 사라지게 되었습니다. 이미 아론을 준비시키시고 예비하신 하나님의 은혜입니다.

이처럼 하나님께서는 사명을 맡기실 때, 우리의 부족한 부분을 채우기 위하여 모든 준비가 되었을 때 그 자리에 부르시고 세우시는 분이십니다. 그러므로 사명에 불순종할 합당한 이유는 결코 없습니다.

하나님은 형 아론을 모세의 믿음의 동역자로 예비하신 이유가 무엇일까요? 모세는 이스라엘 민족성과 가족 간의 관계 회복이 필요하던 자입니다(출 2:10-11). 그러므로 고독하고 외로웠던 모세에게, 사명과 동시에 몸과 마음으로 회복시키며, 그가 하나님의 일을 끝까지 감당할 수 있도록 동역자와 함께 나아감으로 위로하려는 하나님의 은혜입니다. 그리하여 모세는 하나님의 말씀을 듣는 자, 아론은 말씀을 전하는 자로, 사명자로 세우십니다. 사명자인 모세를 포기하지 않고 방법을 바꾸시는, 우리의 이야기를 결코 흘려듣지 않으시는 하나님의 신실하심을 깨닫는 순간이 되기를 바랍니다. 그러므로 사명을 포기하지 않도록, 이미 모든 것을 예비하시는 하나님의 은혜를 깨닫고 기쁨으로 순종하기를 바랍니다. 내가 모세와 같은 사명자일 수도 있고, 아론과 같은 사명자일 수도 있습니다. 나는 어떤 사명자로 부르시고 세우셨는지를 마음을 열고 듣기를 소망합니다.

모세에게 아론을 붙여주신 것처럼, 저에게 있어서 아론과 같은 사람은 가족입니다. 특히 남동생을 통하여 많은 조언과 위로와 응원을 받고 있습니다. 나이는 동생이지만 저보다는 더 듬직하며 속이 깊은 사람입니다. 그래서 갈등을 겪는 부분에 있어 동생과 대화를 나누다 보면, 어느새 결론을 내리고 결정하는 저 자신을 바라보게 됩니다. 동생은 제가 해야 하는 것이 무엇인지 결정하도록 일깨워 주는 역할을 해 줍니다. 그래서 동생과 함께 있을 때 몸과 마음이 편안하며, 든든함을 느낍니다. 그리고 그것이 사람과의 관계에서도 상처를 받았을 때 회복시켜 주는 역할을 합니다. 이것이 나를 사용하시고자 행하시는 하나님의 방법이자 은혜임을 믿습니다. 동생 또한 주를 위하여 살아가고자 하는 그리스도인으로서, 그리고 사명자로 쓰임 받도록 준비하는 과정을 걷는 자임을 믿습니다. 그리고 동생에게 있어서 저 또한 하나님이 허락하신 동역자임을 깨닫고, 주 안에서 함께하는 형제 간의 모습이 선한 영향력을 끼치도록 하나님의 이름을 높이는 데 쓰임 받기를 소망합니다.

모세의 부정 속에서도 포기하지 않으시는 것처럼, 죄인이 우리를 끝까지 포기하지 않으시고 구원 계획을 이루시는 하나님의 은혜를 바라볼 수 있기를 소망합니다. 죄로 인해 죽음밖에 없던 우리를 차마 버리지 못하시는 하나님의 사랑 때문에, 우리의 죄를 대신 지도록 이 땅에 독생자 아들 예수님을 보내심을 믿어 의심치 않기를 바랍니다. 또한, 아론이 모세의 말을 대신 전했듯이, 하나님의 뜻을 듣지도 깨닫지도 못하는 우리를 위하여 예수님은 끊임없이 하나님의 말씀을 대신 전하시고, 지금 이 순간에도 내 안에 계시는 성령님이 하나님의 모든 말씀을 듣고 알고 깨닫게 하여주심에 감사합시다.

오늘 하루가, 나를 부르시고 세우시는 하나님의 계획에 순종하는 첫 번째 날이 되기를 소망합니다. 이제는 미루지 않고 부정하지 않으며, 나에게 맡기신 사명에 기뻐하며, 나의 부족함을 채우기 위해 준비하고 예비하신 하나님의 은혜를 경험하기를 바랍니다.

여정을 향한 권면적 선포(결단) _______________________________________

영원히 우리와 함께하시는 예수 그리스도가 부족한 모든 것을 채워 주시는 능력의 근원이 되시므로, 우리에게 있어서 사명을 포기할 이유가 더욱 없어졌습니다. 따라서 나는 언제나 어디서나 홀로 서 있는 사명자가 아님을 믿어 의심하지 맙시다!

"힘을 내라 담대하라 예수 그리스도의 이름으로 승리하라"

사전적 의미

[힘] 사람이나 동물의 근육을 통해 발생하는 스스로 움직이거나 다른 사물을 움직이게 하는 작용.

[담대] 겁이 없고 배짱이 두둑함.

[승리] 겨루어서 이김.

성경 말씀 묵상

이미 이길 수밖에 없는 삶, **요한복음 16:33**

세상은 우리에게 환난을 주시반 예수님은 평안을 주십니다. 그리므로 예수 그리스도를 힘입어 승리합시다!

예수님의 십자가의 고난이 시작되기 전에 제자들에게 하신 말씀은(요 13장-16장) 두려움을 주기 위함이 아니라, 말씀을 통해 미리 다가올 환난을 준비시키기 위함입니다. 예수님은 이미 모든 것을 아셨지만, 제자들은 곧 겪게 될 두려움과 혼란스러운 상황을 알지 못합니다. 그들이 무너지지 않도록 예고하시고 약속하신 것입니다. 예수님으로 말미암아 하나님과의 관계가 회복되어 누리는 평안과 화평을 우리에게 주기 위해, 십자가를 대신 지고 가신 예수님의 희생을 온전히 믿기를 바랍니다. 세상은 결코 하나님과 화평을 누리도록 하는 능력이 없습니다. 오직 예수 안에서만 주어지는 구원의 은혜입니다. 그러므로 세상이 주는 평안과 예수님이 주는 평안은 같을 수 없습니다. 예수님이 주는 평안은 마음에 근심하지 않고 두려워하지 않게 합니다(요 14:27).

평안은 환경과 상황에서 오는 것이 아니라, 예수님 안에 있을 때 주어지는 은혜임을 깨닫는다면, 우리는 세상의 노예로 살지 않을 것입니다. 세상은 우리보다 인간의 몸으로 오신 살아계신 하나님의 아들 예수님을 먼저 미워하고 핍박하였습니다. 그 세상에서 우리를 먼저 택하시므로, 세상에 속한 자가 아닌(요 15:16-19) 하나님께 속한 자인 우리는 미움과 핍박을 받는 것이 예고된 일임을 이해해야 합니다. 그러므로 핍박받는 것이 두려워 복음에 대해 세상과 절대 타협해서는 안 됩니다. 아직 복음을 알지 못하는 세상 사람과 화목하게 지내려는 노력은 필요하지만, 복음 곧 예수님에 대한 진리의 말씀은 정확하게 증거해야 합니다. 또한 예수님을 위하여 하는 믿음의 헌신 때문에 세상에서 미움과 조롱을 받는다 해도, 그것에 주눅 들지 않기를 바랍니다. 우리는 세상의 노예가 아니라 하나님의 자녀입니다. 예수님을 믿는 자에게 성령이 친히 우리가 하나님의 자녀임을 확정하며 확신하도록 증언하십니다(롬 8:15-16). 그러므로 하나님의 자녀로서 누리는 권세를 의식하며 살아야 합니다.

하나님의 자녀로서 누리는 권세는 환난 앞에서도 힘내고 담대하며 승리하게 하는 특별한 권세입니다. 즉, 예수님을 힘입어 주어지는 평안입니다. 세상이 주는 환난은 없어지지 않습니다. 예수님께서도 시험과 모진 고난을 감당하셨지만, 3일 만에 부활하심으로 완전히 승리하셨습니다. 그러므로 환난은 우리에게 두려움과 근심을 주는 것이 아닙니다. '1+1'이라는 문제를 놓고 고민하는 사람이 있습니까? 이미 '2'가 정답임을 아는 것처럼, 환난이라는 문제 앞에서도 고민할 필요가 없는 이유는, 이미 예수 그리스도께서 승리하신 정답을 우리가 알고 있기 때문입니다. 그러므로 그리스도인이 환난 앞에서도 강할 수 있는 것은, 예수 그리스도로부터 오는 평안 때문입니다. 따라서 그리스도인은 스스로 이겨내는 자가 아니라, 예수 그리스도로 말미암아 승리를 함께 누리며 얻은 자입니다.

예수님을 따르는 자들은 영적·육적 고난을 경험하게 될 것입니다. 그것을 피할 수 있다면, 예수님은 우리에게 미리 담대하라는 말씀을 하지 않으셨을 것입니다. 환난이 없을 것임을 말씀하셨을 것입니다. 그러나 환난은 있어도 결코 우리를 이기지 못합니다. 십자가의 고난에서 이미 승리하셨음을 선언하시면서, 그것이 완전히 성취되어 지금도 여전히 승리를 허락하시는 권세를 주셨음을 믿습니다. 십자가의 죽음과 부활을 통해 죄와 세상의 모든 사망 권세와 죽음에서 승리하신 예수 그리스도로 말미암아 하나님께 감사하기를 바랍니다(고전 15:57). 우리는 이미 승리하는 싸움에 참여하는 자입니다. 즉, 우리는 이미 해결될 수밖에 없는 문제 앞에 놓여 있는 자입니다. 따라서 환난 앞에서 겁내지 않고, 이미 이기신 예수 그리스도만을 끝까지 믿는 그리스도인으로 살아가기를 바랍니다.

오늘 하루, 예수 그리스도 안에서 무엇이든 담대함을 갖고 힘을 내는 그리스도인으로 살아갈 수 있기를 바랍니다. 세상은 우리를 미워하고 핍박하기 위해 끊임없이 근심과 재난을 통해 괴롭힐 것입니다. 그러나 그 괴로움을 이겨내는 방법은 내가 알고 있는 지식과 경험이 아닙니다. 오직 예수 그리스도로 말미암아 하나님의 자녀 된 권세로써 승리할 수 있습니다. 그러므로 예수님과 멀어지지 않도록, 거스르지 않도록 늘 성령 충만함을 간구하시기를 바랍니다.

여정을 향한 권면적 선포(결단)

따라서 세상에 핍박받는 상황을 통해서 약해지는 순간에 처해 있는 우리를 향하여 믿음으로 선포합시다! 힘을 냅시다! 담대합시다! 오직 예수 그리스도의 이름으로 승리합시다!

"새 힘을 부어주리니 두려워하지 말라"

사전적 의미

[힘] 사람이나 동물의 근육을 통해 발생하는 스스로 움직이거나 다른 사물을 움직이게 하는 작용.

[붓다] 액체나 가루 따위를 다른 곳에 담다./모종을 내기 위하여 씨앗을 많이 뿌리다./불입금, 이자, 곗돈 따위를 일정한 기간마다 내다.

[두려움] 두려운 느낌. (위협이나 위험을 느껴 마음이 불안하고 조심스러운 느낌.)

성경 말씀 묵상

새 힘을 부어 주시는 삶, **이사야 40:29-31**

하나님은 한 번도 나를 버리신 적이 없으심을 믿고 하나님이 약속하신 대로 행하실 때까지 의심하지 않고 새 힘으로 기다립시다!

풀은 마르고 꽃은 시드나 하나님의 말씀은 영원합니다(사 40:8). 하나님이 하시는 모든 말씀은 반드시 이루어집니다. 그것이 죄로 인해 무너진 백성을 향한 심판의 말씀이든, 그 죄 가운데 겪게 된 고난 속에서 다시 회복하시겠다는 위로와 약속의 말씀이든, 하나님께서 하신 모든 말씀은 시간이 오래 걸려도 반드시 이루어집니다. 신실하신 하나님께서는 이사야 선지자를 통해 심판과 회복의 예언을 선포하셨습니다. 마음이 둔하고 깨닫지 못하는 이스라엘 백성들에 대한 하나님의 노하심을 알리며 돌이켜 회개하라고 말씀을 전해도, 그들은 듣고도 깨닫지 못하며, 보아도 알지 못하는 지경에 이르렀습니다. 죄 가운데 있는 자들은 하나님의 의로운 분노를 피할 수 없었습니다. 하나님은 죄 가운데 있는 자들에게 늘 먼저 회개할 기회를 주시는 공의로운 하나님이십니다. 그럼에도 불구하고 이스라엘은 하나님의 기다림에 올바르게 순종하지 못하므로, 심판과 징계를 받고 포로된 삶을 살게 되었습니다(다니엘 등).

그리고 이와 동시에, 자비와 은혜와 용서와 구원의 예언으로 백성을 위로하고 다시 세우시는 하나님의 사랑 또한 나타났습니다. (에스라/느헤미야 등) 죄로 인해 무너진 백성들이 다시 새롭게 살아갈 수 있도록 허락하신 하나님의 은혜를 깨닫기를 바랍니다.

예언의 말씀은 현실로 나타났음을 성경을 통해 다시 한번 깨닫는 순간이 되기를 바랍니다. 그러므로 하나님께서 말씀하신 것은 오늘날 우리 삶 속에서도 여전히 실제로 일어나는 것임을 믿읍시다. 실질적으로 우리의 삶 가운데 반드시 이루시는 하나님의 말씀을 믿는다면, 지치고 낙심이 가득한 시간 속에서도 약속하신 말씀을 붙들고 하나님을 앙망하는 자가 될 수 있습니다. 하나님이 아무것도 보여 주시지 않으셔도 의심치 않고 흔들림 없는 믿음으로 인내하는 자에게는 새 힘을 주십니다(사 40:31). 새 힘을 얻은 자는 끝이 없는 능력을 부어 주시는 전능하신 하나님의 능력을 경험하게 될 것입니다.

나이가 어린 소년이라도, 나이가 젊고 기운이 좋은 장정이라도 피곤하고 지칠 때가 있으며, 넘어져 쓰러질 때도 있습니다. 아무리 강한 사람이어도 연약한 존재인 것이 바로 사람입니다. 그러나 연약한 존재를 창조하신 하나님께서는 피곤하지 않으시고 지치지도 않으시며, 명철의 한이 없으신 분이십니다(사 40:28-30). 인간은 마르고 시들며 유한하지만, 하나님은 영원하며 무한하신 분이십니다. 그러므로 하나님을 앙망하는 자에게 새 힘을 주시는 것은 결코 피곤하거나 지치지 않으시고 한계가 없는 분이심을 믿어야합니다. 현재 받는 고난 가운데서 인내하며 소망을 품을 힘조차 없고 아무것도 할 수 없더라도, 새 힘을 주신다고 약속하신 하나님을 믿는 믿음만은 절대 잃지 않기를 간구합니다. 그 믿음은 다시 일어서게 하는 하나님의 능력을 기대하는 나의 신앙적 반응입니다.

하나님은 스스로 모든 것을 할 수 있다는 강한 자에게 더 강하도록 새 힘을 주시는 것이 아니라, 피곤한 자에게 능력을 주시고 무능한 자에게 힘을 더하시는 분이십니다. 스스로 감당할 수 없는 상황에 놓여 모든 체력이 소진되어 아무것도 할 수 없는 자에게 새 힘을 주십니다. 하나님 밖에는 아무것도 없는 자, 하나님뿐인 자에게 힘을 허락하실 때 역사가 일어납니다. 독수리가 날개를 치며 높이 올라가듯, 두려움에 도망치지 않고 맞서는 자로 변화시킵니다. 또한 달음박질하여도 곤비하지 않고, 걸어가도 피곤하지 않듯이, 환경과 시간에 상관없이 하나님의 때를 끝까지 인내하며 기다릴 수 있는 지치지 않는 자로 변화시킵니다.

더 나아가, 세상의 환난이 끊임없는 인생 속에서도, 영원한 새 힘이 되시는 예수 그리스도를 통해 영원한 회복까지 완전하게 약속하신 하나님의 말씀을 이루심에 감사하며, 날마다 새 힘을 간구하는 믿음의 사람이 되기를 바랍니다. 오직 예수 안에서 다시 일어나고, 다시 날아오르며, 다시 걸어나가는 하나님의 백성이 되기를 소망합니다.

오늘 하루, 하나님께서 주시는 새 힘이 성령께서 우리 안에 부어 주시는 하나님의 능력임을 깨닫는 순간이 찾아오기를 바랍니다. 예수님께서 우리를 위하여 아버지께 간구하신 보혜사(요 14:16)를 통하여, 곁에서 도우시고 위로하며 상담자가 되어 다시 일으켜 세우시는 성령을 의지하며, 그분의 인도하심을 온전히 믿고 하나님의 말씀을 끝까지 의심치 않고 믿는 믿음의 반응이 나타나기를 바랍니다.

여정을 향한 권면적 선포(결단)

이제는 나의 힘을 의지하여 두려움에 속지 말고 예수 그리스도 안에서 성령 충만함으로 하나님의 약속하신 말씀을 믿으며 끝까지 인내하며 담대히 달려 나가는 변화된 삶을 살아갑시다!

"내가 너를 보호하리니
약해지지 말아라"

사전적 의미

[보호] 위험이나 곤란 따위가 미치지 아니하도록 잘 보살펴 돌봄./잘 지켜 원래 대로 보존되게 함.

[약하다] 힘의 정도가 작다./튼튼하지 못하다./각오나 의지 따위가 굳지 못하고 여리다.

성경 말씀 묵상

그의 보호 아래 있는 삶, **시편 91편**

하나님의 보호하심 아래 있는 자는 결코 약한 존재가 아닙니다! 그러므로 하나님의 보호 아래에서 벗어나지 맙시다!

출애굽기 12장의 유월절 사건을 먼저 바라보기를 원합니다. 출애굽의 과정 가운데서 하나님께서 애굽에 내리신 열 번째 재앙은 곧 모든 처음 난 것의 죽음입니다. 이 죽음을 이스라엘 백성에게는 나타나지 않도록, 어린양의 피를 좌우 문설주와 인방에 바르라고 명령하셨습니다. 애굽 땅을 칠 때 그 피가 표시되어 있는 집에는 재앙을 통해서 멸하지 않도록 넘어가실 것임을 약속하셨습니다(출 12:7, 13). 말씀하신 대로 하나님이 선택하신 백성을 재앙과 죽음 가운데서 분리하여 보호하신 사건이 분명하게 드러났습니다. 하나님의 보호는 세상과 구별되도록 죽음에서 건져내시는 구원의 은혜임을 믿습니다.

더 나아가, 예수님께서 친히 이 땅에 오시어 세상 죄를 지시고, 십자가의 보혈로 말미암아 하나님의 은혜 아래에서 구원받고 영원히 보호받도록 유월절 양으로 희생하셨습니다(고전 5:7). 오직 십자가의 보혈이 우리를 덮고 지키며 구별된 자로 증거되는 유일한 방법입니다. 세상 죄를 지고 가는 하나님의 어린양이신 예수님이 (요 1:29) 피 흘리신 단 한 번의 제사로, 죽음의 재앙에서 멸하지 않도록 구원하신 은혜는 영원히 변치 않는 진리입니다. 그러므로 우리는 매 순간, 영원히 하나님의 보호를 받는 성도임을 깨닫기를 바랍니다. 하나님은 일시적으로 보호해 주는 임시처가 아니시며, 영원한 생명을 보호하시는 영원한 피난처, 거처가 되십니다.

세상을 살아가다 보면 우리를 불안하게 하는 환경은 참으로 다양합니다. 육의 눈으로 보이지 않고 나타나지 않지만, 두려움과 공포와 죄에 대한 악한 생각을 심어 불안하게 합니다. 또는 눈으로 너무나 잘 보이는 사람의 말과 행동, 관계의 두려움과 세상의 물질적 어려움을 통해서도 불안하게 합니다(시 91:5-6). 불안과 두려움을 주어 공격하는 세력에게는 밤낮이 없습니다. 그러므로 언제나 어디서나 모든 순간에 하나님의 보호하심이 필요합니다. 어미 새가 새끼를 날개 아래로 보호하듯, 백성을 보호하시고 함께하시는 하나님을 믿고 의지한다면, 언제나 어디서나 어떤 형태의 재앙에도 결코 두려워하지 않을 것입니다(시 91:6).

애굽 땅에 두루 다니며 사람이나 짐승을 막론하고 애굽 땅에 있는 모든 것을 치고 심판하시는 하나님께서는(출 12:12), 애굽 땅에 있었던 이스라엘 백성, 즉 하나님의 계획 아래 있던 백성들은 결코 멸하지 않으셨습니다. 이는 곧 우리의 주변 환경이 재앙으로 가득하고 죄가 넘쳐도(시 91:7) 하나님의 보호하심 아래 있는 자는 절대적으로 안전하며, 피해를 받지 않도록 완전하게 지켜 주심을 뜻합니다. 유월절 어린양의 피가 덮인 이스라엘 백성이 멸망 가운데서 살아남았던 것처럼, 유월절 어린양이신 예수 그리스도의 피를 믿는 자는 죄와 사망의 심판에서 해방되어 멸망하지 않고 영생을 얻게 됩니다(요 3:16, 히 9:12).

예수 그리스도의 피로 말미암아 세상과 구별되어 세상에 속한 자가 아닌, 하늘에 속한 자로서 하나님과 단절된 관계가 회복되므로, 영원히 멸망하지 않고 하나님과 함께하며 보호를 받는, 그 누구도 빼앗을 수 없는 영원한 처소가 있음을 깨닫기를 바랍니다(요 14:2-3). 더 나아가, 하늘의 거처뿐만 아니라 언제나 어디서나 함께 하시는 성령 하나님이 임재하시는 곳이 그 누구도 빼앗을 수 없는 처소임을(요 10:28) 기억해야 합니다. 그러므로 우리는 이 빼앗기지 않는 처소 안에서 하나님의 보호하심 가운데 안전하게 거하며, 하나님만이 우리의 피난처요 거처가 되심을 믿음으로 선포하며, 심판의 대상이 아닌 예수 그리스도를 믿어 구원 받은 증인이 되기를 바랍니다(시 91:8).

오늘 하루, 예수 그리스도의 이름으로 어떤 재앙과 악한 권세를 이길 권능이(시 91:13) 우리에게 있음을 믿으며, 그리스도인으로서 연약한 모습을 보이지 않기를 바랍니다.

여정을 향한 권면적 선포(결단)

하나님의 보호하심에 있는 자는, 하나님께서 그를 건지시고 높이시며 응답하시며 함께 하시며 장수함으로 만족하게 하시며 구원(시 91:14-16)의 은혜를 주시고 날마다 부어주심으로 그분의 날개 아래에 온전히 거합시다!

"나의 계획을
의심하지 말아라"

사전적 의미

[계획] 앞으로 할 일의 절차, 방법, 규모 따위를 미리 헤아려 작정함. 또는 그 내용.

[의심] 확실히 알 수 없어서 믿지 못하는 마음.

성경 말씀 묵상

하나님의 생각은, **예레미야 29:11**

하나님의 계획은 그분의 주권으로 때에 맞게 인도하시므로, 의심하지 말고 끝까지 믿읍시다!

우리를 시험에 들게 하는 환경에 오랜 시간 머물다 보면, 슬픔과 괴로움과 분노의 감정이 무뎌지는 순간이 찾아옵니다. 더 나아가 미래를 계획할 힘도 없어지고, 희망조차 품지 못하는 사람이 되어 있을 것입니다. 그렇게 꿈이 많던 사람이 한순간에 꿈을 꾸지 않은 채 살아가고 있다면, 보편적이지는 않지만, 그는 이미 남들의 눈에 보이지 않았던 슬픔과 괴로움과 분노와 좌절의 환경을 겪은 사람일 가능성이 높습니다.

그리스도인도 마찬가지입니다. 예수님을 믿는다고 하더라도, 시험에 들게 하는 환경과 상황을 당장 마주하게 된다면, 그것을 나를 단련시키기 위한 믿음의 훈련으로 받아들일까요? 아니면 재앙으로 받아들일까요? 분명한 것은 하나님의 계획은 재앙이 아니라, 미래와 희망을 주기 위해 인도하시는 새로운 시작을 위한 선하신 뜻이라는 점입니다. 계속해서 죄에 머물러 있지 않고 자신의 잘못을 회개하며, 연단 과정 가운데 성숙한 그리스도인으로 성장하도록, 아버지의 품으로 다시 돌아오게 하도록, 앞으로 나아가고 새롭게 시작할 수 있음을 몸소 가르쳐 주시려는 것이 하나님의 뜻입니다.

따라서 인간의 눈으로 볼 때는 현재의 고통이 희망조차 품을 수 없는 나날처럼 느껴질 수 있지만, 하나님의 시선으로 볼 때는 이전과 다른 새로운 삶을 살아가도록 보이는 것을 통해 교훈과 책망과 바르게 함과 의로 교육하시고자 하는 하나님의 구원 과정이며, 하나님과의 관계 회복의 과정임을 깨달아야 합니다. 그러므로 그리스도인은 힘든 시기에도 미래와 희망을 잃지 않고 살아가야 합니다. 그것이 우리를 향한 하나님이 허락하신 평안한 자의 삶입니다.

우리는 미래를 알 수 없지만, 미래를 알고 계시는 분은 천지를 창조하신 하나님뿐이십니다(창 1:1). 따라서 미래를 알고 계시는 유일한 여호와 하나님께서 계획하시는 것은 가장 선하시고 공의로우신 뜻이며, 영광스러운 결말에 이르게 하시는 뜻입니다. 뿐만 아니라 하나님의 뜻대로 삶의 방향으로 나아가도록 인도하시며(잠 16:9), 영원토록 함께해 주십니다(마 28:20). 그러므로 우리를 향한 하나님의 계획에 대한 말씀을 들었다면, 믿고 의심하지 않기를 바랍니다. 가장 선하신 하나님께서 나를 위해, 우리를 위해 세우신 유일한 뜻이기 때문입니다.

어느 상황 속에서도 우리를 결코 잊지 않으시고 버리지 않으시는 하나님의 계획을 믿으며, 현재 놓여 있는 재앙 같은 상황 속에서도 주 안에서 미래와 희망을 품고 성숙한 그리스도인으로 성장하기를 바랍니다.

예수님이 가신 십자가의 길과 죄수들과 함께 십자가에 못 박히시고 피를 흘리신 수치와 고난은 겉보기에는 죽음밖에 없는 결말처럼 보이지만, 그 십자가의 희생이야말로 영원한 생명의 시작이며, 하나님의 뜻을 완전히 성취하시고 이루신 구원의 시작입니다. 죽으시고 3일 만에 부활하심으로 죄와 사망 권세에서 승리하시며, 우리에게 말씀하신 하나님의 모든 말씀은 결코 헛되거나 거짓된 것이 아님을 보여주셨습니다. 다시 말하면, 인류를 향한 하나님의 생각은 재앙이 아니라 미래와 희망을 주는 평안을 이루기 위해 계획하시고 준비하셨다는 것을 깨닫게 됩니다.

그 누구도 빼앗을 수도, 이룰 수도 없는 영원한 미래와 영원한 희망을 품도록 허락하신 하나님의 계획이 예수 그리스도로 말미암아 완전히 이루어졌습니다. 그러므로 예수 그리스도를 믿는 모든 자는, 하나님이 세우신 모든 계획이 반드시 이루신다는 말씀을 의심하지 않고 믿어야 하는 확실한 증거를 갖게 됩니다. 따라서 인간의 눈으로 보았을 때 하나님의 계획이 당장 이해되지 않더라도, 그분을 의심하지 않아야 합니다. 하나님의 뜻은 완전하며 반드시 이루시는 분이시기 때문입니다.

오늘 하루, 하나님의 생각을 이해하려는 노력보다는 하나님의 생각을 온전히 믿으며, 미래와 희망을 품는 그리스도인이 되기를 바랍니다. 인간의 이해를 초월하시는 하나님의 완전한 뜻은 언제나 선하시며, 나에게 있어서 가장 좋은 계획을 세우고 계시는 유일한 분만을 믿을 수 있기를 바랍니다. 지금 당장 문제를 해결해 줄 것처럼 듣기 좋은 말과 내가 듣고 싶은 말을 하는 거짓된 사람들에게 미혹 당하지 않고, 성령 충만함으로 분별하여 온전히 하나님의 음성만을 듣고 믿을 수 있는 성숙한 그리스도인이 되기를 간구합니다. 하나님은 영원한 위로를 주시지만, 거짓된 자는 일시적인 위로만 줄 뿐임을 잊지 않기를 바랍니다. 하나님의 계획을 의심하는 것은, 우리가 기다리지 못하고 이해되지 않는 순간에 찾아오는 믿음의 흔들림입니다. 그러므로 그 흔들림에 넘어가지 않도록 성령 충만하기를 간구하기를 소망합니다.

여정을 향한 권면적 선포(결단)

지금이 도무지 이해되지 않아도, 하나님은 그분의 계획대로 늦지 않도록, 완벽하게, 가장 선하신 뜻대로 반드시 이루십니다. 지체되어 보이는 시간은 나의 시선입니다. 그러므로 나의 시선을 거두고, 예수 그리스도로 말미암아 하나님의 시선으로 바라보는 성숙한 그리스도인이 됩시다!

"네 이름이 창대하리라"

사전적 의미

[이름] 사람의 성 아래에 붙여 다른 사람과 구별하여 부르는 말.
[창대하다] 세력이 번창하고 왕성하다.

성경 말씀 묵상

믿음으로 창대해지는 복, **창세기 12:2**

우리의 삶을 통해 하나님께서 영광 받으신다는 약속의 주인공이 됩시다!

유명한 사람과 가까운 사이가 아니어도, 인사 한번을 하거나 말 한마디라도 나눈 적이 있다면 우리는 주변 사람들에게 그 사실을 자랑하고 싶어하고 안달이 납니다. 그리고 이러한 경험담을 몇 년을 넘게, 때로는 평생 이야기하기도 합니다. 하물며 아브라함에게서부터 시작되는 족보 가운데, 아브라함의 혈통으로 예수님이 이 땅에 오셨다는 것은 그의 가문과 후손에게 절대적이고 영원한 자랑거리이며 영광스러운 일입니다. 더 나아가, 인간의 몸으로 오신 예수님의 혈통이 바로 아브라함으로부터 시작된다는 것은 하나님께서 허락하신 축복입니다. 그 복으로 말미암아 아브라함은 유명한 사람이 될 것임을 약속받았으며, 하나님께서 그의 이름을 창대하게 하신 약속은 지금도 여전히 이루어지고 있습니다. 하나님의 약속은 영원하며 반드시 이루심을 믿고 의심하지 않기를 바랍니다.

우리가 믿는 하나님은 사람을 높이기도 하시고 낮추기도 하시며, 가난하게도 하시고 부하게도 하십니다. 따라서 사람을 높이시는 것은 오직 하나님의 주권입니다. 하나님의 말씀을 믿음으로 순종하며 겸손히 따르는 자는 존귀하게 들림을 받지만, 하나님의 말씀을 불순종하며 교만하게 자신을 위하여 살고 스스로 높아지려는 자는 오히려 더욱 낮아지게 될 것입니다. 그러므로 유명함을 쫓지 않고 무명하더라도, 하나님의 뜻을 따르는 겸손한 사람이 되기를 간구합니다.

사람과의 약속은 상황에 따라 변동되거나 취소될 수 있지만, 하나님의 약속은 결코 변하지 않습니다. 왜냐하면 하나님께서 모든 상황을 주관하시는 분이기 때문입니다. 따라서 그분의 약속이 반드시 이루어진다는 믿음을 가진 자만이, 하나님의 말씀을 순종하며 겸손히 따르는 믿음의 사람으로 나아갈 수 있습니다. 아브라함이 하나님의 부르심에 반응할 수 있었던 이유는 믿음이 있었기 때문이며, 그래서 갈 바를 알지 못하면서도 순종하여 나아가는 모습이 나타난 것입니다(히 11:8-10). 하나님께 선택받고 부르심에 순종하는 자에게는 반드시 이루실 축복을 약속하십니다.

아브라함의 후손으로 오신 완전한 하나님이시자 완전한 인간이신 예수 그리스도를 믿는 자들은 모두 아브라함의 영적 믿음의 자손이 되는(갈 3:7) 큰 민족을 이루게 되었습니다. 또한 예수 그리스도를 믿음으로 의롭게 되는 것이 복이며, 그로 말미암아 성령을 받는 것도 하나님께서 약속하신 복입니다. 하나님께서 아브라함에게 약속하신 것처럼, 그리스도 예수 안에서 아브라함의 복은 완전히 성취되었습니다(갈 3:14). 그러므로 예수 그리스도를 믿는 모든 자는 아브라함을 모를 수 없습니다. 아브라함의 혈통으로 인간의 몸을 입고 오신 예수 그리스도이시기 때문입니다.

아브라함을 통해 하나님의 영광이 드러났고, 그를 통해 메시야 예수를 보내셔서 구원의 약속을 이루셨기 때문에, 아브라함의 존재와 이름은 지금도 믿는 모든 자에게 창대할 수밖에 없습니다. 즉, 아브라함의 믿음과 순종은 단순히 복을 받는 것으로 끝난 것이 아니라, 복의 통로가 되는 약속을 받은 자였습니다. 그는 복을 받기 위해 부르심을 받은 것이 아니라, 온 세상에 복음을 전하도록 부름받은 자로서 믿음으로 그 부르심에 나아간 것입니다. 아브라함에게 주신 약속이 오늘날 예수 그리스도 안에서 우리에게까지 이어지는 창대의 복은 오직 유일하신 하나님만이 허락하신 약속의 말씀입니다. 하나님의 복이 우리를 통해 흘러가고, 하나님의 이름이 높아지도록, 그리스도 예수 안에서 믿음으로 겸손히 순종하는 사람이 되기를 간절히 소망합니다.

오늘 하루, 나의 이름이 유명해지기 위해 열심을 다하기보다는, 긴 시간을 무명하게 살아도 하나님의 말씀에 믿음으로 순종하며 겸손히 나아가도록 노력하기를 바랍니다. 나를 낮추기도 하시고 높이기도 하시며, 가난하게도 하시고 부하게도 하시는 분은 세상도 나의 열심도 아닌, 오직 하나님의 주권이자 은총임을 기억하기를 바랍니다.

여정을 향한 권면적 선포(결단)

하나님께서 허락하시는 창대의 복은 우리의 상상을 뛰어넘는 축복의 말씀입니다. 그러나 우리가 잊지 말아야 할 것은, 우리를 창대케 하시는 본질적인 목적은 예수 그리스도를 전하게 하기 위함입니다. 하나님의 영광이 드러나게 하기 위함입니다. 그러므로 유명해졌다면, 예수 그리스도를 전하는 삶으로 하나님께 영광 돌립시다!

"싸워서 승리하리라"

사전적 의미

[싸우다] 말, 힘, 무기 따위를 가지고 서로 이기려고 다투다./경기 따위에서 우열을 가리다./시련, 어려움 따위를 이겨내려고 애쓰다.

[승리하다] 겨루어서 이기다.

성경 말씀 묵상

마귀를 대적하는 싸움의 무기, **에베소서 6:10-20**

그리스도인이 싸워야 하는 대상은 혈과 육이 아니라, 하나님을 거역하며 방해하는 타락한 영적인 존재들입니다. 그러므로 하나님의 전신 갑주를 입고 싸워서 승리합시다!

그리스도인은 강건해야 합니다. 하나님의 전신 갑주를 입고 끊임없는 영적 싸움을 해야 하기 때문입니다. 사실 마귀와의 전쟁의 결과는 이미 결정되었습니다. 예수님께서 십자가로 마귀를 무력화시키시고 이기셨기 때문에, 그리스도인으로서 참여하는 전쟁의 결과는 늘 승리뿐입니다(골 2:15). 따라서 우리는 승리가 따르는 전쟁에 참여하는 군병들입니다.

이미 예수님의 십자가로 승리하셨음에도 우리가 계속 마귀와 대적해야 하는 이유는, 그들이 이미 패배했음에도 불구하고 세상의 권세를 잡고, 세상의 임금으로 활동하며 여전히 사람들을 속이고 죄와 사망 아래 살아가도록 영향력을 미치고 있기 때문입니다. 최후 심판 때까지, 주님께서 다시 오실 때까지 예수님을 믿지 않는 자 또는 믿는 자를 죄의 노예와 영원한 죽음으로 끌고 가기 위한 그들의 공격은 계속될 것입니다. 그들은 자신들처럼 교만한 생각으로 하나님을 거역하도록 유혹하며 타락시키려고 애쓰는 악한 존재들입니다. 주님이 언제 다시 오실지 모르지만, 그날이 가까워질수록 세상은 더욱 악해질 것이며, 마귀의 공격은 날로 심해질 것입니다.

그러므로 우리는 그 공격에 무방비 상태로 당하지 않고, 이미 예수로 말미암아 주어진 승리를 믿음으로 누리며, 그 승리를 지키기 위해 싸워야 합니다. 하나님의 통제 아래 있는 영적 존재들을 이기기 위해서는, 하나님으로부터 오는 전신 갑주를 입어야 합니다. 이는 단순히 혈과 육으로 싸우는 인간과의 싸움이 아니라, 하늘의 영적 존재들과의 싸움입니다. 따라서 싸우기 위해 전신 갑주를 입는 그리스도인이 되기를 바랍니다.

영적인 존재들과의 싸움은 피하거나 물러나는 것이 아니라, 수많은 유혹과 공격에 담대히 맞서 대적해야 합니다. 이기는 싸움을 피하는 것은 기권하는 것이며, 예수 그리스도를 믿지 못하는 행동입니다. 예수님을 믿는 삶에서는 맞서 싸우는 삶을 피할 수 없습니다. 자신들과 같이 하나님을 거역하게 만들고 따르지 않게 하려는 싸움이기 때문입니다. 그러므로 그리스도인이 되었다는 것은 영적 전쟁에 참여하겠다는 뜻입니다. 우리가 능히 그들과 맞서 싸워 이기기 위해 하나님의 전신 갑주를 입기를 바랍니다. 또한 우리가 싸워야 하는 대상은 인간의 연약한 본성이 아니라, 악한 영적 세력임을 깨닫기를 바랍니다. 싸우는 상대를 아는 것이 전쟁의 첫걸음입니다.

하나님의 전신 갑주는 악한 영들의 공격으로부터 보호할 뿐만 아니라, 간계를 능히 대적할 수 있는 무기입니다. 어떻게 하나님의 전신 갑주를 취할 수 있을까요? 항상 주 안에서 그 힘과 능력으로 강건해야 합니다(엡 6:10). 전신 갑주는 세상의 물질로 살 수 있는 것이 아니라, 주 안에서만 입을 수 있는 무기입니다. 내가 입는 것이 아니라, 예수 그리스도의 힘을 의지할 때 취하는 것입니다. 전신 갑주는 보이는 옷이 아니라, 매일 주 안에서 사는 믿음과 그 힘으로 입게 되는 영적인 옷입니다.

❶ 진리는 흔들리지 않는 중심으로, 신앙을 굳세게 해 주는 기초가 말씀입니다. 세상의 거짓으로부터, 거짓말을 무기로 싸우는 그들을 물리칠 수 있는 방어 무기가 진리의 허리띠입니다. 따라서 하나님의 말씀이 중심이 되어야 합니다.

❷ 예수 그리스도를 믿는 믿음으로 의롭다 함을 받으며 하나님의 자녀로서의 신분을 의심하고 흔들리게 하는 공격으로부터 마음을 지킬 수 있는 것이 의의 호심경입니다. 따라서 예수 그리스도를 믿는 믿음으로 말미암은 의를 선포하기를 바랍니다.

❸ 전쟁에서 움직이는 데 필요한 것은 신발입니다. 어떤 장애물과 혼란 속에서도 전진할 수 있는 것이 복음의 신입니다. 복음은 모든 사람이 들어야 하는 기쁜 소식이자 평화의 소식이며, 희망을 전하는 가치 있는 메시지입니다. 마귀들이 있는 곳곳마다 복음을 전하여, 예수님의 승리하심을 모두가 알도록 해야 합니다.

❹ 악한 자의 불화살, 즉 악한 영들의 모든 공격을 소멸하는 것은 믿음입니다. 모든 공격을 막아 주는 것이 믿음의 방패입니다. 따라서 보이지 않는 것을 보이는 것처럼 믿는 믿음(히 11:1)으로, 그리스도의 능력을 온전히 신뢰하며 마귀에 의한 공격, 핍박, 의심, 절망을 저지하고 승리하기를 바랍니다.

❺ 우리를 향한 하나님의 사랑을 의심하게 하고, 더 나아가 예수 그리스도로 이루신 구원을 의심하게 하려는 공격으로부터 우리의 생각을 지켜

주는 것이 구원의 투구입니다. 머리를 보호하는 투구로, 구원의 확신이 있어야 생각이 흔들리지 않습니다. 생각이 많아지면 걱정과 근심이 생기지만, 하나님께서는 걱정과 근심이 아닌 평안을 주시는 분이십니다(요 14:27). 따라서 나는 구원 받은 하나님의 자녀임을 매 순간 고백하며, 구원의 은혜를 잊지 않기를 바랍니다.

❻ 우리가 마귀를 공격해야 할 때가 있습니다. 예수님께서 광야에서 마귀에게 시험을 받으실 때 말씀으로 물리치신 것처럼(마 4:1-11), 하나님의 말씀은 시험과 유혹을 물리치는 유일한 공격 무기입니다. 그것이 바로 성령의 검입니다. 따라서 어둠을 꿰뚫고 물리치며 찌르는 것은 말씀입니다. 말씀은 읽는 것으로 끝나는 것이 아니라, 선포될 때 역사가 일어납니다. 말씀을 선포할 때 주 예수 그리스도의 능력이 나타납니다. 그러므로 예수님처럼 예수님의 이름으로 말씀을 선포하기를 바랍니다.

전신 갑주를 입었다고 끝이 아닙니다. 성령 안에서 기도하지 않는다면, 늘 깨어 싸우지 못하고 잠들어 있을지 모릅니다(엡 6:18). 전쟁은 예수 그리스도를 믿는 순간마다 일어납니다. 즉, 예수님을 믿는 삶은 악한 영적 존재들과 매일 싸우는 삶입니다. 따라서 전신 갑주는 매일 입어야 합니다. 기도하지 않는다면, 영적 옷인 전신 갑주를 취할 수도 없고, 하나님으로부터 오는 전신 갑주를 깨닫지도 못할 것입니다. 또한 사용할 힘이 우리에게 없기 때문에, 성령의 인도와 도우심을 받아 사용할 힘과 깨닫는 지혜를 간구해야 합니다. 더 나아가 기도 없이 전신 갑주만 입는 것은 의미가 없습니다. 기도는 전신 갑주를 작동시키고 움직이게 하는 영적인 호흡입니다. 따라서 전신 갑주를 입고 성령의 중보하심으로 항상 기도하며 싸워 승리해야 합니다.

영적 전쟁은 개인전이 아니라 단체전입니다. 예수 그리스도를 믿는 모든 자와 하나님을 거역한 타락한 영적 존재들과의 싸움입니다. 그러므로 여러

성도도 전신 갑주를 입고 기도하며 승리하는 공동체가 되도록 간구해야 합
니다.

오늘 하루, 전신 갑주를 입은 십자가 군병으로서 영적 전쟁에 참여하기
를 바랍니다. 또한 예수님을 믿는 모든 자는 함께 전쟁에 참여하는 동지입
니다. 분열되지 않고 함께 힘을 모아 승리를 지켜내며, 하나님의 전신 갑주
를 착용하고 하나님 편에 서 있는 자들이 하나가 되어 영적 전쟁에서 늘 승
리하는 기쁨을 누리기를 소망합니다.

여정을 향한 권면적 선포(결단)

그리스도인은 마귀의 편이 아니라, 하나님의 편에 서서 싸우는 자들입니다. 따라
서 이미 승리가 보장된 전쟁에 참여한 군병으로서, 매 순간 우리에게 허락하신 싸
움의 무기인 전신 갑주를 입은 채 깨어나서 담대히 맞서 싸워 승리합시다!

9. 치유의 무릎: 상한 마음이 말씀으로 회복되는 여정

(81 – 90일 차)

상한 마음을 말씀으로 치유함을 넘어
모든 일을 주님의 이름으로 행하며 살아가는,
하나님의 자녀로서의 거룩한 정체성을 회복하다.

"미리 준비하거라"

사전적 의미

[미리] 어떤 일이 생기기 전에. 또는 어떤 일을 하기에 앞서.

[준비하다] 미리 마련하여 갖추다.

성경 말씀 묵상

미리 준비하는 삶이란, **마태복음 25장**

주님 다시 오실 때까지 책임감 있게 준비하며 성실하게 살아가는 믿음이 증명되는 삶을 살아갑시다!

그리스도인이 바라보는 것은 옛것이 아니라 새로운 것입니다. 눈물도 없고, 다시는 사망도 없으며, 애통하고 곡하는 것도 없고, 아픈 것도 없는(계 21:4), 즉, 죄와 고통과 거역이 있는 옛 세상은 완전히 소멸되고, 하나님이 자기 백성과 함께 거하시는 의의 새로운 세상이 펼쳐지는 새 하늘과 새 땅을 바라봅니다(벧후 3:13). 하나님이 다스리시는 곳은 그 어디나 하늘나라입니다. 그러나 주님께서 다시 오시는 날, 최후의 심판 이후에는 옛것이 사라지는 하늘나라가 찾아옵니다.

이러한 소식은 예수 그리스도를 믿는 자들에게 두려운 소식이 아니라, 새로운 시작을 알리는 기쁜 소식이며, 삶의 목적과 소망을 품게 하는 소식입니다. 그러나 예수를 영접하지 않은 불신자들은 이 소식을 바라보지 못하며, 그들이 가게 되고 겪게 될 곳은 불과 유황으로 타는 못에 던져지는 영원한 형벌을 받게 됩니다(계 21:8). 그러므로 알파와 오메가가 되시는, 맨 처음 천지 만물을 창조하시고 이제 맨 마지막에 또다시 새 하늘과 새 땅을 새롭게 창조하시는 처음과 마지막이 되시는 하나님의(계 21:6) 약속을 믿어 의심치 않고, 예수 그리스도를 끝까지 믿는 신자들이 되기를 간구합니다.

하나님이 약속하신 것을 이루시는 날은 오직 하나님만이 결정하십니다. 그러므로 우리는 언제 이루어질지 모르는, 도둑 같이 오는 주의 날까지(벧후 3:10) 약속의 말씀을 붙들고, 아무도 멸망하지 않고 회개하기를 원하시는(벧후 3:9) 하나님의 선하신 뜻을 향하여 천국 복음을 전파하는 하나님의 백성이 되기를 바랍니다.

예수님께서는 재림을 어떻게 준비해야 하고, 어떻게 살아가야 하는지 비유를 통해 말씀하셨습니다. 당시 혼인 잔치는 보통 일주일 동안 지속되었으며, 잔치는 신랑 집에서 이루어졌고, 그 사이에 신부와 그녀의 친구들은 신붓집에서 신랑을 맞을 준비를 합니다. 신랑은 미리 언제 방문할 것인지를 알리지 않고 갑자기 신붓집으로 찾아오며, 신부를 데리고 잔치가 벌어지고 있는 신랑 집으로 축하 행렬을 지어 갑니다. 예상한 시간에 오지 않더라도, 신랑은 반드시 신부를 데리러 옵니다.

따라서 언제 올지 모르는 신랑을 기다리기 위해 등불의 기름을 미리 준비해야 합니다. 준비하지 못한 게으름과 방심한 자들은 행렬에 참여하지 못하고, 잔칫집에 들어가지 못합니다. 또한 다시 문을 열고 들어갈 기회가 없다는 것을 잊지 않기를 바랍니다. 이처럼 예수님이 다시 오실 때 우리는 부지런히 매일 준비되어 있어야 합니다. 그날이 올 때 누군가에게 빌릴 수도, 물질로 구매할 수도 없기 때문입니다.

불시에 찾아오시는 예수님을 믿는 자들은 오래 참고 인내하며 예수님을 맞을 준비를 항상 갖추고, 찾아오셨을 때 기쁨으로 함께 나아가 잔칫집에 들어가야 합니다. 준비하지 못한 불신자들은 문이 닫혔을 때 열어달라고 외쳐도, 굳게 닫힌 문은 다시 열리지 않습니다. 그러므로 그날과 그때를 알지 못하기 때문에 우리는 늘 깨어 있어야 합니다. 슬기로운 다섯 처녀처럼 등불과 기름을 미리 준비합시다. 믿음의 준비는 그날 그때 가서 하는 것이 아니라, 지금부터 해야 합니다. 즉, 매일매일 꾸준히 깨어 구원받은 성도로서 믿음의 책임감을 느끼고 끝까지 인내하기를 바랍니다(마 25:1-13).

하나님께서는 우리의 그릇에 따라 달란트를 주십니다. 즉 하나님께 받은 모든 시간과 은사, 재능과 지혜는 하나님께서 주신 것임을 믿고, 맡겨주신 달란트를 열심히 성실하게 관리하는 것이 그리스도인의 의무입니다. 각자에게 맞게 분배하신 하나님의 뜻을 믿고, 주님 다시 오실 때까지 받은 것을 잘 사용해야 하는 책임이 있습니다.

그러므로 내가 가지고 있는 모든 자원은 내 것이 아니라 하나님의 것임을 깨달은 자는, 그것을 어떻게 얼마나 잘 사용할지를 고민하며 성실하게 부지런히 사용하여 온전히 하나님을 섬기는 일에 힘쓸 것입니다. 그러나 하나님께 무언가를 받았음에도 아무 행동도 하지 않고 묵묵히 있는 것은, 인내의 행동이 아니라 불성실한 행동입니다. 하나님이 주신 이유는 하나님께 영광 돌리는 열매 맺는 신앙의 삶을 살아가게 하기 위함입니다(벧전 4:10-11).

따라서 한 달란트를 받은 세 번째 종처럼, 자신의 판단으로 아무것도 하지 않은 행동에 대해 자기 합리화하지 않고 핑계를 대지 않는 삶이 되기를 바랍니다. 신실하신 하나님께서는 신실한 자에게 반드시 상을 주심을 기억해야 합니다. 반대로 게으르고, 안주하며 열매를 맺지 못하는 자는 신실한 자와 같은 대우를 받을 수 없으며, 한 달란트마저 빼앗기고 말 것입니다.

그러므로 하나님이 나에게 맡기신 모든 시간과 은사, 재능과 지혜 등을 잘 관리하며, 하나님께 영광 돌리는 삶으로 사용하도록 성실한 그리스도인이 되기를 바랍니다(마 25:14-30).

목자이신 예수님의 음성을 알아듣고 따르는 자는 양입니다. 양은 목자의 음성을 알아듣고, 그 음성만을 따라갑니다. 구원받은 우리의 목자는 예수님이시며, 우리는 그분의 양입니다. 그러나 이 세상에는 양만 있는 것이 아닙니다. 염소와 함께 어우러져 살아가고 있습니다. 그러나 주님이 다시 부르시는 날에는 오로지 양들만 목자이신 예수님의 음성을 듣게 될 것입니다.
또한 구원받은 자는 구원의 은혜에 감격하며 선한 열매를 맺기를 바랍니다(엡 5:8-9). 하나님께 받은 사랑으로 남을 사랑하며 선한 삶을 살아가는 것이 주님의 기쁨이 되며, 우리의 사랑의 행함을 통해 하나님의 사랑이 더욱 나타나고 영화롭게 됩니다. 더 나아가 열매 없는 것은 어둠의 일에 참여하는 자와 동일한 것입니다(엡 5:11).

끝으로, 주님 다시 오시는 그날까지 깨어 준비하지 않고 성실하게 열매 맺는 삶을 살지 못하며, 하나님의 구원 은혜를 거부하고 예수님을 믿지 않으며, 마귀와 같이 하나님의 뜻을 대적하는 자의 결말은 마귀와 그 사자들을 위해 예비된 영원한 불에 들어가게 됩니다(마 25:41). 구원받지 못한 죄인은 영벌에, 예수님을 믿고 의롭다 함을 얻은 의인은 영생에 들어갑니다(마 25:31-46).

오늘 하루, 마태복음 25장의 말씀을 묵상하며 우리가 어떻게 준비하고 살아가야 하는지를 깨닫고, 믿음으로 결단하는 시간을 갖기를 소망합니다. 또한 내가 살아가는 모든 일상 속에서 주님 다시 오실 때까지 준비하는 자가 되기를 바랍니다. 언제 오실지 모르는 주님의 날을 기대하며, 성실하게 맡겨주신 모든 것을 사용하여 많은 이들에게 천국 복음을 전파하고, 그들이 예수 그리스도를 영접하고 회개하며, 함께 하늘 소망을 품는 하나님의 백성이 점차 늘어나도록 책임감을 가지고 일하는 종이 되기를 간구합니다. 그러면 우리는 하나님께서 이렇게 말씀하시는 것을 듣게 될 것입니다.

"잘하였도다 착하고 충성된 종아 네가 적은 일에 충성하였으매… 네 주인의 즐거움에 참여할지어다(마 25:21)."

여정을 향한 권면적 선포(결단)

주님 다시 오실 때까지 믿어 의심치 않고 지금 당장 말씀 붙들고, 말씀이 중심이 되어 준비합시다! 또한 우리의 이러한 신앙의 열정이, 소망이 끝까지 꺼지지 않도록 날마다 성령 충만함을 간구합시다!

"선으로 악을 이겨라"

사전적 의미

[선하다] 올바르고 착하여 도덕적 기준에 맞는 데가 있다.

[악하다] 도덕적 기준에 어긋나 나쁘다.

[이기다] 내기나 시합, 싸움 따위에서 재주나 힘을 겨루어 우위를 차지하다./감정이나 욕망, 흥취 따위를 억누르다./고통이나 고난을 참고 견디어 내다.

성경 말씀 묵상

선으로 악을 이겨내는 삶, **로마서 12장**

예수 그리스도의 대속의 은혜를 믿고 우리를 인도하시는 성령의 힘으로 선으로 악을 이깁시다!

예수 그리스도의 대속의 은혜를 믿는 그리스도인은, 구원받은 성도로서 살아가야 합니다. 그러나 그 삶은 결코 쉬운 인생이 아닙니다. 그리스도 안에서 새롭게 거듭난 자는 죄 아래 살았던 옛 삶을 포기하고, 하나님의 뜻을 분별하며 우리의 몸과 마음 모든 것을 하나님께 내어 드려야 합니다(롬 12:1).

그리스도인으로서 살아가기 위해서는 세상 사람과 똑같이 쾌락을 누리며 살아가는 것이 아니라, 익숙하고 편안했던 죄악된 행동을 포기하며 쾌락을 내려놓아야 합니다. 그리스도인으로서 모든 쾌락을 포기하는 삶이 우리에게 근심과 외로움과 시험이 되는 것이 아니라, 죄에서 자유함을 누리며 하나님과 화목하게 되어 삶의 목적이 분명해지고 새로워짐에 기뻐할 수 있기를 바랍니다. 믿지 않는 세대를 본받지 않고, 여전히 마음 깊은 곳에 있는 세상의 가치관과 육체적인 욕심, 교만과 쾌락까지 성령의 도우심으로 새롭게 변화되어, 하나님의 선하시고 기뻐하시고 온전하신 뜻이 무엇인지 분별하며, 새 삶 가운데서 믿음의 행함이 나타나 하나님이 우리에게 베푸신 은혜를 전파하는 기회가 찾아오기를 바랍니다.

그리스도인으로서 이전 삶의 행동 중 버려야 하는 것이 무엇일까요? 보편적일 수는 없지만, 가장 어려운 것이 남을 용서하는 것이 아닐까요? 다시 말하면, 나에게 악한 행동을 한 자를 악으로 갚지 않고 선으로 이기는 것이 가장 어렵습니다. 그러나 악을 악으로 갚는 것은 이전 삶의 가치관입니다. 하나님의 사랑으로 말미암아 예수 그리스도의 대속의 은혜를 받은 자의 삶의 가치관은, 선으로 악을 이겨야 합니다.

"할 수 있거든 너희로서는 모든 사람과 더불어 화목하라, 내 사랑하는 자들아 너희가 친히 원수를 갚지 말고 하나님의 진노하심에 맡기라…(롬 12:18-19)."

이 말씀을 온전히 믿음으로 받아들이기까지는 많은 시간이 걸릴 수 있습니다. 그러나 우리의 생각으로 이해하려 하지 말고, 성령의 힘으로 믿기를 간구하기를 바랍니다. 우리의 생각으로는 받아들이기 어려운 말씀이기 때문입니다. 그러므로 새롭게 살아가는 삶은 내 생각대로 내가 주인 되는 삶이 아니라, 주의 뜻대로 예수 그리스도가 주가 되는 삶입니다. 이러한 새 삶을 살아가는 그리스도인은 말씀을 온전히 믿고, 악한 자를 하나님의 사랑 안에서 용서하게 될 것입니다.

하나님의 진노는 절대 공정하시며, 악인을 심판하는 주권은 오직 하나님께만 속해 있습니다. 따라서 인간이 인간을 심판하는 것은 하나님의 주권을 해하는 것입니다. 그러므로 나에게 악을 행한 자의 원수를 갚는 일은 하나님께 속한 권한입니다. 죄를 범하지도 거짓도 없으신 예수님께서 욕을 당하시어도 맞대어 욕하지 않으셨고, 고난을 겪으시어도 위협하지 않으셨으며, 오직 공의로 심판하실 하나님께 온전히 맡기셨습니다(벧전 2:22-23). 십자가 고난에 그 누구에게도 보복하지 않고 책임을 묻지 않으며, 기꺼이 인간의 몸으로 죽기까지 순종하며 십자가를 지신 것입니다. 본래 죄가 없으신 선하신 예수 그리스도께서 우리를 위하여 고난을 받고 참으시고(벧전 2:20) 부활하시어, 그로 말미암아 우리가 새 삶을 살아갈 수 있음을 깨닫고, 예수님을 본받아(벧전 2:21) 우리도 온전히 하나님께 모든 것을 내어 맡길 수 있기를 바랍니다. 악으로 인한 상처, 아픔, 고통, 그리고 악을 향한 분노도 하나님께 온전히 내어 드릴 수 있기를 바랍니다.

우리는 원래 하나님의 진노를 피할 수 없었던 죄의 지배 아래 있던 자들이었습니다. 그러나 그리스도 예수 안에 있는 자에게는 결코 죄에 대한 형벌의 심판이 임하지 않습니다. 즉, 죄가 우리를 더 이상 지배하지 못합니다(롬 8:1-2). 이러한 구원의 은혜에 감사함으로, 악으로 인한 분노에 대한 복수를 포기하고, 오히려 원수에게 은혜를 베푸는, 악의 지배를 받지 않는 그리스도인으로서 선한 행동을 보여줄 수 있기를 바랍니다.

그 선을 베풀었을 때, 성령의 역사하심으로 원수가 자신의 악함에 대한 후회와 부끄러움, 수치심을 느끼게 되고, 이로 인해 자신의 죄악된 삶을 돌이키게 될 것입니다(롬 13:20). 이것이 하나님께서 믿는 자에게 허락하신 유일한 복수의 방법이자, 악에 대한 인간으로서 결정을 내릴 수 있는 유일한 행동입니다. 그리고 이것이 바로 선으로 악을 이기는 방법입니다. 원수에게 악으로 갚으려는 것은 결국 죄의 지배를 받는 죄악된 삶으로 돌아가는 것입니다. 악한 자의 악행을 눈감고 모른 척하라는 뜻이 아닙니다. 예수님이 본을 보여주셨듯이, 기꺼이 용서하고 사랑하라는 것입니다. 혼자의 힘으로는 불가능한 일입니다. 그러므로 그리스도 예수 안에서 성령의 힘으로 악을 이겨 내어, 주님 다시 오실 때까지 은혜 아래 있는 성도가 되기를 바랍니다.

오늘 하루, 용서하지 못한 관계가 있다면 선으로 악을 이겨 내는 힘과 기회가 임하기를 간구하기 바랍니다. 하나님께 내 모든 것을 내어 드리는 삶, 예수 그리스도 안에서 승리하는 삶은 내가 열정적으로 노력하는 삶을 의미하지 않습니다. 우리에게 주신 은혜대로 받은 은사로 봉사하고, 사랑하며, 참고, 기도에 힘쓰며(롬 12:3-13) 원수에게도 은혜를 베푸는(롬 12:17-20) 나를 낮추는 삶입니다. 아직 원수를 용서하지 못했다면, 나의 몸을 하나님이 기뻐하시는 거룩한 산 제물로 온전히 드리지 못하고 있음을 깨닫기를 바랍니다(롬 12:1).

여정을 향한 권면적 선포(결단)

선으로 악을 이기는 것은 악한 자를 위한 말씀이 아니라, 악의 고통을 받은 나를 위한 하나님의 위로와 격려의 말씀입니다. 다시는 죄의 지배를 받는 자로서 살아가지 않기를 바라는 하나님의 마음을 깨닫기를 바랍니다. 죄의 심판은 천지를 창조하신 창조주 하나님께서 반드시 행하십니다. 공의로우신 하나님을 믿고 쓰라리고 무거운 마음에서 선으로 승리하여 자유합시다!

"무엇이든지 예수님의 이름으로 행하라"

사전적 의미

[행하다] 어떤 일을 실제로 해 나가다.

성경 말씀 묵상

그리스도인의 삶, **골로새서 3:1-17**

그리스도 안에서 하나님의 형상으로 지음받은 새 사람인 자는, 오직 만유의 주인이시며 중심이신 그리스도를 언제나 어디서나 높입시다!

그리스도 안에서 우리를 창조하신 하나님의 형상을 따라 새롭게 된 자를, 우리는 그리스노인이라고 말합니다(행 11:26). 따라시 그리스도인온 단순히 예수님을 믿는 자가 아니라, 예수 그리스도 안에서 새 생명으로 변화되어 예수를 따르는 자입니다. 이제는 더 이상 이전의 나로 살지 않고, 오직 내 안에 그리스도께서 사시는 것으로, 나를 위하여 자기 자신을 버리신 하나님의 아들을 믿는 믿음 안에서 살아가는 것입니다(갈 2:20).

그러므로 그리스도인으로서 자신을 소개하고자 한다면, 죄들을 죽이고(골 3:5), 죄들을 떼어 버리고(골 3:8-9), 사랑하는(골 3:12-14) 삶을 살아가야 합니다. 이러한 삶이 곧 위의 것을 생각하고 땅의 것을 생각하지 않으며, 오직 그리스도를 만유의 주로 인정하고 중심으로 삼는 삶입니다. 더 나아가, 죄 가운데서 살던 자가(골 3:7) 그리스도 안에서 하나님의 형상대로 지음

받은 자로서 다시 새롭게(골 3:10) 회복된 자가 바로 그리스도인입니다.

예수님을 영접해도 옛사람과 이전의 죄악된 습관을 완전히 버리기는 쉽지 않습니다. 우리는 아직 세상 가운데서 육체로 살아가기 때문입니다. 따라서 스스로의 힘만으로는 버릴 수 없으므로, 더욱 의도적으로 노력해야 합니다. 그리스도를 의지할 때, 우리 안에 계시는 성령이 말씀 중심으로, 예수 중심으로 살아갈 수 있도록 힘을 공급하십니다. 성령의 인도하심을 매 순간 간구하고, 그것이 반복되는 일상이 되었을 때, 죄의 지배를 받는 삶이 아닌 은혜 아래 거하는 삶으로 변화됨을 경험하게 됩니다. 따라서 죄악된 습관으로 되돌아가지 않도록, 날마다 성령께서 이끄시는 힘을 간구하기를 바랍니다. 만약 이전의 삶으로 반복해서 살아간다면, 그리스도가 중심이 되는 삶으로 온전히 살아가는 것이 나날이 어려워질 것입니다.

그리스도인으로서 살아가는 삶은 곧 우리의 모든 말과 행동, 즉 삶을 통해 예수님의 이름이 드러나는 삶이어야 합니다. 예수님을 믿는다면서 오히려 그분의 이름을 욕되게 하는 생활을 하고 있다면, 회개하며 돌아서야 합니다. 감히 말하자면, 예수님의 성품과 권위를 대표하는 자가 바로 그리스도인입니다. 그러므로 예수 그리스도를 욕되게 하지 않도록 살아가야 합니다.

그렇게 살아가기 위해서는, 입술로 하는 모든 말과 행동, 일의 우선순위와 결정의 중심을 만유의 주이신 그리스도 안에 두어야 합니다. 무엇을 하든 말에서나 일에서나 동기와 목적이, 예수의 이름의 힘으로 하나님 아버지께 감사하며(골 3:17) 영화롭게 할 수 있는지를 기준으로 삼아야 합니다. 교회 안에서뿐만 아니라, 일상의 모든 곳에서 그리스도인이 되기를 바랍니다. 예수 그리스도의 이름으로, 그분의 뜻을 따라 모든 말과 행동, 일과 결정의 결과가 하나님께 감사와 영광을 돌리는 삶이 되기를 간절히 소망합니다. 이것이 그리스도인이요, 이것이 삶의 예배입니다.

<u>**오늘 하루**</u>, 그리스도인으로 살아가고 있는지 점검하는 시간을 갖기를 바랍니다. 점검의 기준은, 나의 모든 일상 곳곳에서 예수 그리스도가 드러나는가입니다. 즉, 그리스도 안에서 변화된 삶을 통해 많은 이들이 새로워졌음을 알게 되었는지를 되돌아보아야 합니다. 삶을 통해 전도할 수 있는 그리스도인이 될 수 있기를 함께 노력하기를 바랍니다. 예수의 이름에는 하나님의 뜻과 권능이 담겨 있습니다. 다시 말하면, 예수 그리스도의 이름이 곧 복음입니다. 그러므로 우리는 복음의 증인이 되는 삶을 살아가야 합니다.

여정을 향한 권면적 선포(결단)

무엇을 하든지 말에나 일에나 다 주 예수의 이름에 힘입어 행할 때, 하나님께서 역사하시며(요 14:13-14) 그로 말미암아 하나님 아버지께 영광 돌리는(고전 10:31) 그리스도인으로서 살아갑시다!

"너의 마음을 치료하리라"

사전적 의미

[마음] 감정이나 생각, 기억 따위가 깃들이거나 생겨나는 곳./무엇을 하고자 하는 뜻.

[치료하다] 병이나 상처 따위를 잘 다스려 낫게 하다.

성경 말씀 묵상

치료하는 여호와 하나님, **출애굽기 15:22-27**

순종 가운데서 보호하시는 하나님께 나의 쓰디쓴 아픔을 치료받읍시다!

이스라엘 백성은 애굽에서 건져내시고 홍해를 건너게 하시며, 약속의 땅을 향한 광야의 여정을 시작하였습니다. 그러나 홍해를 건너기 이전에 백성들은 원망과 불평을 하였습니다. 백성들이 광야에 있다는 것을 알게 된 바로와 지휘관들은, 선발된 병거 육백 대와 애굽의 모든 병거를 동원하여 그들을 뒤쫓았습니다. 이는 애굽을 섬기는 자리에서 벗어난 이스라엘 백성을 다시 끌고 오기 위함이었습니다. 그러나 담대히 나아가던 이스라엘 자손들이 눈을 들어 보니 바로와 애굽 사람들이 가까이 뒤따르는 것을 보고 두려워하며 하나님과 모세에게 또다시 원망하며 부르짖었습니다. 그들을 이끄시는 하나님의 선하신 뜻을 믿기보다는, 이적을 보여주신 하나님을 믿기보다는, 광야에서 죽는 것보다 애굽 사람을 섬기는 것이 더 낫다고 생각하며 불신앙의 모습을 드러낸 것입니다.

그럼에도 하나님의 은혜로 이스라엘 자손이 앞으로 나아갈 수 있도록, 하나님은 바다를 가르시고 그 가운데 육지를 만들어 걸을 수 있는 길을 만드셨습니다. 더 나아가 바다 가운데까지 따라오는 그들에게 백성들을 위하여 싸우시며, 뒤를 따라온 바로의 군대를 바다 가운데 덮으시어 하나도 남지 않게 하셨습니다. 이러한 홍해의 기적과 뒤따르던 애굽 사람들의 죽음을 목격한 이스라엘 백성은, 행하신 큰 능력으로 인해 여호와 하나님을 경외하며 하나님이 세우신 모세를 지도자로 믿었습니다(출 14장). 그러나 얼마 지나지 않아 이스라엘 백성들은 하나님과 모세에게 또다시 원망과 불평을 터뜨렸습니다.

하나님께서는 이미 이스라엘 백성들이 어려운 상황을 마주했을 때 애굽으로 돌아갈까 하는 연약한 마음을 아셨기에(출 13:17-18), 백성들을 위해 가까운 길이 아닌 광야의 길로 인도하셨습니다. 낮에는 구름 기둥으로, 밤에는 불기둥으로 그들을 인도하셨습니다(출 13:21-22). 그렇게 백성들은 하나님의 인도하심 속에서 홍해를 건넜고, 3일 동안 광야를 걷는 동안 필요한 물을 얻지 못해(출 15:22), 서서히 지치고 피곤해지면서 이전의 기적에 감격했던 순간을 잊고 원망과 불평을 터뜨리게 되었습니다. 갈망했던 물이 있어도, 물이 써서 마실 수 없게 되자 백성들은 모세를 원망했고, 모세는 대신 하나님께 부르짖었습니다.

홍해 사건을 목격한 후 경험했던 하나님의 위대하심과 모세를 지도자로 믿었던 태도가, 환경에 따라 변하는 이스라엘 백성의 얕은 믿음을 드러낸 것입니다. 환경에 따라 변하는 믿음은 원망과 불평을 쉽게 터뜨리게 하는, 이전의 모습을 버리지 못한 쓰디쓴 죄악된 병과 같습니다. 그러므로 이 또한 방치하지 말고 하나님께 치료받아야 하는 우리의 모습입니다.

모세의 부르짖음에 하나님께서는 그에게 한 나무를 가리키셨고, 그 나무를 물에 던지니 물이 달게 되어 마실 수 있는 물로 변화되는 기적이 일어났습니다. 이어서 법도와 율례를 정하시고 말씀하십니다(출 15:25). 즉, 하나님께서는 단순히 치료하시는 분으로 인정받는 것이 아니라, 하나님의 말씀을 듣고 순종하며 행하는 삶 가운데서 치료하시고 보호하시는 여호와 하나님 이심을 보여 주십니다. 또한 순종하는 자에게 약속하십니다. 애굽 사람에게 내린 모든 재앙으로 인해 고통과 죽음을 맞았던 것처럼, 순종하는 자에게는 고통과 죽음이 아닌 기쁨과 구원이 주어집니다. 더 나아가 육체적인 질병뿐만 아니라, 하나님을 향한 불순종과 불신앙적인 쓰디쓴 마음의 깊은 뿌리까지 고치시며, 하나님의 백성으로 회복시키고 세우시는 치료의 하나님임을 보여 주십니다. 마라의 쓴 물을 단물로 바꾸시는 기적을 통해, 다시 한번 이스라엘 백성들에게 하나님의 은혜를 깨닫게 하신 것입니다. 단순한 기적의 사건으로 끝나는 것이 아니라, 하나님께 순종하게 하시고 우리의 신앙적 반응을 이끌어 내시는 은혜임을 깨닫기를 바랍니다.

우리의 몸과 마음이 마라처럼 쓰디쓴 아픔에서 단물로 변화되어 회복되기 위해서는, 하나님께 순종해야 합니다. 곧 하나님께 순종한다는 것은 하나님의 뜻을 믿고 행하는 것입니다. 그것이 바로 예수 그리스도를 믿는 삶입니다. 하나님께서 계획하시고 이루신 구원의 말씀에 순종하는 삶이, 하나님이 보내신 예수 그리스도를 믿는 삶입니다(요 6:29, 요일 3:23). 죽기까지 순종하신 예수 그리스도를 믿는 것이, 우리 또한 순종하는 삶 가운데 서서 나아가는 참된 믿음의 시작임을 믿습니다. 따라서 예수 그리스도 안에서 사는 삶은, 고통과 죽음의 심판이 없으며, 오직 구원과 즐거움에 참예하는 기쁨을 소망하는, 죄와 환경을 초월한 자유함을 얻게 됩니다. 또한 우리를 위해 십자가를 지시고 3일 만에 부활하셔서 언약의 말씀을 완전히 이루신 예수 그리스도의 이름이, 우리의 죄악된 병을 치료하고 성령의 힘으로 쓰디쓴 마음을 이겨 내어 원망과 슬픔을 기쁨과 감사로 변화시키며 하나님을 찬양하게 하는 능력을 나타냅니다.

하나님은 말씀하신 모든 것을 반드시 이루시고 나타내시어 확실하게 보여 주시는 분이심을 깨닫기 바랍니다. 우리를 향한 사랑을 예수 그리스도를 통해 확증하셨습니다(롬 5:8). 또한 백성을 치료하시는 여호와임을 엘림을 예비하시고 인도하심으로, 출애굽하여 하나님께 인도받은 모든 이스라엘 백성 공동체에게 풍족한 물과 그늘로 회복시키고 쉼을 주심으로 말씀을 성취하셨습니다. 그러므로 순종하는 자에게 약속하시는 치료의 말씀을 믿어 의심치 않기를 바랍니다.

오늘 하루, 내 깊은 마음속에 남아 있는 쓰디쓴 원망과 고통이 있다면, 먼저 그리스도 안에서 살아가는 삶으로 변화되도록 간구하기 바랍니다. 성령의 이끄심에 온전히 순종하며, 환경에 따라 흔들리지 않는 참된 믿음을 가지고 예수 그리스도를 온전히 믿을 수 있기를 간구합니다.

여정을 향한 권면적 선포(결단)

계속되는 원망과 불명의 태도는 곧 하나님을 향한 불순종과 불신앙에서 나오는 행동이며 또한 그 행동은 곧 죄가 되고 죄가 반복되며 곧 사망에 이릅니다(약 1:15). 그러므로 원망과 불평이 습관이 되지 않도록, 환경에 영향받지 않고 온전히 예수 그리스도를 믿읍시다!

"얼굴을 네게로 향하리라"

사전적 의미

[얼굴] 눈이나 코, 입이 있는 머리의 앞면./어떤 심리 상태가 나타난 표정

[향하다] 어느 한쪽을 정면이 되게 대하다./어느 한쪽을 목표로 하여 나아가다./
마음을 기울이다.

성경 말씀 묵상

치료하는 여호와 하나님, **민수기 6:22-27**

세상과 구별되어 모든 날 동안 온전히, 우리를 보호하시고 은혜 베푸시며
평강을 주시는 삼위일체 하나님께 헌신합시다!

하나님께서는 모세를 통하여 제사장들에게 축복권을 허락하셨습니다.
하나님과 백성 사이의 축복을 전달할 중보자로 제사장을 선택하시고 부르
셨습니다. 이는 복을 주시는 분이 제사장이 아니라, 제사장을 통하여 말씀
하시고 역사하시는 거룩하신 하나님께 있다는 뜻입니다. 따라서 축복 기도
는 외적인 모습이나 형식에 따라 의심하지 말고, 하나님의 사람을 통해 말
씀하시고 역사하시는 하나님을 믿고 축복을 사모하기를 바랍니다. 단지 하
나님의 사람이 축복을 선포할 뿐이며, 축복을 실제로 베푸시는 주인은 여
호와 하나님이십니다.

여호와께서 백성들에게 허락하신 축복은 무엇일까요? '복을 주시고 너를
지키시기를 원하며' 즉, 모든 복의 근원이 되시는 하나님께서 우리 삶을 풍

성하게 채우시고, 영육 간의 필요를 공급하시며, 연약한 우리를 악한 세상에서 보호하신다는 하나님 아버지의 축복입니다. 또한 '그의 얼굴을 네게 비추사 은혜 베푸시기를 원하며'–즉 하나님의 얼굴은 임재와 관계를 의미합니다. 얼굴을 비추신다는 것은 우리의 존재 자체가 기쁨이요, 우리를 향한 사랑의 시선임을 뜻합니다.

더 나아가, 죄로 인해 죽을 수밖에 없던 우리에게 조건 없이 베푸시는 하나님의 사랑으로, 구원받은 하나님의 자녀로 살아가고, 살아갈 수 있는 은혜를 주시는 것이 살아계신 하나님의 아들 예수 그리스도를 통한 축복입니다(엡 2:4-5).

마지막으로 '그 얼굴을 네게로 향하여 드사 평강 주시기를'–즉 우리의 존재 자체가 하나님의 영원한 기쁨이요, 변함없는 사랑의 대상임을 의미합니다. 따라서 구원의 은혜를 깨닫도록 성령을 보내신 것 또한 하나님의 은혜와 사랑이며(요 14:16-18, 26 롬 5:5), 그로 인해 마음의 참 평안을 주시며(요 14:27), 열매를 맺게 하시고(갈 5:22-25), 인도하시며(요 16:13), 중보하시고(롬 8:26-27) 영원토록 우리와 함께 계시는(요 14:16) 성령 하나님의 축복입니다. 이 모든 축복은 하나님이 직접 허락하시고 우리에게 주시기를 원하시는 복의 말씀입니다. 그러므로 세상의 물질적 복만을 구하거나, 듣는 사람이 원하는 말로 복을 간구해서는 안 됩니다. 우리가 진정으로 요청하고 간구해야 하는 복은, 하나님의 임재와 관계 속에서 역사하시고 이루어지는 평강의 삶입니다.

구약 시대에는 하나님이 택한 제사장만이 공적으로 축복을 선포할 수 있었습니다. 이는 제사장이 하나님과 백성 사이의 중보자 역할을 맡았기 때문입니다. 그러나 하나님과 사람 사이에 화평을 이루신 중보자 예수 그리스도를 믿음으로(딤전 2:5), 예수의 피를 힘입어 하나님께 직접 나아가(히 10:19) 예배를 드릴 수 있는 택하신 족속이요, 왕 같은 제사장으로(벧전 2:9) 신분이 되는 하나님의 크신 은혜 안에서, 모든 그리스도인은 축복의 말씀을 전할 수 있습니다. 다만 교회의 질서를 위해(고전 14:33) 공적이고 공동체를 대표하는 자리에서는 목사님이 축복 기도를 하는 것이 바람직합니다. 그렇지만 일상에서는 부모가 자녀에게, 성도가 성도에게, 또는 자신에게, 중보자 되시는 예수 그리스도 안에서 허락된 왕 같은 제사장의 사명감으로 축복의 말씀을 전하며 예수 이름으로 기도할 수 있습니다. 이것이 하나님의 한량없는 은혜이며, 사랑입니다. 그러므로 저주가 아닌 축복의 말씀을 전하는 하나님의 사람으로 살아가기를 소망합니다.

오늘 하루, 하나님께서 나에게 얼굴을 비추시고 얼굴을 향하여 은혜를 베푸시며 평강을 주신 축복된 삶을 매 순간 실감하기를 바랍니다. 그리고 그 사랑을 받은 자로서, 내 이웃과 가족에게, 또 내 자신에게 관심과 사랑의 시선으로 축복 말씀을 전하며 예수 이름으로 기도할 수 있기를 바랍니다.

여정을 향한 권면적 선포(결단)

복의 근원이 되시는 하나님 아버지 필요함을 채워주시고 악한 이 세상에서 연약한 나를 보호하시고 지키시며, 조건 없는 사랑으로 구원의 은혜를 베푸시는 예수 그리스도로 말미암아, 영원히 함께하시며 참 평화를 누리도록 인도하시는 성령의 힘으로 살아가는 축복 받은 하나님의 백성으로 살아가기를 간절히 소망하며, 오직 유일한 중보자 되시는 예수 그리스도의 이름으로 기도합니다. 아멘!

"지혜로운 여인이 되어라"

사전적 의미

[지혜] 사물의 이치를 빨리 깨닫고 사물을 정확하게./하나님의 속성 가운데 하나. 히브리 사상에서는 지혜의 특성을 근면, 정직, 절제, 순결, 좋은 평판에 대한 관심과 같은 덕행이라고 본다.

[여인] 어른이 된 여자.

성경 말씀 묵상

지혜로운 여인의 시작, **잠언 31:10-31**

가정과 공동체를 세우는 하나님을 경외하는 지혜롭고 현숙한 여인이 됩시다!

잠언의 시작이자 가장 중요한 교훈은 여호와를 경외하는 것이 지식의 근본이라는 사실입니다(잠 1:7). 모든 만물을 창조하신 하나님을 단순히 두려워하는 것을 넘어서, 몸과 마음에서 우러나오는 거룩한 두려움과 절대적인 신뢰, 겸손과 순종의 자세가 삶의 지혜가 되며, 이것이 지혜의 시작점이자 세상에서 배울 수도 가르쳐줄 수도 없는 참된 지식이 될 것입니다. 왜냐하면 모든 세상의 질서와 기준은 창조주 하나님께 속하며, 그분의 통치 아래에 있기 때문입니다. 그러므로 하나님이 중심이 되지 않고 자기중심적으로 살아가는 자는 하나님이 정하신 질서와 기준에서 어긋나는 행동을 하게 되며, 결국 어리석고 미련한 삶으로 살아갈 수밖에 없습니다. 하나님을 경외함으로 깨닫고 배우는 지식을 하나님의 뜻에 맞게 사용하여, 지혜로운 사람과 지혜로운 여인이 되기를 바랍니다.

지혜로운 사람이 가장 중요하게 생각하는 것은 외적인 것이 아니라 내적인 모습입니다. 고운 것도, 아름다운 것도 시간이 지나면 헛될 수 있습니다. 그러나 여호와를 경외하는 마음의 중심은 거짓되지도 헛되지도 않으며, 하나님뿐만 아니라 주변 사람들에게도 사랑과 인정을 받게 됩니다(잠 31:30). 따라서 지혜로운 여인이 되고 싶다면, 가장 먼저 해야 할 것은 여호와 하나님을 경외하는 것입니다. 외적으로 뛰어난 것과 지혜는 상관이 없습니다. 외모로 판단하는 것은 사람이 하는 일입니다. 우리가 믿는 하나님은 중심을 보시는 분이십니다(삼상 16:7). 우리가 살아가는 세상은 사람이 만든 것이 아니라 하나님이 창조하신 만물입니다. 따라서 우리가 먼저 가꾸어야 하는 것은 외모가 아니라 마음입니다. 나의 시선과 중심이 어디로 향하고 있는지를 날마다 점검해야 합니다. 오직 창조주 하나님만을 믿는 믿음이 어떤 환경에서도 흔들리지 않을 때, 가정이 세워지고 공동체가 바로 서게 됩니다. 다시 말하면, 지혜로운 여인은 가정을 세우지만, 어리석은 여인은 가정을 무너뜨립니다(잠 14:1).

집을 세우는 것은 단순히 여인이 아니라 여인의 지혜로, 흔들림 없이 완전하게 이루어집니다(잠 9:1). 즉, 지혜는 하나님의 변치 않는 사랑과 말씀으로 가정을 세우지만, 미련은 이기적이고 자기중심적인 사랑과 영적 분별력이 부족한 태도로 인해 의심하고 관계를 깨뜨려 혼란과 분열을 일으킵니다. 결국 미련한 자는 자신의 손으로 집을 허물게 됩니다. 여인의 지혜는 가정을, 공동체를 세우시는 분이 하나님이심을 깨닫는 것이며, 미련한 자는 하나님의 뜻이 아닌 자신의 생각과 쾌락을 따르며 불순종하는 것입니다. 이 말씀은 단순히 여성만을 향한 말씀이 아닙니다. 집을 세우는 모든 자가 들어야 하는 말씀이며, 가정과 교회와 공동체를 세우는 모든 자는 하나님을 경외하는 지혜로 세우기를 바랍니다. 불순종으로 질서를 무너뜨려 평화를 깨는 미련한 자가 되지 않기를 바랍니다.

잠언의 시작인 '여호와를 경외하는 것이 지식의 근본'이라는 말씀을 성취한 자의 모습은 잠언의 마지막 장에서도 엿볼 수 있습니다. 오직 여호와를 경외하는 자는 가정에서뿐 아니라 공동체에서도 칭찬을 받게 됩니다. 이는 안에서나 밖에서나 인정받는 이유가 바로 지혜의 결과임을 보여줍니다. 또한 그가 행한 모든 일의 열매가 맺히며, 그 열매는 본인에게 돌아와 풍성한 삶을 이루게 됩니다(잠 31:30-31).

지혜로운 자의 행동은 무엇일까요? 가진 소유를 잘 관리하며, 부지런히 힘든 일도 기쁨으로 해내고, 계획적이며 가정을 위한 모든 일에 협조적이고, 몸과 마음을 단련하며 책임감이 있습니다. 또한 이웃에게 선행과 자비를 베풀며, 사람들과의 관계를 잘 형성하고, 속임수가 아닌 근면과 성실로 인정받으며, 말과 행동에 신중함과 사랑을 가지고, 게을리하지 않으며, 이웃과 가족 모두에게 감사와 인정을 받습니다. 결국 지혜로운 여인은 외적인 아름다움보다, 하나님을 경외하는 마음에서 비롯된 삶의 행동으로 인정받습니다. 다만 이 모든 말씀을 세세하게 그대로 행동하지 못할 수도 있습니다. 그러나 말씀을 통해 지혜로운 여인의 행동을 참고하고 배우며, 억지로 행동하기보다 마음에서 우러나오는 겸손과 순종의 마음으로 기쁘게 행동할 수 있기를 바랍니다. 지혜로운 삶은 결국 열매를 맺게 되어 있기 때문입니다.

오늘 하루, 하나님을 경외하는 지혜로운 삶을 살아가기를 바랍니다. 하나님께서 허락하신 가장 지혜로운 삶은 바로 우리를 사랑하사 이 땅에 보내신 예수 그리스도를 통해 이루신 구원, 십자가, 부활을 믿는 삶입니다.

이것을 깨닫는 것이 지혜의 완성이며(잠 9:10, 요 14:26, 고전 1:30, 골 2:2-3), 하나님의 뜻에 겸손히 순종하며 믿고 감사하는 삶입니다. 따라서 내가 속한 가정과 공동체, 교회에서, 예수 그리스도를 중심으로 삼아 그리스도 안에서 말과 행동하는 지혜가 충만히 임하기를 간구합니다.

여정을 향한 권면적 선포(결단)

하나님을 경외하는 것이 지혜의 시작이며, 그리스도 안에서 가정과 공동체와 교회를 세우며 성령의 열매를 맺는 풍성한 삶 가운데서, 하나님과 모든 이들에게 사랑과 인정받는 지혜를 간구합시다!

"너 먼저 무릎 꿇고 엎드리는 삶을 살아라"

사전적 의미

[먼저] 시간적으로나 순서상으로 앞서서.

[무릎 꿇다] 항복하거나 굴복하다.

[엎드리다] 상반신을 아래로 매우 굽히거나 바닥에 대다.

[살다] 생명을 지니고 있다./본래 가지고 있던 색깔이나 특징 따위가 그대로 있거나 뚜렷이 나타나다.

성경 말씀 묵상

말씀을 선포하기 위한 삶, **로마서 2장**

입으로 신앙을 말하면서 행동으로 보이지 않는 것을 경계하며 나부터 먼저 순종합시다!

그리스도인은 삶을 통해 그리스도가 드러나며, 하나님께 영광 돌리는 삶을 살아가야 합니다. 그리스도인임을 말로 하지 않아도, 예수님을 믿는 사람임이 드러나는 것이 하나님을 영화롭게 하는 것이며, 복음의 증인으로 살아가는 것입니다(행 1:8, 고전 10:31). 더 나아가 백 번의 말보다 한 번의 행동이 복음의 확실한 증거가 될 것입니다. 그러므로 믿음과 행함이 일치되어야 하며, 행함이 없는 믿음은 죽은 것입니다(약 2:17). 본인이 예수를 믿지 않으면서 예수를 믿으라고 복음을 전할 수 있을까요? 듣는 이들에게 설

득력도 없을 것이며, "당신부터 믿으시고 말하세요."라는 말을 듣게 될지도 모릅니다. 따라서 모든 일에 있어서 말이 수단이 되는 것이 아니라, 삶에서 드러나는 모습이 수단이 되어 예수 그리스도를 증언하는 삶을 살아갈 수 있기를 바랍니다. 이것이 바로 하나님의 이름이 거짓되지 않음을 나타내고, 모욕하지 않는 삶이기 때문입니다.

그리스도 안에서는 이전 것은 지나가고 새로운 것으로 시작되는 삶입니다(고후 5:17). 그러나 예수님을 믿고 회개하여 구원받았음에도, 이전의 죄악된 삶의 습관을 포기하지 못하고 되돌아가면서 복음을 자랑하고 회개를 가르치는 것은 하나님의 인자하심과 용납하심, 오래 참으심과 풍성함을 멸시하는 죄악된 고집입니다(롬 2:4-5). 예수님을 믿어도 우리는 여전히 죄의 유혹과 말씀에서 벗어나는 삶 속에서 갈등하며 살아가고 있습니다. 그러므로 하나님의 자녀 된 신분으로서 날마다 죄를 자백하며 변화된 삶을 살아가는 것이 하나님과의 관계에 변화가 없는 언약의 백성임을 증명합니다. 하나님께서는 각 사람에게 행한 대로 보응하십니다(롬 2:6). 그리스도 안에서 믿음으로 진리를 따르기를 간구해야 합니다. 진리를 따르지 않고 불의를 따르는 자에게는 하나님의 날에 진노와 분노를 피할 수 없을 것입니다(롬 2:8).

껍데기만 그리스도인으로 살아가는 삶의 특징은 분명합니다(하나님께서 사람에게 주신 하나님의 뜻과 죄와 의의 기준의 말씀). 율법을 의지하고 하나님을 자랑하지만, 율법을 범하고, 율법을 가르치지만 자신은 율법대로 살지 않습니다. 몸으로 하나님의 언약의 징표인 할례는 행했지만, 하나님의 말씀에는 순종하지 못하며, 할례의 진정한 가치를 무시하고 자신이 하나님을 믿는 사람이라는 것만 내세워, 하나님보다는 자신을 드러내는 선민적인 사고를 갖고 살아갑니다. 즉, 예수님 안에서 옛것을 버리지 못하고 마음에서 우러나오는 죄를 잘라내지 못한 채, 그저 그렇게 살아가는 삶입니다. 그러나 이러한 삶은 곧 하나님을 욕되게 합니다. 더 나아가 믿지 않는 이방인들에게조차 하나님의 이름을 욕되게 하는, 곧 하나님의 이름을 망령되이 일컫는 행동이 됩니다.

결국 신자가 불신자처럼 행동한다면 복음의 가치를 무의미하게 만드는 것입니다. 또한 불신자가 신자보다 더 선하고 의로운 삶을 통해 사람들에게 칭찬받는다면, 세상에서는 복음의 의미가 사라지며, 불신자들의 선한 행위로 말미암아 하나님의 은혜로 구원받은 성도들을 정죄하고 가르치려 할 수 있습니다. 그러므로 은혜 아래 있는 자는 죄의 지배를 받는 자와는 구별된 삶을 살아야 합니다. 신자가 불신자와 같이 하나님 말씀에 불순종하고 세상의 쾌락을 좇으며 죄에 무감각해진다면, 어떻게 그리스도를 자랑할 수 있겠습니까? 무슨 방법으로 복음을 전할 수 있겠습니까? 사람은 결코 자기 행동의 결과를 피할 수 있다고 착각해서는 안 됩니다. 하나님은 공의로우신 분이십니다. 겉으로 신앙인처럼 보이지만 자기 욕심을 위해 사는 삶의 결과는 그대로 거두게 됩니다(갈 6:7). 욕심은 죄를 낳고, 죄가 장성하면 사망에 이릅니다(약 1:15). 따라서 자기 육체를 따르는 자는 썩어질 것이며, 성령의 인도하심에 따라 순종하며 선한 그리스도인으로 살아가는 자는 하나님과 영원한 친밀한 관계를 누리는 영생을 얻게 됩니다(갈 6:8).

그러므로 누군가에게 복음을 전하고 말씀을 가르치기 이전에, 내가 먼저 하나님 앞에서 겸손히 무릎 꿇고 날마다 구원의 은혜에 감사하며, 죄악된 육체의 욕심을 회개하는 시간을 가져야 합니다. 먼저 죽기까지 순종하신 예수 그리스도를 본받아, 예수 그리스도 안에서 무릎 꿇는 삶을 살아가야 합니다. 그리고 무릎 꿇는 그리스도인으로 살아갈 때, 하나님의 은혜로 살아가는 삶이 무엇인지, 어떤 것인지를 삶을 통해 증언할 수 있습니다.

입술의 권위는 말에 있는 것이 아니라, 예수 그리스도께서 허락하신 권세에 있습니다. 그러므로 그리스도 안에서 하나님의 자녀 된 권세로 선포하기를 바랍니다.

오늘 하루, 나는 하나님의 백성이며 하나님의 자녀로서, 그리스도 안에서 성령의 인도하심에 따라 살아가는 자임을 어떻게 증명할 수 있을지를 깊이 고민하며 말씀을 묵상하는 시간을 갖기를 소망합니다. 또한 나의 행동을 통해 하나님의 이름을 욕되게 했다면, 무릎 꿇고 엎드려 회개하기를 바랍니다.

여정을 향한 권면적 선포(결단)

내 존재 자체가 하나님의 이름을 높이며 구원의 은혜 받은 증거가 되어서, 세상을 향한 하나님의 사랑이 널리 전파되도록 그리스도인으로서 부끄럽지 않게 살아갑시다!

"말씀에 집중해야
하지 않겠느냐"

사전적 의미

[집중하다] 한 곳을 중심으로 하여 모이다. 또는 그렇게 모으다./한 가지 일에 모든 힘을 쏟아붓다.

성경 말씀 묵상

하나님의 중심이 되는 삶, **마태복음 6장**

하나님의 말씀에 시선을 고정하고 중심이 되는, 우선순위를 확실하게 깨닫는 삶을 살아갑시다!

삶의 중요한 가치를 무엇에 두느냐에 따라 우선순위가 정해집니다. 보이는 외적인 것을 중요하게 생각하는 사람은 자신의 평판을 신경 쓰므로 삶의 우선순위가 가장 먼저 자신이 될 것이며, 자신을 관리하기 위해 세상의 모든 수단을 활용하여 배우고 가꾸게 될 것입니다. 이러한 삶은 철저히 자기중심적인 삶입니다. 그러나 겉으로 드러나지 않고 사람들에게 인정과 칭찬을 받기보다는 하나님께 칭찬받기 위하여, 하나님과의 친밀한 관계를 가장 중요하게 생각하는 사람은 삶의 우선순위가 가장 먼저 하나님이 될 것이며, 말과 행동의 모든 것에서 말씀을 중심으로 하여 구제하며 기도하고 금식하는 경건한 신앙생활을 하게 됩니다. 즉 남들에게 보이기 위한 신앙생활이 아닙니다. (말씀의 예를 들어) 조용히, 은밀하게 행하며 명예와 보상을 바라지 않고 구제 활동을 해야 합니다(마 6:1-4).

또한 예수님이 가르쳐주신 주기도문을 참고하여 온 마음과 진심으로 하나님께 기도해야 합니다. 사람들이 보는 앞에서 하는 공중기도만을 좋아하거나, 주문처럼 반복하는 형식적 기도가 되어서는 안 됩니다. 세상의 시선과 소리를 차단하고 오직 하나님께만 집중하는 기도를 드려야 합니다. 이러한 기도는 종교 행위가 아니라 하나님과 은밀하고 친밀하게 이루어지는 교제가 되어야 합니다(마 6:5-13). 또한 사람들에게 거룩함을 보이기 위해 금식하지 않고, 은밀하고 조용하게 자신을 희생하며 절제하는 신앙으로 금식해야 합니다(마 6:16-18). 이처럼 그리스도인은 보이는 것에 집중하며 마음의 중심을 두지 않는 신앙생활이 아닌, 일상생활의 모든 목적까지 하나님이 중심이 되는 삶을 살아야 합니다.

우리가 보물처럼 가장 소중히 여기는 것이 우리의 일상생활, 곧 마음을 지배합니다. 그리고 그것이 우상이 되어, 온 시선이 빼앗기고 그 누구의 말도 듣지 않으며, 우상을 위해 하는 일상생활을 가치 있는 삶으로 여기게 됩니다. 즉 극단적인 자기합리화 상태에 빠져 진짜 보물이 무엇인지 깨닫지 못하게 됩니다. 결코 한 사람이 두 주인을 섬기지 못합니다. 우리는 하나님과 재물을 겸하여, 하나님과 우상을 겸하여 섬길 수 없습니다(마 6:19-24). 우리의 일상에서 생각과 말, 행동과 물질을 지나치게 쓰게 하는 가치의 대상이 무엇인지를 곰곰이 생각해 보기를 바랍니다. 우상을 섬기게 만드는 욕망의 대상이 무엇인지를 깊이 살펴보고, 그것들을 오직 예수 그리스도의 이름으로 제거하기를 바랍니다. 그리스도인은 일상생활에서도 중요한 가치의 대상과 섬겨야 하는 주인이 오직 나를 창조하신 하나님임을 믿어야 합니다. 그리스도 안에서 새 피조물이 된 자는(고후 5:17) 모든 것을 자신의 것으로 생각하지 않고, 내 모든 것은 하나님의 것이며, 하나님의 것은 곧 내 삶의 모든 것임을 깨달아야 합니다.

내 삶의 모든 것이 하나님의 것이므로, 삶의 세세한 부분까지 하나님께 온전히 맡기고 의지하기를 바랍니다. 그러므로 목숨을 위하여 무엇을 먹을까, 무엇을 마실까, 무엇을 입을까 염려하지 않아야 합니다. 필요를 채우심을 약속하시는 예수님의 말씀을 붙들고(마 6:25-32), 지금부터 염려하지 않고 온 만물을 창조하시고 먹이시고 지키시는 전능하신 하나님을 온전히 믿으며, 우리의 우선 간구 기도가 변화되기를 바랍니다. 곧 하나님이 주인이 되어 다스리시고 통치하시는 내 삶과 공동체, 교회와 이 땅이 되기를 간구하며, 예수 그리스도를 믿음으로 의롭다 함을 받은 자로서(롬 5:1) 하나님의 뜻대로 살아가며 죄의 지배를 받지 않고 의의 삶을 살아가며 하나님과의 관계가 더욱 화평하기를 간구하는 기도만이 있기를 소망합니다. 이러한 간구가 우선이 되는 것은 곧 하나님이 중심이 되는 삶을 의미합니다. 하나님이 중심이 되는 삶에는 필요한 모든 것을 공급하시고 채우시므로 염려가 없습니다(마 6:33). 하나님이 책임지시는 삶이기 때문입니다. 그러므로 우리가 집중해야 할 것은 세상의 소리나 세상이 인정하고 바라보는 기준이 아니라, 하나님이 중심이 되는 그의 나라와 그의 의를 구하는 삶이 시간과 마음의 모든 우선순위가 되어야 합니다.

오늘 하루, 신앙생활뿐 아니라 일상생활에서 하나님이 중심이 되어 행하는 것이 무엇이 있는지 점검해 보기를 바랍니다. 하나님께 기도하는 시간이 있습니까? 온전히 하나님께 집중하는 시간이 될 수 있습니까? 그리고 무엇을 기도하려고 했습니까? 오늘 말씀을 붙들고 깨달은 지혜를 통해 그의 나라와 그의 의를 구하는 기도로 변화되는 기적이 일어나기를 소망합니다.

여정을 향한 권면적 선포(결단)

그의 나라와 그의 의를 구하는 하나님이 중심이 되는 삶은, 하나님이 모든 것을 세세하게 책임지십니다. 그러므로 세상을 향한 시선과 소리를 차단하고 하나님께 시선을 두며 말씀에 온전히 귀 기울여 집중합시다!

"사랑하는 딸아 너는 내 자녀이니라"

사전적 의미

[사랑하다] 어떤 사람이나 존재를 몹시 아끼고 귀중히 여기다./남을 이해하고 돕다.
[자녀] 아들과 딸을 아울러 이르는 말.

성경 말씀 묵상

하나님의 자녀로 불리는 삶, **요한일서 3장**

하나님의 사랑으로 자녀가 된 것이 복음의 핵심이요, 우리의 정체성입니다. 그러므로 나는 하나님의 자녀임을 믿음으로 선언합시다!

예수 그리스도를 주로 시인하며 믿는 자는 하나님의 자녀가 되는 권세가 주어집니다. 즉 예수님을 나의 구주로 영접하는 자는 하나님의 자녀입니다 (요 1:12). 그리고 예수님의 이름을 믿는다는 것은, 예수님께서 우리의 죄를 대신 지시고 죄와 사망에서 승리하시어 하나님의 뜻을 이루신 구속 사역을 믿는 것입니다. 그러므로 예수님을 믿는 자에게 주어지는 하나님의 자녀 된 권세는 단순하고 가벼운 것이 아닙니다. 예수 그리스도의 십자가 보혈로 말미암아, 모진 고난과 수치를 담당하시고 죽기까지 순종하시어 이루신 값없는 은혜이며, 조건 없는 영원한 사랑으로 이루어진 귀한 축복이요 선물입니다. 우리를 향한 사랑이 없다면 결코 계획하시지도 이루시지도 않았을 하나님의 뜻입니다. 그래서 하나님의 자녀 된 권세는 그리스도인의 신분을 확실하게 말해주며, 세상과 구별된 택한 백성임을 증명합니다. 하나님의 자녀 된 권세는 세상의 어떤 부귀영화와도 바꿀 수 없는 것입니다. 모든 만물을 창조하신, 온 땅의 주인이신 하나님께서 자녀로 삼아주신 영광스러운 자리이기 때문입니다. 세상의 부귀한 혈통과 물질로는 결코 살 수 없는, 죄 없으신 예수 그리스도의(요일 3:5) 십자가 보혈로 값을 치러 얻게 되는 구원의 선물입니다. 우리는 하나님이 창조하신 피조물을 넘어선, 하나님이 사랑하시는 하나님으로부터 난 아들이요, 딸입니다(요일 3:9). 곧 하나님이 나의 아바 아버지이십니다. 나의 아빠가 하나님이십니다(롬 5:15-16). 예수님 안에서 완전히 회복된 관계를 증명하는 것이 바로 하나님의 자녀 된 권세입니다.

하나님이 우리에게 베푸신 사랑이 무엇인지를 확증하는 것이 바로 예수 그리스도이시며, 그로 말미암아 하나님의 자녀로 불리게 된 것 또한 우리를 향한 놀라우신 하나님의 사랑이 확실하게 나타나는 구원의 은혜입니다. 그러나 마귀에게 속하여 죄를 짓는 자는(요일 3:8) 하나님의 사랑을 경험하지 못하고 은혜를 받아들이지 못한 불쌍한 자입니다. 그들은 예수님을 보지도 못하였고 알지도 못한 채(요일 3:6) 세상에 속한 자로 살아가는 죽음 가운데 있는 자들입니다. 그러므로 하나님의 자녀가 된 그리스도인으로 살아가는 자들을 이해하지 못하며, 자녀 된 권세에 대한 축복을 귀하게 여기지 못하는 것입니다(요일 3:1). 하나님을 영접하지 못하여 죄 아래 종 된 자로 여전히 살아가는 그들을 외면하지 않고, 하나님의 자녀로 살아갈 수 있도록, 마귀의 일을 멸하려 나타나신 예수 그리스도를 전하여 그들이 들을 수 있도록(요일 3:8)! 선포하기를 바랍니다. 하나님의 사랑을 입은 자녀로서 더 나아가, 하나님의 상속자로서 그리스도와 함께 길을 걸으며 복음을 전하고 영광의 자리로 나아가기를 소망합니다(롬 8:17).

그리스도인은 "나는 누구인가?", "나는 무엇을 위해 살아가야 하는가?" 라는 걱정과 방황을 하지 않기를 바랍니다. 이미 정답은 나와 있기 때문입니다. 성령께서 우리 마음에 내주하심으로, 우리가 그리스도 안에서 하나님의 자녀가 되었음을 믿고 확신하게 되며, 이것이 우리의 완벽한 정답이라고 믿는 이유는 우리 마음 가운데 보내신 아들의 영, 곧 성령이 증거하기 때문입니다(롬 8:16, 갈 4:6). 그러므로 나는 누구인가? 나는 하나님의 자녀입니다. 나는 무엇을 위해 살아가야 하는가? 성령께서 새로운 생각과 마음을 주시고(엡 4:23) 우리 안에 거하사 그리스도를 닮아 가도록 도우시고 인도하시는 삶 가운데, 유업을 받을 자로서 하나님의 영광을 위해, 하나님의 영광의 자리로 나아가기 위해 사는 것입니다. 즉 하나님 아버지의 사랑으로 하나님의 나라와 영원한 생명, 하늘나라의 영광에 속하는 하늘의 시민권을 얻고(빌 3:20), 만물의 주인이시며 영원한 왕이신 하나님의 자녀답게, 왕자와 공주로서의 영원한 생명을 누리기 위해 달려가는 것입니다. 따라서 성령께서 우리 가운데 믿음을 더하여주사 "아빠 아버지"라 부르도록, 하나님의 사랑을 받은 자녀로서 기도하며 살아가도록 역사하시는 성령의 감동하심이 모든 순간 충만하기를 바랍니다. 그러므로 세상에 미움을 받아도 이해하지 못하고 원망하거나 불평하며 방황하지 않고, 예수 그리스도의 이름을 믿고 긍휼의 마음으로 사랑하기를 바랍니다(요일 3:23).

오늘 하루, 나를 위하여 목숨을 버리신 예수 그리스도의 사랑을 입은 하나님의 자녀로서의 정체성을 다시 한번 확실하게 믿고 깨닫기를 바랍니다. 아직 예수를 보지도 알지도 못해 마귀에게 속한 형제와 이웃들을 위해, 목숨을 버릴 각오로 사랑하는 행함과 진실함이 나타나기를 함께 소망합니다(요일 3:16, 18). 그 행함이 곧 하나님의 사랑을 전하는 것이며, 그들에게 있어서 가장 기쁜 소식인 복음을 전할 수 있기를 소망합니다. 가족은 서로의 얼굴이나 모습이 닮아 있어서 말하지 않아도 함께 있을 때 비교해 보면 가족임을 남들이 깨닫고 하나의 가족임을 인정합니다. 이처럼 우리가 하나님의 자녀임을 말하지 않아도, 삶 가운데 예수님의 성품과 사랑의 모습을 통해 하나님의 자녀로서 새 삶을 살아감을 깨닫게 하고, 더 나아가 그들 또한 이러한 자녀로서의 삶을 소망하게 만들어 복음을 전하는 기회가 많아지기를 바랍니다. 말과 혀로만 하는 것이 아니라, 행함으로 사랑이 나타나기를 바랍니다.

여정을 향한 권면적 선포(결단)

이제는 세상의 종이 아닌 하나님께서 사랑하는 자녀로서, 죄를 짓지 않고 모든 이웃과 형제를 사랑함으로 예수 그리스도를 자랑하는 기쁜 소식을 전파하는 신분에 맞는 가치 있는 삶을 살아갑시다!

"너의 모든 것이
회복되리라"

사전적 의미

[모든] 빠짐이나 남김이 없이 전부의.

[회복] 원래의 상태로 돌이키거나 원래의 상태를 되찾음.

성경 말씀 묵상

모든 회복의 출발점, **시편 51편**

죄로 인해 무너진 하나님과의 관계를 회복하는 것이 가장 먼저가 되어야 합니다. 그러므로 겸손한 회개를 합시다!

다윗은 하나님이 세운 이스라엘 왕이었으며, 하나님 마음에 합한 사람이었습니다. 또한 전쟁 가운데서 하나님이 함께 하심으로 만군의 여호와의 이름으로 승리하였으며, 하나님을 찬양하며 온전히 주의 뜻을 간구하고 응답하시는 대로 행동했던 믿음의 사람이었습니다. 하나님을 향한 믿음과 예배의 열정이 충만했던 다윗이었지만, 돌이킬 수 없는 큰 죄를 저질렀습니다. 밧세바와 저지른 간음과 그 일을 감추기 위해 무고한 생명을 죽이는 악한 죄를 저질렀습니다(삼하 11장). 하나님께서 보내신 나단을 통해 다윗의 범죄를 비유로 꾸짖으시고 깨닫게 하셨습니다(삼하 12:7-9). 죄를 범하였음을 깨닫고 인정하며 회개한 다윗을 하나님께서 용서하셨습니다. 다윗이 저지른 죄는 구약 시대 율법에 따르면 사형에 해당하는, 죽어야 마땅한 죄인이었습니다. 그러나 하나님의 자비로 다윗의 죽음을 면케 하셨습니다(삼하 12:13). 자신이 저지른 죄를 인정하고 후회하며 진심으로 회개하는 자를 하나님께서는 사하시고 용서하십니다. 죄에 대한 변명과 형식적이며 고집된 회개가 아닌, 진정으로 죄를 뉘우치고 다시는 악한 죄를 범하지 않겠다는 결단, 그리고 죄의 자아가 무너지고 하나님 앞에서 철저히 낮아지는 겸손한 마음으로 회개하는 영혼을 하나님은 멸시하지 않으십니다. 이 하나님의 자비로우심을 믿으시기를 바랍니다.

회개는 하나님의 은혜의 통로이며, 무너진 삶이 회복되는 시작입니다. 겸손한 자에게 은혜를 주시며 회복시키시는 하나님께로 돌아가기를 바랍니다. 다만 죄는 용서를 받았다 하더라도, 그 부정적인 영향력, 즉 죄의 결과는 돌이킬 수 없습니다. 다윗은 그 죄의 결과를 몸소 경험하였습니다(삼하 12:10-14, 18, 13장, 15장, 16:20-23). 죄로 인한 하나님과의 단절된 관계가 회복되지만, 죄악의 결과까지 완전히 사해지는 것은 아님을 깨닫기를 바랍니다(롬 2:6).

하나님과의 관계에 영향을 끼치는 것은 죄입니다. 아담과 하와가 순종하지 않은 죄를(롬 5:19) 시작으로 하나님과의 관계가 단절되었습니다. 한 사람으로 말미암아 죄가 세상에 들어왔고(롬 5:12), 죄는 거룩하신 하나님과 우리 사이를 갈라놓습니다(사 59:2). 그러므로 하나님과 단절된 관계를 회복하기 위해서는 죄가 없어져야 하며, 죄 사함을 받아야 합니다. 모든 사람이 죄 가운데 태어났으므로(롬 3:23), 완전히 죄 없는 분이신 예수 그리스도가 유일하며, 죄의 대가는 반드시 치러져야 했습니다. 그래서 한 사람 예수 그리스도께서 하나님의 뜻에 죽기까지 순종하시고(빌 2:8) 율법을 완성하시며, 죄 없는 희생 제물이 되어 죄를 대신 지시기 위해 십자가를 지셨습니다(요 1:29). 그러므로 우리는 오직 예수 그리스도를 믿음으로 죄 사함을 받고 의롭다 함을 얻어 의인이 되며(롬 5:19), 하나님과 다시 화목하게 된 자로서 죄에서 구원을 받는 것입니다(롬 5:10). 예수님의 완전한 순종이 없었다면 우리는 절대 죄 사함을 받을 수 없었고, 하나님과의 관계 회복이라는 기적도 일어날 수 없었습니다. 그러나 오직 예수 그리스도로 말미암아, 생명의 근원이 되시는 하나님과의 관계가 화목하게 되었습니다. 그리고 이것은 우리 삶의 깨어지고 무너진 모든 것이 다시 회복되는 시작을 알리는 기쁜 소식입니다.

그래서 다윗은 죄 때문에 하나님과의 친밀했던 관계가 끊어진 것을 회복시켜 달라고 기도했습니다(시 51:12). 다윗은 죄의 대가를 없애 달라는 간구나 죽음을 면케 해 달라는 간구, 명예와 왕의 자리보다 하나님과의 친밀함 가운데 경험했던 즐거움을 회복시켜 달라는 기도를 드렸습니다. 하나님과의 관계가 회복되어야 삶의 모든 것이 회복된다는 사실을 깨달았기 때문입니다. 더 나아가 하나님과의 친밀함이 우리의 죄책감과 불안, 두려움, 사역 모든 영역에서 회복시키는 능력이며, 영혼의 평화와 기쁨이 온전히 하나님과의 관계에서 흘러나오기 때문입니다.

하나님과의 관계 회복이 모든 회복의 시작입니다. 나의 죄로 인해 하나님과 멀어진 관계가 가까워졌을 때, 내 영혼은 살아나 기뻐 춤추며 하나님을 찬양하고, 무너졌던 모든 것이 세워지며 삶의 질서와 평강이 찾아옵니다. 우리는 잊지 말아야 합니다. 죄는 하나님과의 거리감을 주는 원인이며, 관계에 부정적인 영향만을 끼친다는 사실을 기억해야 합니다. 하나님이 멀리 계신 것처럼 느껴진다면, 그것은 나의 죄 때문임을 똑바로 인정하고 자신의 죄를 깨닫고 고백해야 합니다. 하나님께 죄를 고백하고 겸손히 회개하여, 예수 그리스도로 말미암아 화목하게 된 하나님과의 관계의 기쁨과 구원의 즐거움이 회복되기를 소망합니다. 우리가 겪는 모든 문제의 근원은 곧, 세상의 모든 만물을 창조하신 하나님과의 관계가 끊어진 것임을 깨달고, 죄를 뉘우치며 회개하고 회복하여, 성령 충만한 열매 맺는 삶을 살아갈 수 있기를 바랍니다.

오늘 하루, 삶의 문제를 놓고 기도하고자 한다면 먼저 하나님과의 관계 회복을 위해 기도하기를 소망합니다. 나의 죄를 똑바로 바라보고 깨닫도록 성령의 힘을 간구하기를 바랍니다. 그리고 오늘 묵상 말씀을 붙들고 기도하며, 주 예수 그리스도 안에서 회복되는 역사가 시작되기를 소망합니다.

여정을 향한 권면적 선포(결단) ________________________________

삶의 무너진 모든 것이 회복되는 시작의 알림은 하나님과의 관계가 회복되는 순간입니다. 그러므로 문제에 집중하지 말고 하나님과의 관계에 더 집중합시다!

10. 소망의 무릎:
약속된 새 일을 향해 다시 시작하는 여정

(91 – 100일 차)

죄에서의 자유함을 누리며

내 계획보다 크신 하나님의 일하심을 믿고,

예비된 만남과 새 일을 기대하며

그날을 향해 나아가는 소망을 회복하다.

"모든 것이
씻겨 내려가리라"

사전적 의미

[모든] 빠짐이나 남김이 없이 전부의.

[씻기다] 때나 더러운 것이 물이나 휴지 따위로 없어지다./현재의 좋지 않은 상태에서 벗어나게 되다.

성경 말씀 묵상

깨끗한 삶, **요한일서 1장**

한순간이 아니라 매일 빛이신 하나님과 함께함으로 더러움에서 씻겨 깨끗해집시다!

하나님은 영이시며(요 4:24), 사랑이시고(요일 4:8), 빛이십니다(요일 1:5). 어둠이 조금도 없으신 분이므로, 하나님과 함께하는 순간은 곧 어둠이 조금도 우리에게 나타나지 않아야 하며 사라져야 합니다. 즉, 하나님과 교제하면서 죄를 짓지 않도록 깨어 있어야 합니다. 또한 빛이신 하나님 앞에 서 있을 때, 내 안에 깊은 진실이 드러납니다. 선과 악이 분명하게 구분되어 밝히 보일 것입니다. 빛이 비치는 곳에 어둠이 존재할 수 없듯이, 거룩하신 하나님 앞에서는 결코 죄가 존재할 수 없으며, 어둠이 활동할 수도 없습니다.

그러므로 내 안의 육욕과 죄, 상처를 숨기고 감추며 괜찮은 척, 아무렇지 않은 척, 회개한 척하며 살아갈 수 없습니다. 빛이신 하나님 앞에 나아갈 때, 감춰졌던 죄들이 드러남과 동시에 그 자리에서 모든 것이 사라집니다. 따라서 우리는 날마다 빛 가운데 서야 합니다. 다시 말하면, 날마다 빛이신 하나님과의 교제 가운데 살아야 하며, 내 안에 거하시는 성령을 거스르지 않고 영원히 함께하심을 믿고 나아가야 합니다. 죄가 있는 데도 없다고 스스로 속이지 말고, 온전히 하나님께 나의 모든 수치와 악하며 교만한 마음을 자백하기를 바랍니다.

물이 고여 있으면 썩고 냄새가 나지만, 흐르는 물은 깨끗하고 맑습니다. 이처럼 어둠 가운데 머물러 영혼이 병들지 않도록, 빛 가운데 샘물과 같은 예수 그리스도의 보혈로 죄를 씻어 깨끗해지기를 소망합니다. 나를 숨기지 않고 정직함으로 하나님께 나아가 죄를 드러낸 삶은, 모든 더러운 것들이 씻겨 내려가는 가운데 하나님과 기쁜 사귐이 날마다 이루어질 것입니다.

구약 시대에는 하나님께서 제사에 관한 계명을 주셨습니다. 하나님의 백성은 상징적으로 자신들의 죄를 동물에게 전가하는 의미로 짐승을 잡아 그 피로 제사를 드렸습니다. 짐승의 피로 죗값을 대신 지불하도록 하신 것은 백성을 향한 하나님의 자비로우심과 용서였습니다. 피는 생명을 의미하며, 죄의 값은 곧 죽음입니다. 죄는 사망을 낳으므로, 죄 없는 생명을 대신하여 하나님께 회개하는 것입니다(히 9:22).

그래서 세상의 죄를 지고 가신 하나님의 어린양, 예수님의 보혈만이 인류의 죗값을 대신할 수 있습니다. 온전히 우리의 죄 때문에, 영원한 죽음밖에 없던 모든 이들의 죗값을 예수님이 대신 담당하시고, 그의 공로와 의를 우리에게 전가하심으로(고후 5:21) 우리는 예수의 보혈로 말미암아 죄 사함을 받는 것입니다. 예수의 피가 우리를 모든 죄에서 깨끗하게 하며, 말씀대로 3일 만에 부활하셨듯이 우리 또한 새 생명으로 살아가도록 이루셨습니다(롬 6:4).

죄가 있는 우리가 빛 가운데로 나아갔을 때, 그리스도의 피로 죄에서 깨끗함을 받을 수 있습니다. 다시 말하면, 죄가 있지만 예수님의 공로로 말미암아 빛이신 하나님 앞에 나아갈 수 있는 것입니다. 따라서 예수의 보혈에 힘입어 빛 가운데 서 있는 동안 나의 죄가 드러나며 깨끗해지는 것입니다. 원래 깨끗한 사람은 아무도 없습니다. 모든 사람은 더럽고 추악한 죄악의 상태에서 예수 그리스도의 공로로 깨끗함을 받습니다. 죄인을 살리기 위해 이 땅에 오신 예수 그리스도를 온전히 믿고, 더 이상 죄를 숨기지 않으며 매일 자백하고 회개하며 살아가기를 바랍니다.

그리스도인이 된 후에도 우리는 여전히 매일매일을 빛 가운데 서서 나의 죄를 비춰야 합니다. 죄 많은 이 세상에서 육체로 살아가는 한, 죄로부터 완전하게 자유롭지 못하기 때문입니다. 사탄의 권세가 지배하는 세상에서 우리는 끊임없는 공격과 미혹을 받아 죄짓게 됩니다. 그러나 예수님께서 우리를 고아처럼 버려두지 않기 위해 성령을 약속하시고 보내셨습니다(요 14:16-18). 그러므로 우리는 내 안에 거하시는 성령과 함께 매 순간 숨지 않고 싸워야 합니다. 나의 공로를 의지하지 않고 오직 예수의 공로를 의지하여 죄와 싸우고, 죄가 드러나도록 해야 합니다. 그것이 예수 그리스도의 보혈을 더욱 빛나게 하기 때문입니다.

오늘 하루, 빛이신 하나님과 함께하는 매 순간이 되기를 바랍니다. 매 순간 빛 가운데 행하는 자처럼, 일상에서 어둠과 죄가 조금도 없도록 오직 예수 그리스도의 보혈을 의지하기를 바랍니다. 그리스도인으로서 어둠에 숨어 거짓말을 하고 진리를 행하지 않는 반복되는 죄에 머무르는 것은, 예수님의 십자가 보혈을 값싸게 여기는 행동입니다. 나를 위해 피 흘리시며 구하신 생명을 감사히 여기며, 말씀과 빛 가운데서 새롭게 살아가고 하나님의 은혜를 충만히 누리기를 바랍니다.

여정을 향한 권면적 선포(결단) ____

빛 가운데로 살아가는 것은 죄가 없어지는 것이 아닌, 죄를 숨기지 않고 예수 그리스도의 보혈에 힘입어 구원의 은혜로 살아가는 것입니다. 그러므로 모든 순간 빛이신 하나님과 날마다 함께합시다!

"반드시 내가
너를 축복하리라"

사전적 의미

[반드시] 틀림없이 꼭.

[축복하다] 하나님이 복을 내리다./행복을 빌다.

성경 말씀 묵상

하나님의 약속, **히브리서 6:13-20**

약속은 반드시 이루시는 하나님을 끝까지 믿고 인내합시다!

그리스도인이 간절히 소원해야 하는 삶은, 하나님 앞에서 부끄럽지 않게 뒤로 가지 않고, 중간에 멈추지 않으며 꾸준하고 지속적으로 믿음의 경주를 달리는 것입니다(히 12:1). 도착할 때까지 예수 그리스도로 말미암은 구원의 확신과 하늘 소망을 끝까지 믿고, 오랜 시간을 묵묵히 기다리며 게을러지지 않고 열심히 달려 나가야 합니다. 그리하여 하나님이 약속하신, 눈물과 사망과 고통이 없는 하나님과 영원히 사는(계 21:3-4) 영광 가운데 참여하며, 완전한 소망의 성취를 이루는 것입니다. 하나님께서 확실하게 약속하시고 맹세하신 축복의 말씀 때문입니다(마 13:43, 19:28-29, 25:34, 막 10:29-30, 눅 22:29-30, 요 6:40, 10:28, 14:2-3, 23)

소망이 확실하고 약속된 것을 확신하는 사람은 기다리는 것이 지루하지 않으며, 설렘을 갖고 기대하며 오래 참을 수 있을 정도의 인내가 있습니다. 그 인내 가운데는 불안과 두려움이 아니라 마음의 평안이 있습니다. 왜냐하면 반드시 그 소망이 성취되고 약속이 이루어짐을 믿고 의심하지 않기 때문입니다. 이것이 그리스도인에게 나타나야 하는 믿음의 모습입니다.

아브라함은 하나님께서 약속하신 말씀을(창 12:1-3, 13:14-18, 15:4-6, 22:16-18) 믿고 순종하며 오랜 시간을 인내하며, 하나님께서 일하시고 이루심을 경험했습니다. 그리고 그 약속은 지금도 끝없이 이루어지고 있습니다. 이스라엘 백성이 출애굽 후 여호수아 시대에 실제로 하나님께서 약속하신 땅을 점령하였고, 아들 이삭을 받았으며(창 21:2, 7) 그 이후로도 후손을 번성케 하시고, 아브라함의 후손으로 예수 그리스도가 이 땅에 오심으로써 천한 만민이 복을 받는 약속이 성취되었습니다. 그러므로 하나님께서는 반드시 약속하신 말씀을 이루십니다. 다만 완전히 실현되는 그날이 다음 세대, 또 그다음 세대가 될 수도 있습니다. 그럼에도 불구하고 끝까지 아브라함처럼 믿음으로 순종하며, 약속이 후손들에게도 확장되도록 믿음의 유산을 물려주어야 합니다. 언제 이루어질지 몰라도, 반드시 이루시는 하나님의 신실하심을 믿고, 약속을 향해 나아가는 것이 믿음의 경주의 과정입니다. 따라서 그리스도인은 인내와 기다림의 자세가 기본이자 필수이며, 그것이 곧 성숙한 그리스도인의 삶의 자세임을 믿습니다.

그 당시 사람들은 자신의 말을 확증하는 행위로, 높고 큰 사람의 이름으로 맹세하는 문화가 있었습니다(히 6:16). 이처럼 하나님께서도 변하지 않는 약속임을, 말씀을 반드시 행하시겠다는 맹세를 통해 보증하셨습니다. 곧 하나님께서 자신을 가리켜 맹세하신 것입니다. 왜냐하면 모든 세계 가운데 하나님보다 더 큰 이는 없기 때문입니다. 하나님의 이름으로 약속하시고 맹세하신 말씀은 거짓말을 하실 수 없으며 반드시 성취됩니다. 하나님은 완전하시고, 완벽하시며, 진실하시고 신실하시기 때문입니다(민 23:19, 신 7:9, 말 3:6). 그러므로 모든 성경은 하나님의 감동으로 된 것이며(딤후 3:16), 확실히 믿을 수 있습니다. 약속하신 하나님을 굳게 붙잡고 마음이 흔들리지 않도록 이곳저곳 움직이지 않고, 완전히 성취되는 그날까지 기다림과 인내로 오래 참는 성숙한 그리스도인이 되기를 바랍니다.

하나님께서는 반드시 영광의 자리에 참여하게 하시려고 우리에게 자격을 이미 허락하셨습니다. 곧 예수님을 영접하는 자에게 자녀 된 권세를 주시고, 오직 그리스도를 믿음으로 말미암아 하늘의 시민권을(빌 3:9, 20) 부여하셨음을 잊지 말아야 합니다. 끝까지 약속을 향해, 영원한 복을 향해 달려 나가야 합니다. 그래서 반드시 복을 완전히 성취하는 그날을 함께 바라보고, 참여하기를 소망합니다.

오늘 하루 성경 말씀을 묵상할 때, 모든 것이 하나님의 약속임을 믿으며 읽어 보시기 바랍니다. 하나님의 약속은 반드시 이루어집니다. 따라서 우리가 해야 할 일은 끝까지 하나님의 말씀을 붙들고, 흔들리지 않고 순종하며 나아가는 것입니다. 아브라함처럼 약속을 향해 걸어 나가는, 성숙한 그리스도인이 될 수 있기를 소망합니다.

여정을 향한 권면적 선포(결단)

하나님께서 우리에게 약속하신 모든 말씀을 믿고 순종하고 인내하며 약속을 향하여 끝까지 나아갈 수 있도록, 다음 세대와 그다음 세대에게도 믿음의 유산을 물려줍시다!

"내가 너의 발걸음을
인도하리라 내게 맡겨라"

사전적 의미

[발걸음] 틀림없이 꼭.

[인도하다] 이끌어 지도하다./길이나 장소를 안내하다.

[맡기다] 어떤 일에 대한 책임을 지고 담당하게 하다./어떤 물건을 보관하게 하다./주문 따위를 하다.

성경 말씀 묵상

하나님께 맡기는 삶이란, **잠언 3:5-8**

하나님께서 인도하시는 대로 나의 모든 것을 맡기고 겸손히 순종하였을 때 일하시는 하나님의 살아계심을 경험합시다!

모든 일을 결정할 때, 하나님의 뜻을 간구하며 말씀하신 대로 순종하였는가에 대해 나 자신에게 질문한다면, '아니요.'라고 대답할 수밖에 없습니다. 늘 모든 결정에서 하나님의 뜻을 구하기보다는, 내가 하고 싶은 대로 자유롭게 결정하기를 원했으며, 급한 마음에 섣불리 결정하는 순간도 많이 있었습니다. 그렇게 결정한 후 과정과 결과 속에서 느껴지는 후회와 외로움, 속상함과 괴로움을 경험할 때, 나를 되돌아보며 스스로의 지혜가 옳다고 판단했던 교만함을 하나님께 회개하지 않고, 오히려 원망과 불평하며 남과 비교하며 하나님께 차별을 받는다고 생각하였습니다. 참으로 어리석고 미련하며, 하나님의 말씀을 제대로 깨닫지 못한 자의 모습으로 살아왔습니다. 교만은 패망의 선봉이며, 거만한 마음은 넘어짐의 앞잡이입니다(잠 16:18).

즉 스스로의 생각과 지혜를 잘난 척하며 판단하고 결정하는 것은 하나님 앞에서 건방진 행동이며, 그 행동을 통해 경험하게 되는 과정과 결과는 결국 패망과 넘어짐밖에 없는 것이 당연합니다. 이를 깨닫기까지 긴 시간이 필요했으며, 이제라도 깨닫게 해 주시는 하나님의 은혜에 감사드립니다. 앞으로는 모든 일에 앞서 판단하고 결정하기 전에, 온 땅의 주인이시며 내 삶의 주인이신 하나님의 뜻을 간구하고(마 6:33) 그 뜻을 기준 삼아 겸손히 걸어 나가는 하나님의 여종이 될 수 있기를 소망합니다.

교만은 곧 스스로가 잘났다고 생각하며 삶의 주인이 내 자신임을 의미합니다. 내가 보고 듣고 경험한 것만이 기준이 되고, 그것만을 옳다고 확신하는 행동에서 비롯되는 것이 교만입니다. 그러나 이는 하나님을 경외하는 것과 거리가 먼 행동이며, 곧 하나님의 권위를 무시하는 것이고, 하나님 없이도 충분히 살아갈 수 있다고 생각하여 불순종의 원인이 됩니다. 그래서 하나님께서는 교만을 비웃으시고(잠 3:34) 대적하십니다(벧전 5:5). 그러므로 교만한 자는 하나님께서 가장 선하시고 최상의 것으로 인도하시는 길로 걸어가지 못합니다.

따라서 우리가 무언가를 결정할 때, 또는 현재의 모든 작은 영역까지도 세세하게 하나님께 온전히 맡기는 겸손함이 필요합니다. 즉 부분적인 것이 아니라, 내가 느끼는 감정과 생각, 마음까지도 모든 것을 하나님이 책임지시도록 주권을 내어 드리며, 하나님의 선하심을 믿고 어떤 결정을 내리시든 무조건 순종하는 희생적이고 겸손한 자세로 기도해야 합니다. 하나님께서 가르치시고 인도하시는 길로 걸어야만, 하나님께서 직접 내 삶에 개입하시어 대신 일하십니다.

일을 하는 종은 결정권이 없으므로, 모든 일의 과정과 결과에 대한 책임은 주인에게 있습니다. 종이 열심히 일해도 많은 사람은 오직 주인의 이름만 기억할 것입니다. 왜냐하면 종은 주인을 위해 일하는 역할만 수행하며, 일을 대신시키기 위해 주인이 종을 사용하는 것이기 때문입니다. 이처럼 우리의 삶도, 주인이신 하나님의 이름이 높여지고 그분의 이름을 많은 이들에게 전하기 위해, 예수 그리스도의 권세와 명령을 받고 열심히 일해야 하는 본분이 있습니다(마 28:18-20, 롬 1:1, 고전 1:1, 17, 딤전 1:1, 딛 1:1-3).

따라서 이 본분을 지키기 위해, 나의 삶의 모든 영역(일상생활, 신앙생활, 직업, 인간관계, 판단 및 계획, 감정 등)을 나 혼자서 결코 결정할 수 없습니다. 내 삶은 내 것이 아니라 하나님의 것이며, 부름을 받고 택함을 받은 자로서, 살아 숨 쉬는 모든 순간마다 하나님의 뜻을 간절히 구해야 합니다. 모든 것을 하나님께 내어 맡겼을 때, 영육 간의 강건함의 복이 충만히 임하며, 진정한 삶의 평안을 경험하게 됩니다(잠 3:8).

내가 하는 결정은 내가 책임지고 일해야 합니다. 그러나 하나님께서 하시는 결정대로 순종했을 때, 책임지고 일하시는 분은 창조주 하나님이십니다. 그러므로 나를 위해 이미 길을 만드시고 기적을 행하시며 이루시는, 살아 계셔서 역사하시는 하나님을 전심으로 믿고 따르는 예수 그리스도의 종이 되기를 바랍니다. 예수님을 믿는 것이 곧 하나님을 믿는 것입니다(요 12:44). 더 나아가 우리에게 있어서 가장 최고의 길은 예수님이십니다(요 14:6).

우리 스스로의 힘으로는 나의 교만을 뿌리칠 수 없습니다. 그래서 하나님만을 온전히 믿고 하나님 앞에 나아갈 수 있도록 우리에게 힘과 능력과 길을 열어 주신 것이 바로 예수 그리스도입니다. 자기 의지로 겸손해지려는 시도조차도 교만입니다. 인간은 스스로 겸손할 수 없는 연약한 존재이기 때문입니다. 또한 하나님의 뜻을 분별하는 것조차, 내 생각으로 판단하는 것도 교만입니다. 겸손(빌 2:6-8)과 분별(요 14:6) 모두 하나님의 은혜가 필요하며, 오직 진리이신 예수 그리스도를 통해 역사하십니다. 즉 겸손과 분별은 예수 그리스도 안에서, 성령의 역사로 우리 삶 가운데 이루어집니다 (요 14:26, 16:13).

그러므로 예수 그리스도 안에서 겸손과 분별의 지혜로 결정하기를 바랍니다. 나의 결정은 제한적이고 한계가 있지만, 하나님의 결정은 불가능을 가능케 하며, 나의 지혜와 능력을 뛰어넘습니다. 그러므로 내 생각대로 행동하며 삶을 통제하지 않기를 바랍니다. 예수 그리스도 안에서 모든 것을 맡겼을 때, 서서히 보여주시고 나타내시는 하나님의 살아계심과 위대하심을 경험하는 모든 순간이 되기를 소망합니다. 나는 다 알지 못하지만, 하나님은 이미 모든 것을 아시므로, 오직 우리를 사랑하시고 만드신 길을 따라 걸으며, 이끄시는 대로 내 발걸음과 믿음을 온전히 하나님의 뜻에 순종하며 내어 드리기를 바랍니다.

오늘 하루, 예수 그리스도 안에서 나의 일정과 삶의 모든 영역을 하나님께 여쭤보는 기도의 시간을 갖기를 바랍니다. 처음에는 다소 어색하고 어려울 수 있지만, 내 안에 거하시는 성령의 힘으로 능히 해낼 수 있습니다. 그리고 그 시간이 매일의 시작과 끝이 되는 일상이 되기를 바랍니다. 그리하여 악에서 떠나는 삶을 살며, 영육 간의 강건함의 축복이 충만히 임하기를 소망합니다.

여정을 향한 권면적 선포(결단)

나의 발걸음을 인도하시는 분은 하나님이시며, 나의 발걸음을 인도해 주셔야 하는 분도 오직 하나님뿐이십니다. 따라서 예수 그리스도 안에서 내 것은(생명조차도) 하나도 없음을 인정하며 예수를 주로 섬기는 겸손한 예수 그리스도의 종이 됩시다!

"좋은 만남이 있으리라"

사전적 의미

[좋다] 대상의 성질이나 내용 따위가 보통 이상의 수준이어서 만족할 만하다./성품이나 인격 따위가 원만하거나 선하다./말씨나 태도 따위가 상대의 기분을 언짢게 하지 아니할 만큼 부드럽다.

[만남] 만나는 일.

성경 말씀 묵상

하나님이 인도하시는 좋은 만남, **창세기 24장**

만남은 곧 하나님께서 계획하시고 인도하시는 것이므로 기도로 준비합시다!

사람이 혼자 사는 것보다 서로를 위하여 힘써 도와주는 또 한 사람이 함께하는 것이 좋다고 보는 것은 하나님의 뜻입니다(창 2:18). 그러므로 평생을 함께 힘써 서로를 위하여 도와주고 살아가며 교제하는 한 사람을 만나는 것은 반드시 하나님의 뜻대로 이루어져야 합니다. 만남을 통해 이루시고자 하는 목적이 있기 때문입니다. 즉 두 사람이 연합하여 한 몸을 이루어야 하는 일은, 하나님께서 명령하신 것을 함께 책임지며 하나님의 일을 함께하는 가운데 서로를 세우고 붙들어 주는 것입니다(전 4:10). 따라서 하나님의 뜻 안에서 이루어지는 만남은, 하나님께서 맡기신 사명을 함께 이루도록 계획하시고 예비하신 축복입니다.

그래서 아담이 하나님께 받았던 명령은 하와도 지켜야 하는 명령이었습니다(창 1:28-30, 2:15-17). 좋은 만남이라는 것은 세상의 보편적인 기준이나 단순히 외로움을 해소하는 쾌락적인 감정으로 형성되는 관계가 아닙니다. 좋은 만남은, 내가 선택하는 것이 아닌 하나님께서 맡기신 사명을 함께 감당하며 서로를 위하여 도와줄 수 있는, 하나님 보시기에 심히 좋은 사람을 만나도록 인도하심을 받는 것입니다. 하나님은 천지를 창조하실 때 "보시기에 좋았더라." 말씀하셨습니다(창 1:4, 10, 12, 18, 21, 25, 31). 마찬가지로, 하나님의 형상대로 지음받은 두 사람이 만나는 것이 하나님께서 보시기에 좋은 것이며, 이것이 좋은 만남입니다. 나를 위해 돕는 배필을 준비하시고 만나도록 도와주실 분은 오직 창조주 하나님이심을 온전히 믿고, 그분의 뜻을 의심하거나 원망하지 않기를 바랍니다.

우리가 배우자를 위해 기도할 때 먼저 해야 하는 기도는, 나에게 맡기신 사명이 무엇인지 깨닫는 것입니다. 나에게 원하시고 명령하신 것이 무엇인지 기도하며, 하나님의 뜻 안에서 좋은 만남이 이루어지고, 그 만남을 통해 역사하시는 하나님의 은혜가 충만히 임하기를 소망합니다. 아브라함은 아들 이삭을 위해 그의 고향 족속에게로 가서 아내를 구하고자 하였습니다. 이삭의 사명은 곧 아버지 아브라함이 하나님께 약속받은 말씀을 이루는 계보의 시작이었기 때문입니다. 따라서 예수 그리스도의 계보를 이루기 위해, 이삭에게는 아내가 필요했습니다. 또한 하나님께서 원하신 가나안 땅에서 함께하기를 원하셨습니다. 더 나아가, 가나안 땅에서 아내를 택함으로써 타락한 가나안 문화와 섞이지 않고(창 10:19, 18:20), 하나님께 부르심을 받은 약속의 가문, 즉 믿음의 가정을 온전히 세우기 위해, 아브라함은 믿는 하나님과 그 약속을 아는 친족에게서 아내를 찾고자 하였습니다.

이 만남을 위해 아브라함은 자기 집 모든 소유를 맡은 종을 고향으로 보냈습니다(창 24:2). 이 종은 믿음의 사람으로서, 아브라함이 믿는 하나님께 먼저 은혜를 간구하였습니다(창 24:12). 이처럼 우리가 어떤 사람을 만날지는 모르지만, 만남에 앞서 먼저 해야 하는 것은 바로 하나님의 은혜를 간구하는 기도로 시작하는 것입니다.

하나님께서 이삭을 위하여 정하신 자를 알아보도록 종은 기도하였으며, 그 기도대로 이삭의 배필을 위해 리브가를 예비하셨습니다(창 24:15-16). 그리고 이 종은 리브가를 만났음에도 불구하고 섣불리 행동하지 않고 묵묵히 주목했습니다(창 24:21). 자신의 기도에 응답해 주시는 것을 확인하는 것뿐 아니라, 과연 예비하신 배필이 리브가가 맞는지, 아브라함의 친족이 맞는지도 분별할 필요가 있었을 것입니다(창 24:23-24). 이처럼 만남은 단순히 섣불리 결정하는 것이 아니라, 하나님의 뜻과 사명에 비추어 깊이 고민하고 기도해야 함을 알 수 있습니다. 그리고 모든 것이 하나님의 뜻대로 이루어졌음을 분명히 깨달았을 때, 인간적이고 감정적인 기쁨보다 먼저 예비하시고 응답하시며 바른길로 인도하신 하나님께 감사와 찬양을 올려 드리는 하나님의 사람이 되기를 바랍니다(창 24:26-27).

하나님의 뜻 안에서 이루어지는 만남에는 겸손과 순종, 믿음과 용기가 필요합니다. 리브가는 겸손과 순종과 용기 있는 사람이었습니다. 그녀에게 아브라함의 종인 엘리에셀을 만난 것은 우연일지 몰라도, 리브가는 종에게 물을 주는 것뿐 아니라 자발적으로 낙타들까지도 배불리 마시도록 물을 길어 주는 큰 수고를 하였습니다(창 24:18-20). 누군가에게 인정받고자 한 계산적 행동이 아닌, 섬김을 통해 드러난 겸손이, 아브라함의 종이 하나님께서 이삭을 위해 정하신 배필을 깨닫도록 마음의 문을 여는 계기가 되었습니다. 또한 하나님께서 맡기신 사명을 감당하기 위해서는 늘 겸손해야 하며, 겸손한 자에게 하나님께서 은혜를 베푸시는 것이 그분의 뜻입니다(잠 3:34).

또한 하나님의 뜻임을 깨닫고 순종하는 믿음의 결단도 필요합니다. 리브가는 아브라함의 종을 통해 하나님의 인도하심을 듣고(창 24:33-49), 이야기에 반박하거나 주저하거나 회피하지 않고, 어디인지도 누구인지도 모르는 곳에 함께 가겠다고 순종하였습니다(창 24:58). 하나님의 뜻을 온전히 신뢰하는 자는 순종하며, 그 순종으로 만남이 이루어집니다.

마지막으로 용기도 필요합니다. 아브라함이 하나님의 명령을 듣고 믿음으로 고향과 친척, 아비집을 떠났던 것처럼(창 12:1), 리브가에게도 가족으로부터 독립하여(창 2:24) 고향과 집을 떠나는 용기 있는 결단이 필요했습니다. 리브가는 여자 종들과 함께 낙타를 타고 종을 따라갔습니다. 이러한 용기 있는 결단으로 리브가는 이삭을 만나, 이삭의 어머니 사라의 장막으로 들어가 맞이함으로써 믿음의 가정으로 들어가 하나님의 뜻을 이루어 나가는 새로운 삶을 시작하게 되었습니다.

또한 하나님의 뜻 안에서, 그분의 인도하심에 겸손과 순종과 용기로 나아가는 만남은 하나님의 창조 질서를 따르는 한 남자와 한 여자의 사랑을 바탕으로 한, 변할 수 없는 하나님의 영원한 뜻이며, 우리에게 허락하신 축복입니다. 하나님의 뜻 안에서 이루어지는 만남을 통해, 하나님께서 아브라함에게 약속하신 대로, 예수 그리스도께서 아브라함의 후손으로 이 땅에 오셔서 온 인류를 구원하시는 계획이 이루어졌습니다(갈 3:16).

따라서 하나님께서 허락하시는 만남은 곧 하나님의 뜻을 이루는 것이며, 말씀을 중심으로 기도하며 준비하고, 성령의 인도하심에 따라 묵묵히 신중하게 만남이 이루어지기를 바랍니다.

오늘 하루, 나의 사명이 무엇인지 먼저 깨닫도록 기도하며, 하나님의 뜻대로 인도하시는 만남을 위해 깨어서 기도하기를 바랍니다. 하나님 보시기에 심히 좋은 만남이 성도 여러분의 삶 가운데, 그리고 저의 삶에도 나타날 수 있기를 서로를 위해 중보 기도하기를 소망합니다.

모든 만물을 창조하신 하나님의 질서 안에서 한 남자와 한 여자가 서로를 사랑하며 하나님께서 맡기신 사명을 함께 감당하여, 하나님께 영광 돌리는 믿음의 가정이 됩시다!

"꼭 네 생각대로
되지 않아도 괜찮아"

사전적 의미

[꼭] 어떤 일이 있어도 틀림없이./조금도 어김없이./아주 잘.

[생각하다] 사물을 헤아리고 판단하다./어떤 사람이나 일 따위에 대하여 기억하다./어떤 일을 하고 싶어 하거나 관심을 가지다.

[괜찮다] 별로 나쁘지 않고 보통 이상으로 좋다./꺼려지거나 문제될 것이 없다./별 탈이나 이상이 없다.

성경 말씀 묵상

완전하신 하나님의 뜻, **잠언 19:21**

우리는 계획은 불완전하지만, 하나님의 뜻은 완전합니다. 그러므로 불완전한 감정을 내려놓고 완전하신 하나님의 계획을 믿읍시다!

세상은 여전히 악한 것들의 지배를(요일 5:19) 받고 있으므로, 세상에서 육체로 살아가는 우리의 마음과 생각을 끊임없이 죄로 끌어들이려 합니다. 그러나 하나님으로부터 난 자는 하나님께서 지키시고, 악한 자가 손대지 못하도록 보호하시며, 싸워 승리하게 하십니다. 곧 참 하나님이시며 영생이신 예수 그리스도 안에 거하는 것이 우리 자신을 지키는 믿음의 행동입니다(요일 5:18-21). 그러므로 그리스도 안에서 생각하고 마음을 지키며, 성령으로 죄와 싸워 승리하도록 날마다 간구하기를 바랍니다.

세상에서 살아가는 모든 순간을 예수 그리스도 안에서 살아가고, 계획하며 일을 행하기를 바랍니다. 만약 현재의 내가 아직 육신에 속한 자로서 사람을 따라 계획하고 행한다면, 즉시 멈추어야 합니다. 그러한 계획은 시기와 분쟁을 불러옵니다. (고전 3:3) 세상과 하나님을 동시에 믿고 따르며 계획하고 행한다면, 그것 또한 즉시 멈추어야 합니다. 이는 영적 간음죄를 범하는 것이기 때문입니다(약 4:4). 참 포도나무 되시는 예수님 안에 거하지 않는 자는 스스로 열매를 맺을 능력도 없으며, 결코 열매를 맺을 수 없습니다. 거하지 않은 가지는 밖으로 버려져 불에 던져 없어집니다(요 15:1-6).

즉, 예수 그리스도 안에 있지 않으면 생명이 없는 영적 죽음밖에 남지 않습니다. 그러므로 그리스도를 떠나 계획하는 모든 것은 불완전한 결과를 초래하며, 죄를 범하고 사망의 길로 스스로 걸어가는, 미련하고 어리석은 행동입니다. 따라서 계획을 세우기 전에 가장 먼저 해야 할 일은, 육신으로 살지 않고 말씀과 성령 안에서 분별하며, 오직 그리스도 안에 거하는 은혜 아래 살도록 간구하고, 나의 신앙을 점검하는 것입니다.

우리에게는 꿈과 이루고자 하는 많은 계획이 있지만, 그 모든 계획이 과연 하나님의 뜻일까요? 계획을 세우고 과정 중 문제가 생겨 일이 원활하게 진행되지 않고 멈춘다면, 지금 당장 해야 할 일은 하나님께 나아가 기도하는 것입니다. 일을 행하시고 이루시며 결과를 결정하시는 분은 오직 하나님의 주권이기 때문입니다. 인간은 한 치 앞도 알 수 없습니다. 아무리 계획을 해도 결과를 결정할 권한은 나에게 없습니다. 따라서 그리스도인은 현재 상황을 분별하며 순종해야 합니다. 하나님께서 막으신 것이라면 멈추어야 하며, 다른 길로 인도하신다면 감사함으로 그 길로 걸어 나가야 합니다.

이것이 하나님으로부터 난 자를 지키시는 은혜입니다. 내가 꿈꾸고 계획하는 모든 것이 하나님의 뜻과 합치면 좋겠지만, 합치지 못하는 연약한 순간이 올 수도 있습니다. 그 순간마저도 하나님께서는 나를 죄로부터 지키기 위해 일하십니다. 그러므로 내 계획대로 되지 않은 것에 대해, 내 계획이 틀어진 것에 대해 원망, 불평, 자책, 절망, 괴로움, 속상함, 외로움 등에 빠지지 않기를 바랍니다. 오히려 하나님께 다시 뜻을 묻고 깨닫게 하시며, 선한 길로 인도하시고 세상으로부터 지켜 주시는 하나님의 은혜에 감사하며, 조급하지 않고 인내하는 성숙한 그리스도인이 되기를 바랍니다. 내 계획은 완전히 이루어지지 않을지라도, 하나님의 뜻은 반드시 완전히 이루어집니다(잠 19:21). 그러므로 나보다 나를 더 잘 아시는 여호와 하나님만을 경외하기를 바랍니다. 경외하는 삶이 곧 재앙을 피하고 생명에 이르도록 이끌기 때문입니다(잠 19:23).

오늘 하루, 나의 꿈을 이루기 위한 계획들이 하나님의 뜻 아래, 하나님의 마음에 합한 것으로 변화되는 성령의 역사가 일어나기를 바랍니다. 현재 나는 참 하나님이시며 참 포도나무이시고 생명이신 예수 그리스도 안에서 살아가고 있는지 스스로 점검하며 말씀으로 분별하기를 바랍니다. 그리고 그 가운데서 경험하게 되는 내 삶의 상황과 환경을 감사함으로 받아들이며, 온전히 순종하는 믿음의 사람으로 성장하기를 간절히 소망합니다.

여정을 향한 권면적 선포(결단)

하나님의 뜻은 변치 않고 실패가 없으며 선하시고 영원하십니다. 그래서 내 생각대로 되지 않는 것은 곧 나를 향한 하나님의 사랑의 은혜이며 나를 위해 예비하시고 행하시고 이루시기 위한 하나님의 뜻입니다. 그러므로 그분의 뜻을 깨닫고 나를 위해 일하시는 하나님만을 믿어 의심하지 맙시다!

"죄에서
자유함을 얻어라"

사전적 의미

[자유] 외부적인 구속이나 무엇에 얽매이지 아니하고 자기 마음대로 할 수 있는
상태./법률의 범위 안에서 남에게 구속되지 아니하고 자기 마음대로 하는 행위.
[얻다] 거저 주는 것을 받아 가지다./긍정적인 태도·반응·상태 따위를 가지거나
누리게 되다./구하거나 찾아서 가지다.

성경 말씀 묵상

진리 안에서의 참 자유, **요한복음 8:31-59**

우리를 자유롭게 하는 진리이신 예수님의 권세로 죄의 권세를 깨고 승리합
시다!

예수님은 아브라함이 나기 전부터 있으신(요 8:58) 참 하나님이십니다(요
일 5:20). 따라서 예수님을 믿고 따르는 자는 믿음의 조상 아브라함의 후손
입니다. 아브라함은 하나님을 믿고 순종함으로(히 11:8-10) 복의 근원이 되
는 언약을 받았고, 그 언약은 성취되었습니다. 그러므로 아브라함의 후손
이라는 것은 곧 하나님을 믿고 순종하는 언약의 백성을 의미합니다. 그러
나 종교 지도자들은 아브라함의 후손이라고 말하면서도, 아브라함이 행한
믿음의 일을 행하지 않고, 오히려 진리 되시는 예수님을 죽이려는 행동을
보였습니다(요 8:37-43). 이러한 행동을 보이며 예수님의 말씀을 듣지 못하

는 그들을 향해, 예수님께서는 그들이 마귀의 자녀로서 진리에 서지 못하고 있음을 말씀하셨습니다(요 8:44).

이처럼 종교 지도자들과 같이 육체적 혈통과 보이는 것을 자랑하며 자기 의를 드러내는 것은 결코 아브라함의 후손이 아니라, 죄를 범하는 죄의 종이자(요 8:34), 죄의 지배를 받는 마귀의 자녀로 나타나는 행동입니다. 자기 의를 통해서는 결코 죄에서 자유로울 수 없습니다.

자기가 듣고 싶은 대로, 하고 싶은 대로 행동하는 것은 곧 죄의 지배를 받는, 죄의 종으로 살아가는 것입니다. 이것은 자랑할 것이 아니라 깨부숴야 하는, 죄 가운데 있는 세상이 주는 잘못된 자유입니다. 자유롭다고 느끼게 하지만, 결국에는 죄 가운데서 여전히 살도록 묶어두며 사망의 길로 인도합니다. 자신의 자녀가 사망하기를 원하는 부모가 어디 있겠습니까? 그러나 마귀는 자녀가 사망하기를, 즉 하나님을 불신하고 불순종하기를 원합니다(시 1:6, 잠 14:12, 겔 18:4, 요 3:18, 36, 롬 6:23). 불신과 불순종의 결과는 곧 하나님의 진노의 심판이자 사망입니다.

그렇지만 우리를 사랑하시는 하나님 아버지께서는, 이러한 죄의 지배를 받지 않도록, 마귀의 자녀가 되지 않도록 새 생명을 주시고, 죄에서 자유를 얻게 하시기 위해 구원을 계획하셨습니다. 믿음의 사람 아브라함을 통해 예수 그리스도를 이 땅에 보내 구원을 이루셨습니다. 따라서 불신과 불순종으로 사망이 최후의 끝이 아니며, 우리에게 새로운 길을(요 14:6) 열어 주시고 새 생명을 허락하셨습니다.

아브라함이 하나님을 믿고 순종했던 것처럼, 오직 예수 그리스도를 믿는 모든 자에게 구원의 은혜를 베푸시고(요 3:16), 십자가에서 죽으시고 3일 만에 부활하심으로 죄와 사망 권세에 승리하시며, 그 권세를 무력화시키고 멸하시는 예수 그리스도의 권세로(골 2:15, 히 2:14, 요일 3:8) 죄를 깨부수셨습니다. 그리하여 죄의 지배를 받던 종의 신분에서 벗어나, 하나님을 믿고 순종하는 영적 아브라함의 후손으로, 하나님의 자녀로 영원히 살아갈 수 있도록 자유를 주셨습니다. 이것이 곧 "진리를 알지니 진리가 너희를 자유롭게 한다."라는 말씀입니다(요 8:32).

그러므로 우리는 유일한 진리가 되시는 예수 그리스도를 믿음으로 그분을 통하여 죄에서 자유함을 얻을 수 있습니다. 우리에게 필요한 참된 자유는 내 마음대로 할 수 있는 자기 의가 드러나는 삶이 아닙니다. 죄와 사망의 길에서 벗어나 영원한 생명의 길을 걷도록 영적으로 깨닫고, 죄의 지배로부터 해방되는 구원의 기쁨을 느끼며, 온전히 예수님을 믿고 순종하는 하나님의 자녀로 살아가는 삶이 참된 자유입니다.

진리 되시는 예수님을 믿고 그분 안에 거하며 순종하는 삶은, 곧 죄의 종으로 살아가지 않는 자유함을 날마다 경험하는 삶입니다. 여전히 죄를 범하며 살도록 진리를 주신 것이 아닙니다. 진리는 세상과 죄 가운데서 싸워 승리하도록 주신 것입니다. 따라서 죄 가운데 머물지 않는 참 자유 속에서, 오직 예수 그리스도의 권세로, 예수 그리스도의 모든 말씀 안에서 날마다 승리하기를 바랍니다. 내 안에 거하시는 성령의 은혜로 깨어 기도하며, 다시는 죄의 종으로 돌아가지 않도록 죄를 깨닫고 회개하며, 날마다 승리하는 영생의 길을 걷기를 바랍니다.

오늘 하루, 죄에서 자유함을 얻은 하나님께 사랑받은 자녀로서 살아가는 모든 순간이 되기를 바랍니다. 여전히 나를 지배하고 억누르는 죄가 있다면, 더 이상 그것에 구속받지 않고, 이미 승리하신 예수 그리스도의 권세로 깨부수기를 바랍니다. 나는 할 수 없습니다. 그러나 진리 되시는 예수 그리스도를 믿고, 예수 안에 있는 하나님의 자녀인 '나'는 할 수 있습니다. 하나님의 자녀로서의 참 자유와 구원의 기쁨을 매 순간 누리기를 간구합니다.

여정을 향한 권면적 선포(결단)

죄에서 자유를 얻게 하는 예수 그리스도를 믿고 순종하는 삶 가운데서 날마다 감사와 승리의 찬양을 기뻐하며 부릅시다!

"주인에게 순종하는 지혜로운 주의 종이 되어라"

사전적 의미

[주인] 대상이나 물건 따위를 소유한 사람./집안이나 단체 따위를 책임감을 가지고 이끌어 가는 사람.

[순종] 순순히 따름.

[지혜] 사물의 이치를 빨리 깨닫고 사물을 정확하게 처리하는 정신적 능력

[종] 예전에, 남의 집에 딸려 천한 일을 하던 사람./남에게 얽매이어 그 명령에 따라 움직이는 사람을 비유적으로 이르는 말.

성경 말씀 묵상

예수 그리스도의 친구이자 종, <u>요한복음 15:9-27</u>

예수님을 삶의 주인으로 인정하며 기쁨으로 순종하며 따라가는 지혜로운 종이 됩시다!

예수님은 우리를 너무 사랑하십니다. 우리를 너무 사랑하셔서 하나님과 동등됨을 내려놓으시고, 사람의 모양으로 자기 자신을 낮추시며 죽음까지도 순종하시어 십자가를 지셨습니다. 세상을 향한 하나님의 구원의 뜻을 이루시기 위하여, 흠 없고 점 없는 어린양이요, 죄 없고 완전한 속죄 제물 (요 1:29, 벧전 1:19)이 되어 주신 예수 그리스도께서 우리의 죄를 대신 담당하

시어, 주 예수 그리스도로 말미암아 하나님과 화평을 누리도록 하신 것(롬 5:1)은 우리를 사랑하시기 때문에 순종하신 것입니다.

더 나아가 이 모든 것은 우리가 연약하고 죄인 되었을 때(롬 5:6-8) 먼저 우리를 택하시고 사랑하셨으며, 그 사랑을 확실하게 보여주셨습니다. 나를 사랑하지 않는 사람을 사랑하는 것이 얼마나 힘들고 외롭고 고통스러운 것인지 아십니까? 예수님은 그 사랑을 먼저 하셨고 보여주셨습니다. 그리고 제자들에게, 또 우리에게 말씀하십니다.

"… 내가 너희를 사랑한 것 같이 너희도 서로 사랑하라… 너희는 내가 명하는 대로 행하면 곧 나의 친구라(요 15:12-14)."

예수님의 사랑을 먼저 받은 자는, 예수님의 사랑 안에서 나를 미워하는 자도 사랑할 수 있는 힘이 있음을 믿습니다. 결코 예수님의 사랑을 알지 못하고 깨닫지 못한다면, 나를 미워하는 이웃과 형제, 나아가 세상까지 사랑할 수 없습니다(요일 4:16-21). 왜냐하면 그러한 사랑을 듣지도, 보지도, 경험하지도 못했기 때문에, 그 사랑을 이해할 수 없고 비현실적으로 느껴지기 때문입니다. 그러나 분명한 것은, 하나님의 무조건적이고 희생적인 사랑을 받은 자는 하나님을 사랑하고, 나를 미워하는 이웃과 형제까지도 사랑하는 능력과 순종의 삶을 살아갈 수 있다는 것입니다.

하나님은 사랑이시므로, 하나님께로부터 난 자, 하나님께 속한 자, 예수 그리스도 안에서 새롭게 거듭난 자, 성령으로 말미암아 하나님이 우리를 사랑하심이 부어진 자(롬 5:5)는 그 사랑으로 태어나고, 그 사랑이 내 안에 기본 바탕이 되어 사랑의 능력이 나타납니다. 그리고 그 사랑에 따라 순종하며 사는 자를 예수님은 친구로 부르십니다(요 15:14-15).

예수님은 우리와 더 가까이 친밀한 신뢰의 관계가 되기를 원하십니다.

그래서 우리를 친구로 불러주시며 삼아주십니다. 하나님이 창조하신 피조물을 친구로 불러주시고 삼아 주시는 그분의 겸손함과 조건 없는 사랑을 다시금 깨닫게 하는 말씀입니다. 또한 우리를 너무 사랑하는 친구로서, 모든 진리의 말씀과 영적인 비밀을 알려주려고 하십니다(요 15:15). 이런 관계가 세상에 또 어디 있겠습니까? 주인이 종과 친구가 될 수 없으며, 주인이 아는 모든 사실과 비밀을 종에게 말해 주는 관계는 없습니다. 그러나 예수님의 말씀에 순종하여 그분과 가까워지고 친밀한 신뢰의 관계를 맺는다면, 성령을 통하여 하나님의 뜻을 알려주십니다(요 15:26). 그리하여 하나님의 뜻대로 구하게 되므로, 항상 열매 맺고 구하는 모든 것을 다 받는 삶을 살아가게 됩니다(요 15:16). 이것이 예수님과 친구가 되는 자의 특권이며, 삶의 결과가 달라지는 이유입니다. 그러나 우리가 착각하지 말아야 하는 것은, 예수님이 우리를 친구로 높여 주시는 것뿐이지, 우리가 삶의 주인이라고 믿어서는 안 된다는 점입니다. 삶의 주인이신 예수님께 순종하는 것이 바탕이 되었을 때, 친구로 삼아 주시는 은혜임을 기억해야 합니다. 그래서 우리는 예수 그리스도가 특별히 사랑하는 종이자, 가까운 친밀한 관계를 맺는 친구입니다.

사도 바울은 자신을 소개할 때 예수 그리스도의 종으로 부르심을 받았다고 고백합니다(롬 1:1, 빌 1:1(디모데도 바울이 언급), 갈 1:10, 딛 1:1). 또한 야고보도 하나님과 주 예수 그리스도의 종으로 자신을 소개합니다(약 1:1). 베드로 또한 예수 그리스도의 종임을 고백합니다(벧후 1:1). 야고보의 형제 유다도 예수 그리스도의 종이며, 부르심을 받은 자, 하나님 아버지 안에서 사랑을 얻은 자로 자신을 소개합니다. 그리고 사도 요한 또한 종들에게 보이시려고 그의 천사를 요한에게 보내어 예수 그리스도의 계시를 알리기 위해 계시록을 기록하였음을 고백합니다(계 1:1).

이처럼 신약 사도들은 스스로를 '종'이라고 고백하였습니다. 이는 단순히 자존감을 낮추는 것이 아니라, 하나님으로부터 난 자, 하나님께 속한 자, 예수 그리스도 안에서 새롭게 거듭난 자로서 옛것을 버린 자신의 정체성을 나타내며, 예수님이 보여주신 순종의 본을 받아 죽기까지 순종함을 결단하는 자발적인 믿음의 고백입니다. 즉 이제 그들의 삶의 주인은 오직 예수님뿐이며, 예수님을 위하여 살아가는 것이 전부입니다. 하나님의 뜻대로 부르심을 받고 명령에 순종하며 따르는 종으로 살아가는 삶으로 기꺼이 스스로가 결단한 삶의 고백입니다. 이러한 고백은 강요가 아닌 기쁨으로 선택한 믿음의 고백입니다.

곧 예수님께 겸손히 순종하는 종이면서, 그 모든 말씀을 듣고 깨닫는 친밀한 친구의 삶을 동시에 살아가는 것입니다. 따라서 누군가의 강요와 억압으로 종이 된 자는 지혜로운 종이 될 수 없습니다. 나의 삶의 주인을 하나님으로 인정하며, 기꺼이 스스로 순종하는, 복종하는 자리에 서 있는 자가 지혜로운 종이 됩니다. 자신이 좋아하고 기뻐하는 일을 하는 사람은 그 누구보다 열심히 할 것이기 때문입니다. 더 나아가, 지혜는 곧 하나님을 경외하고 하나님을 아는 것이므로(잠 9:10), 하나님께 순종하는 자체가 곧 지혜로운 종의 모습입니다. 그러므로 기꺼이 스스로 고백하는 지혜로운 예수 그리스도의 종이 되기를 소망합니다.

오늘 하루, 나 자신을 어떤 사람으로 소개할 수 있는지를 말씀을 묵상하며 스스로 정리하고, 믿음으로 고백하여 결단하기를 바랍니다. 나는 과연 주의 종으로서, 그리고 예수님의 친구로서 사랑 안에서 순종하는 삶을 살아가고 있는지, 살아갈 수 있는지를 묵상하며, 내 안에 계시는 성령을 통하여 나를 향한 하나님의 뜻을 깨닫기를 바랍니다.

여정을 향한 권면적 선포(결단) ______________________________

(먼저 저자인 나를 소개합니다.)

나는 하나님의 영광을 위하여 예수 그리스도의 종이 된 자이며, 보혜사 성령, 진리의 영으로부터 힘을 얻고 깨달음을 받아 주께서 주신 말씀을 전하는 자입니다.

"새 일을 행하리라"

사전적 의미

[새롭다] 지금까지 있은 적이 없다.

[행하다] 어떤 일을 실제로 해 나가다.

성경 말씀 묵상

새 일을 행하시는 창조주, **이사야 48장**

하나님께서 새 일을 준비하시고 이루시는 가운데서 우리도 이전에 하지 못한 새로운 일을 위하여 준비하며 달려갑시다!

처음이요 마지막이신 하나님께서는 창조의 시작과 끝에 있으신 분이십니다(사 48:12). 곧 하나님께서는 창조주이시면서 심판주가 되십니다. 더 나아가 창조와 더불어 소멸(파멸)의 주권자 또한 하나님께 있습니다. 이는 하나님께서 언제나 한계 없이 새로운 것을 창조하시며, 그분의 뜻으로 기존에 있던 것도 사라지게 하시는 불가능이 없는 여호와 하나님이심을 의미합니다. 따라서 인간의 생각으로는 결코 하나님의 뜻을 완전히 이해할 수 없으며, 가늠할 수도 없습니다. 인간이 생각하는 한계는 자신이 배운 지식이나 경험으로 만들어진 것이므로, 새롭게 창조된 일을 이루시는 하나님의 일을(사 48:7) 완전히 이해하거나 예측할 수 없는 것입니다.

들어 보지도 못한 일을 행하시는 창조주이시므로, 우리의 한계로 기준을 두고 그 틀 안에서 하나님을 바라보지 않기를 바랍니다. 내가 듣고 본 대로, 경험했던 이전의 것으로 하나님께 기도하기보다는, 지금도 하나님 자신을 위하여(사 48:11) 새 일을 창조하시는 그분의 뜻을 간구하며, 온 마음 다해 하나님만을 부르며 하나님께만 영광 돌리는 겸손한 자, 순종한 자로 은혜 아래 살아가기를 바랍니다(사 48:18, 22)

애굽에 종살이하던 이스라엘 백성들을 모세를 택하여 가나안 땅으로 이끄시고, 홍해를 가르는 기적과 광야에서 백성들을 지키고 보호하시며 인도하신 것처럼(출 17:1-7, 민 20:1-13, 사 48:21), 바벨론의 포로가 될 이스라엘 백성, 곧 남유다 백성을 바벨론에서 해방시키고 예루살렘으로 귀환하게 하실 일을 고레스 왕을 통하여 이루시고자 이미 이사야 선지자를 통해 말씀하셨습니다(사 44:28). 즉 고레스 왕을 통해 바벨론을 멸망시키고, 바벨론 땅에 포로 된 유다 백성들을 본토로 귀환시키며 예루살렘 성전을 재건하게 하시는 새 일이 나타날 것임을(스 1:1) 말씀하셨고, 실로 이루셨습니다.

이처럼 하나님께서는 역사의 주관자이시며, 하나님의 영광을 위하여 새 일을 계획하고 이루십니다. 하나님을 불신하고 불순종하는 죄악 가운데 있는 백성들을 구원하시는 이유는, 우리를 향한 하나님의 사랑과 처음과 끝이 되시는 하나님이 하나님 되심을 보여주시기 위함입니다. 즉 하나님 외에 다른 신이 없음을 나타내시는 것입니다(출 20:2-6). 완고하여 회개하지 않는 백성들을(사 48:4) 바벨론 포로에서 구해 주셔야 할 이유는 전혀 없으십니다. 그러나 약속을 지키시는 신실하신 하나님이시므로, 하나님이 약속하신 말씀을 이루시기 위해 언약의 백성을(창 12:2-3) 결코 저버리지 않으시는 하나님의 은혜로 새 일을 반드시 행하십니다.

이스라엘 백성들의 완고하고 악한 마음을, 바벨론 땅에서의 포로 생활이라는 고난의 풀무불은(사 48:10) 멸망이 아닌 연단의 과정으로 사용하셨습니다. 우상 숭배와 불순종, 각종 죄를 버리고 회개하며 다시 언약의 백성으로 회복되는 시간을 허락하신 것입니다. 연단을 통해 겸손과 순종이 없던 고집된 신앙을 깨뜨리고, 육신의 굳은 마음을 제거하여 부드러운 마음을 주시며, 영적으로 무지했던 자들이 깨어 하나님의 말씀을 지켜 행하는 믿음의 백성으로 변화되는 회복의 과정이 필요합니다. 하나님이 언약의 백성으로 다시 일으키시고자 준비시키는 사랑과 은혜의 과정이 바로 연단입니다.

새 일을 행하시고자 준비하시고 이루시는 과정에 나의 연단도 포함되어 있습니다. 즉 죄인 된 나를 변화시키는 과정과 포로가 된 환경을 변화시키시는 것이 하나님의 새 일입니다. 그러므로 하나님은 나를 연단하시는 시간 속에서도, 환경을 변화시키기 위해 여전히 일하고 계십니다. 우리는 아직 볼 수 없을 뿐, 때가 되면 그 일을 듣고 보고 경험하게 될 것입니다. 이처럼 하나님이 새 일을 행하시는 것과 같이, 우리 또한 과거의 죄악을 붙잡지 않아야 합니다.

하나님께서 우리에게 보여주신 가장 큰 새 일은 바로 마음이 상한 자를 고치고, 포로 된 자에게 자유를, 갇힌 자에게 놓임을, 슬픈 자를 위로하며, 눈먼 자에게 다시 보게 하고, 눌린 자를 자유롭게 하기 위해(사 61:1-2, 눅 4:18) 독생자 예수 그리스도를 이 땅에 보내시고 십자가를 대신 지시며 3일 만에 부활하셔서 죄와 사망 권세에서 승리하시어, 언약의 말씀과 새 일을 성취하신 것입니다.

그러므로 그리스도 안에 있는 누구든, 이전 것은 지나가고 새것으로 거듭나 하나님의 형상으로 회복되는 새 일이 지금도 여전히 시작됩니다(고후 5:17). 예수 그리스도 안에서 새롭게 변화된 그리스도인은 내 안에 거하시는 성령을 의지하며, 이전의 죄악 된 습관에서 벗어나는 순종과 결단이 필요합니다(엡 4:22-24). 그리고 그 결단 속에서, 뒤에 있는 것은 잊어버리고 앞에 있는 푯대를 향하여 부름의 상을 위하여 달려가야 합니다(빌 3:13-14). 롯의 아내와 같이 이전 것에 마음이 붙들려 미련을 버리지 못하고, 말씀에 불순종하면서까지 뒤를 돌아보는 행동을 하지 않기를 바랍니다(창 19:26).
새 일을 행하시는 하나님만을 믿고 따라가며 뒤돌아보지 않는 그리스도인
이 되기를 바랍니다.

오늘 하루, 과거의 실패와 상처, 아픔과 생각의 한계를 잊는 시간을 갖기
를 소망합니다. 그리고 새 일을 행하시는 창조주 하나님을 온전히 믿으며,
때를 기다리고 달려 나가기를 바랍니다. 날마다 성령을 의지하여 하나님
외에 다른 우상을 만들지도 섬기지도 않는 하나님의 백성이 되기를 소망합
니다.

여정을 향한 권면적 선포(결단)

새 일을 시작하시고 반드시 이루시는 하나님의 그 은혜의 역사에 부름을 받고 쓰
임 받는 그리스도인이 됩시다!

"나는 너의 하나님이니라"

사전적 의미

[나] 말하는 이가 대등한 관계에 있는 사람이나 아랫사람을 상대하여 자기를 가리키는 일인칭 대명사./남이 아닌 자기 자신.

[너] 듣는 이가 친구나 아랫사람일 때, 그 사람을 가리키는 이인칭 대명사.

성경 말씀 묵상

하나님의 언약의 백성, **출애굽기 4장 - 6:1-13**

하나님의 백성으로서 살아가는 구원의 은혜에 감사합시다!

하나님은 스스로 존재하시는 분이십니다(출 3:14). 모든 존재의 근원이 되시는 하나님께서는 절망 속에 있는 백성들을 찾으시고, 그들의 고난을 살피셔서 구원하시기 위해 출애굽의 지도자로 모세를 부르셨습니다. 부르심을 받은 모세는 40년 만에 다시 애굽으로 향하며, 하나님께서 명령하신 모든 말씀과 이적을 아론에게 알리고, 모세를 대신하여 모든 말씀을 전했습니다(출 4:28-31). 이후 바로에게 가서 출애굽을 요구했지만, 그는 여호와를 알지 못했기에 이스라엘 자손들을 보내지 않겠다고 거절하며, 그들의 노동을 더욱 무겁게 하여 괴로움을 더했습니다. 하나님을 알지 못했던 바로였기에, 그는 하나님을 찾는 백성들의 행위를 헛된 게으름으로 비난하며, 그들이 하나님을 믿지 못하도록 방해하였습니다(출 5:1-9). 이것이 바로 세상이 그리스도인을 향해 보이는 미움과 예배 방해의 모습입니다. 하나님을 향한 부르짖음이 세상에서는 헛된 일로 보이며, 믿음을 지키지 못하도록 우리를 억누르고 수고하게 만들어 영육을 지치게 합니다. 이런 시간이 길어져도 우리는 하나님을 찾을 수 있을까요?

이스라엘 자손은 모세와 아론이 출애굽을 요구한 것이 바로의 미움을 사게 되어, 이전보다 더 가혹한 노동에 시달리며 죽어가는 원인으로 생각했습니다. 그리하여 마음이 상하여 원망하며, 모세와 아론의 말을 듣지 않게 되었습니다(출 5:20-21, 6:9). 이러한 현실을 마주한 모세는 자신을 부르신 하나님께 나아갔습니다. 모세는 두려운 현실 속에서도 도망가지 않고 하나님께 나아가는 믿음의 사람이 되었습니다. 하나님의 말씀에 순종하여 일을 행해도 변화가 보이지 않을 때, 우리는 하나님의 일하심을 의심하며 판단하지 않고, 사명을 놓지 않아야 합니다. 하나님께 부름을 받은 자는 어떤 혼란과 절망이 찾아와도 흔들리지 않고, 모세처럼 하나님께 나아가 다시 그분의 뜻을 간구할 수 있어야 합니다. 하나님께서는 그런 모세에게 다시 말씀하십니다(출 6:1-13).

아브라함과 이삭과 야곱에게 약속하신 말씀을 이루시기 위해, 애굽에서 종살이하던 이스라엘 자손을 무거운 짐에서 구원하시고, 노예 가운데서 속량하시어(노예 값을 지불하여 데려옴) 백성으로 삼으시며 하나님이심을 알도록 구원의 계획을 말씀하셨습니다(출 6:2-8). 구원은 결코 인간의 공로가 아닌, 하나님의 주권이며 은혜의 선물입니다(엡 2:8). 인간의 상태나 노력에 따른 일이 아니라, 하나님 자신의 주권으로 그분의 때에 이루어집니다. 또한 이스라엘 자손들을 백성으로 삼으시기 위해, 하나님의 크신 권능과 능력으로 직접 일하시며 구원의 하나님이 되심을 보여주십니다. 이를 통해 이스라엘 자손들은 더 이상 애굽의 노예가 아닌, 온 만물의 주가 되시는 하나님의 통치와 다스림 가운데서 살아가는 하나님의 백성으로 변화되는 것을 직접 경험하게 됩니다.

더 나아가, 아브라함과 이삭과 야곱, 모세처럼 하나님과 직접 관계를 맺으신 것처럼, 이스라엘 자손 또한 하나님과 관계를 맺도록 하셨습니다. 하나님께서 언약으로 택하신 백성이 되었기에, 하나님은 그들을 지키시고 보호하시며 끝까지 인도하시고 생명을 책임지십니다. 이제 이스라엘 자손은 노예로서 절망 속에 사는 것이 아니라, 모든 존재의 근원이 되시는 하나님의 손에 맡겨진 소유된 백성이 된 것입니다. 하나님은 말씀하신 모든 것을 반드시 이루시고, 역사하시는 신실하시고 변치 않으신 하나님이심을 다시금 깨닫고 믿어야 합니다(창 17:7-8). 그리고 나를 부르신 하나님의 명령과 약속에 순종하는 사명자가 되기를 소망합니다(출 6:13).

하나님께서는 영원한 언약을 이루시기 위해, 애굽의 종살이를 넘어서 죄와 사망의 종살이에 있는 우리를 구원하시기 위해 독생자 아들 예수 그리스도를 세상에 보내셨습니다(요 3:16-18). 예수님의 보혈로 속량하여 죄 사함을 받고(엡 1:7), 중보자 되시는 예수 그리스도를(딤전 2:5) 영접하는 자, 곧 그 이름을 믿는 자들에게는 하나님의 자녀가 되는 권세를(요 1:12) 주시고, 하나님과 화평을 누리며 더욱 친밀한 관계로 아버지께 나아가게 하십니다. 더 나아가 우리는 그리스도 안에서 택하신 백성이며, 왕의 권세를 가진 제사장의 사명을 부여받았고, 세상과 구별되는 하나님의 통치 아래 있는 거룩한 공동체이며, 예수님의 핏값으로 구속받아 산 소유된 백성입니다. 죄와 사망, 절망 가득한 어둠 속에 있던 우리를 불러 이끄셔서 영원한 자유와 생명의 빛으로 들어가게 하신 구원의 은혜를 받은 하나님의 긍휼한 백성입니다(벧전 2:9-10).

하나님이 어떤 분이시고, 우리가 누구인지, 그리고 하나님과 우리의 관계가 어떠한지 깨닫는다면, 하나님의 아름다운 덕을 전할 수 있습니다. 하나님을 불신하며 그분의 이름을 부르지 못하도록 애굽과 같이 우리를 괴롭히고 미워하는 세상 속에서도, 하나님의 영원하심과 신실하신 은혜의 복음을 드러내며 선포하기를 바랍니다. 세상 모든 이들이 하나님을 알도록 예수 그리스도를 전하는 백성이 되기를 소망합니다.

오늘 하루, 하나님의 백성으로서 무엇을 해야 하는지, 무엇을 할 수 있는지 말씀을 묵상하며 기도로 준비하기를 바랍니다. 더 나아가 하나님을 찾지 못하도록 우리를 피곤하고 지치게 하는 환경이 무엇인지 깨닫고, 예수 그리스도의 이름으로 힘써 싸워 승리하며 다시 일어나기를 바랍니다.

여정을 향한 권면적 선포(결단) ________________________________

우리는 유일한 하나님의 영원한 언약의 백성입니다. 우리의 삶 가운데서 직접 역사하시고 일하시는 하나님만을 믿읍시다!

"사랑하는 딸아 이제 시작이니라"

사전적 의미

[이제] 바로 이때. 지나간 때와 단절된 느낌을 준다.

[시작] 어떤 일이나 행동의 처음 단계를 이루거나 그렇게 하게 함. 또는 그 단계.

성경 말씀 묵상

회개합시다, **호세아 1-14장**

하나님께 무릎 꿇고 회개하는 그 순간부터 잠시 멈췄던 그리스도 안에서의 시간이 다시 시작됩니다!

창세기 1장에서 하나님은 자신의 형상대로 지음받은 인간을 창조하시고, 여섯째 날을 보시기에 심히 좋았다고 말씀하셨습니다. 천지와 만물을 다 이루시고 에덴동산에 사람을 두시면서 한 가지 명령을 주셨습니다(창 2:1, 8). 동산의 각종 나무의 열매는 임의로 먹되, 선악을 알게 하는 나무의 열매는 먹지 말라. 네가 먹는 날에는 반드시 죽으리라고 말씀하셨습니다(창 2:16-17). 이는 강요가 아닌 명령으로, 인간에게 선택권과 자유의지를 주셨음을 보여줍니다. 즉, 각종 나무의 열매는 제한 없이 마음대로 먹어도 되는 자유를 허락하시고, 동시에 선악을 알게 하는 나무의 열매는 먹지 말라는 한 가지 명령과 그 이유까지 말씀하신 것입니다.

천지와 만물을 이루신 모든 것 가운데서 인간에게 주신 명령은 오직 그 하나뿐이었습니다. 하나님께서는 부족함 없도록 그 땅에서 보기에 아름답고 먹기에 좋은 나무를 창조하시고(창 2:9), 그것을 임의대로 먹도록 허락하셨음에도 불구하고, 인간은 하나님의 유일한 명령을 어겼습니다. 하와는 "열매를 먹지도 말고 만지지도 말라, 너희가 죽을까 하노라."라는 하나님의 말씀을 알았음에도 불구하고(창 3:2-3), "너희는 결코 죽지 아니할 것이며, 너희 눈이 밝아 하나님과 같이 된다(창 3:4-5)."라는 사탄의 말을 더 믿었습니다.

곧 하나님께 불순종하는 행동은 먹음직하고 보암직하며 지혜롭게 할 만큼 탐스러워 보이는 열매와 같습니다(창 3:6). 자발적으로 순종하기를 원하셨던 하나님의 뜻을 깨닫지 못한 채 선악과를 따먹음으로써, 인간은 선악을 알게 되었고, 하나님께 순종하는 것이 선이며, 불순종은 곧 악임을 보여주었습니다. 인간의 선택과 의지로 일어난 불순종의 결과는 죄로 인해 하나님 앞에서 수치와 두려움을 경험하는 것이었습니다(창 3:7-11). 그리고 그 불순종의 죄의 대가는 피할 수 없었습니다(창 3:16-17).

그럼에도 하나님께서는 죄로 인해 벗겨진 그들의 몸과 수치심을 경험한 아담과 하와를 위해 가죽옷을 지어 입혀주셨습니다. 이는 짐승의 피 흘림을 통해 지어진 가죽옷과 같이, 모든 사람이 죄를 범했음을 보여주며(롬 3:23-25), 장차 인류의 죄를 대신 담당하실 어린 양 예수 그리스도께서 화목제물이 되어 십자가의 보혈로 속죄하실 사역을 나타냅니다. 다시 말하면 하나님께서는 심히 보기 좋았던 인간을 사랑하셔서, 강요하지 않고 명령함으로 자유와 선택권을 주셨고, 인간을 사랑하셔서 하나님 앞에 나아오지 못하는 그들과 함께하기 위해 구원을 계획하셨습니다. 그러므로 나를 사랑하시는 거룩하신 하나님께 다시 가까이 나아가기 위해서는, 우리의 화평이 되시는 예수 그리스도를 믿고 그리스도 안에서(엡 2:12-18) 죄 사함과 참된 회개의 뜨거운 성령의 역사가 일어나야 합니다(히 9:22, 26-28).

회개는 참으로 하나님의 사랑이요, 은혜이며 그분의 기쁨입니다. 하나님께서 죄를 깨닫게 하시고(요 16:8), 다시 일어나 아버지께 돌아올 때, 이미 기다리시고 측은히 여기며 안아주시고 잔치를 베푸시는 것은, 스스로의 선택으로 집을 나간 아들이 돌아오는 것을 즐거워하시고, 다시 아버지의 집에서 살던 자녀의 삶이 회복되는, 여전히 아버지의 아들임을 기뻐하시는 하나님의 사랑의 은혜입니다(눅 15장).

하나님의 인자하심이 우리를 회개로 인도하지만, 고집스럽고 회개하지 않는 마음은 하나님의 진노를 피할 수 없으며 행한 대로 보응을 받습니다(롬 2:4-8). 그러나 하나님께서는 하나님을 아는 지식이 없고, 하나님이 누구신지를 제대로 알지 못하여 죄로 불순종하며 하나님을 배신하며 살아가는 자들이(호 4:6-7, 5:4) 돌아오기를 바라시고 기다리십니다. 그들을 고치고 기쁨으로 사랑하시어 죄의 진노를 면하게 하시는 것이 참된 회개의 축복입니다(호 14:1-4). 그러므로 회개는 곧 다시 하나님께 돌아가는 것이며, 하나님을 아는 지식이 있는 자의 은혜로운 모습입니다. 그리고 회개는 하나님 앞에서 다시 살며, 깨끗하게 회복된 삶의 시작입니다(호 6:2, 요일 1:9).

예수 그리스도를 믿음으로 구원받아 하나님께 거룩하게 구별된 성도라 하더라도, 날마다 하나님 앞에 무릎 꿇고 진정으로 회개하는 시간을 가져야 합니다. 우리는 여전히 연약하고 완전하지 않기에, 우리의 선택과 의지로 실로 죄를 범할 수 있습니다. 또한 육체로 살아가는 한 사탄과 우리는 변하지 않는 원수이기에, 하와를 유혹했던 것처럼 우리를 끊임없이 유혹하는 사탄의 권세가 여전히 세상을 지배하고 있습니다(창 3:15, 롬 7:14-21). 따라서 만일 우리가 죄가 없다고 말한다면, 이는 자기 자신을 속이는 거짓된 행동입니다(요일 1:8). 왜냐하면 어둠이 조금도 없는 분은 빛이 되시는 예수님 한 분뿐이기 때문입니다(요일 1:5).

그러므로 우리는 죄가 주장하지 못하도록, 다시는 죄에게 종노릇하지 않도록, 죄가 우리를 지배하지 못하도록 은혜 아래서 하나님께 나의 선택과 의지, 내 삶을 온전히 내어 드려야 합니다(롬 6:6, 12-14). 우리는 능히 죄와 싸워 승리하며 살아갈 수 있습니다. 우리를 고아처럼 버려두지 않으시는 성령과 함께 매일, 매 순간 쉼 없이 싸우며 하나님 앞에서 무릎 꿇어야 합니다. 인간에게 주신 선택과 의지를 내가 하는 것이 아니라, 하나님의 뜻을 간구하며 성령의 인도하심을 받고 그 뜻을 좇아 결정하는 삶을 끝까지 살아갈 때, 마침내 완전한 자유를 얻게 될 그날을 맞이하게 될 것입니다(계 20:6, 21:4-5, 22:3-5).

죄의 권세는 여전히 존재하며, 죄의 영향은 완전히 사라지지 않았기에, 우리는 모든 순간 성령의 감동과 책망, 도우심과 인도하심으로 그리스도 예수 안에서 날마다 회개하며 나아가야 합니다. 이것이 믿음의 삶의 시작이며, 주께로 돌아온 자의 삶의 시작이며, 회복된 성도의 삶의 시작이며, 다시 오실 예수님을 기다리는 하나님 백성의 삶의 시작이며, 푯대를 향하여 달려가는 출발점에서 달리기를 시작한 삶입니다. 우리의 삶은 주님 다시 오실 날까지, 변함없이 믿음을 굳게 지키며 흘러가는 잠시 머무는 나그네 과정일 뿐입니다(빌 3:20, 히 11:13-16, 벧전 2:11).

오늘 하루, 미루지 말고 '지금' 시작하기를 바랍니다. 하나님을 아는 시간을 제대로 갖기를 소망합니다. 하나님을 알지 못하여 죄를 범하지 않기를 바랍니다. 하나님과 더 깊은 친밀한 교제와 하나님과 더 가까워지는 시간을 갖기를 소망합니다. 그 시간을 통해 내 안의 죄를 깨닫고, 성령의 힘을 의지하여 싸워 승리하는 성도의 삶의 시작이 되기를 바랍니다. 그리고 참된 회개의 축복이 임하는 지금 이 순간을 맞이하기를 바랍니다.

여정을 향한 권면적 선포(결단)

나를 너무 사랑하시는 하나님 이제부터 시작입니다. 잊어버리고 잃어버리고 놓아버리고 버렸던 첫사랑을(계 2:4) 회복하여, 새 노래로 주님을 찬양하며, 앞으로 이루실 하나님의 모든 선하신 계획을 기대하며, 감사함으로 넘어졌던 자리에서 부지런히 다시 일어나겠습니다! 끝날까지 영원히 나와 함께 하시는 예수 그리스도 안에서 살아가겠습니다!

회개의 여정을 마치며

◇◇◇◇

그 세대의 사람도 다 그 조상들에게로 돌아갔고 그 후에 일어난 다른 세대
는 여호와를 알지 못하며 여호와께서 이스라엘을 위하여 행하신 일도 알지
못하였더라, 여호와께서 그들을 위하여 사사들을 세우실 때에는 그 사사와
함께 하셨고 그 사사가 사는 날 동안에는 여호와께서 그들을 대적의 손에
서 구원하셨으니 이는 그들이 대적에게 압박과 괴롭게 함을 받아 슬피 부르
짖으므로 여호와께서 뜻을 돌이키셨음이거늘 그 사사가 죽은 후에는 그들
이 돌이켜 그들의 조상들보다 더욱 타락하여 다른 신들을 따라 섬기며 그들
에게 절하고 그들의 행위와 패역한 길을 그치지 아니하였으므로 여호와께서
이스라엘에게 진노하여 이르시되 이 백성이 내가 그들의 조상들에게 명령한
언약을 어기고 나의 목소리를 순종하지 아니하였은즉… 이는 이스라엘이 그
들의 조상들이 지킨 것 같이 나 여호와의 도를 지켜 행하나 아니하나 그들을
시험하려 함이라 하시니라(삿 2:10, 18-22).

애굽에서 종살이하던 이스라엘 자손을 하나님께서는 언약의 백성으로 택
하시고 부르시며 광야로 이끌어 인도하셨습니다. 가나안을 향한 광야의 여
정 가운데서 하나님께서는 그들을 불기둥과 구름 기둥으로, 만나와 메추라
기로, 반석에서 솟는 물로 필요함을 채워 주시고, 대적 가운데서도 보호하
시며 승리하게 하셨습니다. 세대가 바뀌어도 택하신 백성을 지키시는 하나
님은 변치 않으셨습니다. 여전히 그들과 함께하셨고, 그들에게 말씀하셨습
니다. 그러나 광야에서의 훈련의 시간이 흐르고 가나안 땅을 정복해 나갈

정도로 강성해진 이스라엘은 하나님의 명령에 불순종하였습니다(삿 1:28). 그 불순종의 시작으로 그들은 속히 죄의 길로 빠져들었습니다. 곧 가나안 땅으로 들어가도록 인도하시고 약속을 지키신 하나님과의 언약을 저버리고, 세상과 언약을 맺으며 그 땅의 우상과 죄 된 문화에 빠지게 되었습니다.

여호와의 사자가 나타나 이스라엘 백성을 향해 책망하셨고, 백성들은 다시 소리를 높여 울며 회개하고 제사를 드렸지만, 그 회개의 결단과 순종의 삶은 오래가지 못하였습니다(삿 2:1-5). 이스라엘을 위하여 행하신 모든 큰 일을 본 자들은 사는 날 동안 여호와를 섬겼으나, 그 후에 일어난 다른 세대는 하나님을 알지 못하고 이스라엘을 위하여 행하신 일도 알지 못하여 불신과 불순종의 죄를 짓는 세대가 되었습니다. 하나님을 아는 지식과 말씀을 반복하여(수 1:8) 교육하지 못했던 세대의 단절은 결국 신앙의 단절로 이어지게 된 것입니다(신 6:6-7, 11:18-21).

더 나아가 하나님의 명령에 불순종한 결과로(신 20:16-18), 그 죄의 영향력은 속히 다음 세대에게까지 미쳐졌습니다. 사람은 하나님과의 언약의 말씀을 잊고 변하지만, 하나님은 여전히 언약을 영원토록 지키시는 분이십니다. 그들의 부르짖음에 응답하시고 사사를 세워 구원하십니다. 그러나 거듭 반복되는 그들의 죄 된 삶과, 또 그러한 그들을 구원하시는 하나님의 역사는 사사기를 통해 죄로 인해 쉽게 무너지는 인간의 연약함과, 그럼에도 불구하고 인간을 변함없이 지키시고 인도하시며 사랑하시는 하나님을 깊이 묵상하게 합니다.

이 말씀은 제 삶과도 같습니다. 저 또한 이스라엘 백성처럼 하나님을 알고 말씀을 들었음에도 순종하지 못하고 잊어버리는, 반복되는 연약함 속에 있었습니다. 그러나 하나님께서는 여전히 자기밖에 모르는 저를 포기하지 않으시고, 말씀을 통하여 다시 믿음의 훈련을 받게 하셨으며, 회개의 자리로 나아오게 하시고, 회복과 생명의 길로 다시 걸어가도록 인도하셨습니다.

이 모든 것을 통하여 깨닫게 하신 것은, 믿음의 훈련과 광야의 여정은 우리의 선택이 아니라 하나님의 뜻이며, 하나님을 더 깊이 알아가기 위해 반드시 필요한 시간이라는 사실입니다. 그러므로 말씀이 이끄시는 믿음의 훈련이 주님 다시 오시는 그날까지 대대손손 이어지기를 소망합니다.

이 책은 광야를 지나며 배운 훈련의 말씀과 회개와 순종의 여정, 그리고 자녀와 다음 세대를 향한 믿음의 유산이 되기를 바라는 소망을 품고 기록하였습니다. 또한 성령의 감동하심으로 깨닫게 하신 말씀을 중심으로 기록하였습니다. 이 말씀을 통해 현시대의 독자와 우리의 자녀들이 하나님을 '다시 바로 아는' 언약의 백성으로 일어나 세워지기를 소망합니다. 그러므로 이 책이 단순한 묵상을 넘어, 하나님이 온 세상의 주인이시며 우리의 삶의 주인 되심을 고백하게 하고, 하나님을 잊지 않고 바로 알도록 붙드는 말씀의 기록이 되기를 예수님의 이름으로 간구합니다.

100일 작정 기도의 시간 동안 저에게 말씀하신 것을 붙들게 하시고, 성경 말씀을 찾고 묵상하게 하시며, 눈물로 회개하는 시간을 허락하신 하나님께 모든 영광과 감사를 올려 드립니다. 홀로 무릎 꿇던 100일의 시간 동안 가장 깊이 깨달았던 것은, 제가 얼마나 어리석고 미련한 삶을 살아왔는가 하는 사실이었습니다. 늘 삶의 주인은 '나'였고, 결정의 기준도 '나'였으며, 모든 것이 '나'를 위한 삶이었습니다. 이것이 하나님 앞에서 얼마나 교만한 모습이었는지를 깨닫게 하셨고, 하늘 아버지 앞에 눈물로 회개하게 하셨습니다. 그 회개의 시간을 통하여 하나님께서는 저를 다시 세우시고, 말씀으로 새 길을 여시며, 믿음으로 결단하게 하셨습니다. 이제는 삶의 주인으로 하나님을 경외하며, 모든 결정의 기준을 말씀에 두고, 모든 것을 하나님의 영광을 위하여 살아가고자 합니다. 이러한 믿음의 결단이 이 책을 읽은 모든 이에게도 동일한 은혜가 충만하기를 예수님의 이름으로 간구합니다.

저는 자랑할 것도 내세울 것도 없는 연약한 사람입니다. 100일이라는 시간 속에서도 말씀대로 온전히 살아내지 못하였고, 흔들리며 두려워했고, 도망가고 포기하고 싶어 뒤를 돌아보기도 하였습니다. 그럼에도 끝까지 이 여정을 마칠 수 있었던 것은 하나님께서 말씀으로 붙드시고, 말씀 앞에 서게 하시며, 말씀으로 인도하시고 회복시키셨기 때문입니다. 말씀을 읽고 기도할 때마다 성령의 감동으로 더 깊이 깨닫게 하시어 하나님을 알아가는 기쁨을 경험하게 하셨습니다. 그 말씀이 저를 붙드는 능력이었습니다. 이 책을 펼치고 덮는 당신에게도 동일한 기쁨과 은혜가 흘러넘치기를 바랍니다. 홀로 무릎 꿇은 자리에서 눈물로 회개하며 하나님께 나아갈 때, 위로와 권면의 말씀이 선포되는 시간이 되기를 소망합니다. 예수 그리스도 안에서 우리는 하나입니다. 우리는 하나님께 택함 받은 언약의 백성이며, 예수 그리스도를 영접한 하나님의 자녀들입니다. 이 책을 통해 당신의 일상 속 한 숨이 기쁨과 감사의 숨으로 바뀌기를 소망합니다. 더 나아가 습관적인 신앙생활로 인해 미지근해진 현재의 상태가, 온몸과 마음을 다해 성령 충만함으로 살아가기를 결단하게 하는 불쏘시개와 같은 책이 되기를 바랍니다. 그리고 마지막 페이지를 덮는 이 순간, 다시 첫 페이지로 돌아가 또다시 시작하며 반복하기를 바랍니다. 다시 무릎 꿇는 믿음의 훈련으로, 회개의 여정으로, 주님 다시 오시는 그날까지 끝까지 믿음으로 굳건히 서도록, 변함없이 날마다 말씀을 묵상하는 자리로 나아가기를 소망합니다.

끝으로 이 모든 과정을 주관하시고 새 힘과 지혜를 주신 하나님 아버지께 감사와 영광과 찬양을 올려드립니다. 연약한 저를 사용하셔서 말씀의 통로로 세우신 것은 전적인 하나님의 은혜와 사랑입니다. 또한 100일 동안 기도로 함께해 준 가족과 믿음의 친구들에게 진심으로 감사드립니다. 특별히 오로지 말씀과 기도에 집중할 수 있도록 도와주시고, 예수 그리스도를 알고 믿는 믿음의 유산을 물려주시며, 말씀으로 삶을 가르쳐 주신 박요셉 목사님과

최영례 목사님께 깊은 감사와 사랑을 전합니다.

이 책이 오직 하나님께만 영광이 되며, 하나님의 이름이 더욱 높아지고, 하나님을 더욱 간절히 소망하게 하는 도구로 사용되기를 바랍니다. 또한 이 책을 읽는 모든 이에게 예수 그리스도의 사랑과 성령의 위로가 흘러, 가정과 교회 공동체, 각 지체와 믿음의 다음 세대 위에 다시 회개의 역사가 일어나기를 소망합니다. 주님 다시 오시는 그날까지 우리 함께 나아갑시다. 매일 넘어져도 다시 일어나고, 이겨 내며, 견뎌냅시다. 우리를 구원하신 예수 그리스도 안에서 승리합시다. 우리 모두 한 사람도 빠짐없이 다시 만납시다.

하나님 앞에
홀로 무릎 꿇어 무릎으로 다시 살아난 당신과 함께,
우리의 삶으로 오직 우리 주 하나님을 찬양합니다.

참고 자료

이 책의 모든 내용의 중심은 성경 말씀과 하나님의 인도하심으로 쓰였으며, 묵상 과정에서 아래의 성경(자료)들을 참고하였습니다.

- 퀘스트 성경(개역개정). 성서원, 2012년
- 에브리데이 스터디 바이블(개역개정). 성서유니온, 2021년
- 호크마 종합주석. 기독지혜사, 2008년 [성경적 해석 점검]
- OpenAI ChatGPT [성경 구절 찾기]
- 표준국어대사전. 국립국어원 [사전적 의미]

※ 본 자료는 말씀을 더 깊이 이해하고 묵상하기 위한 참고로 사용되었으며, 오직 성경의 진리와 하나님의 영광을 드러내는 데에 목적이 있음을 밝힙니다.